V&R

Rainer M. Holm-Hadulla

Kreativität zwischen Schöpfung und Zerstörung

Konzepte aus Kulturwissenschaften, Psychologie, Neurobiologie und ihre praktischen Anwendungen

Vandenhoeck & Ruprecht

Bibliografische Informationen der Deutschen Nationalbibliothek

Die Deutsche Nationalbibliothek verzeichnet diese Publikation in der Deutschen Nationalbibliografie; detaillierte bibliografische Daten sind im Internet über http://dnd.d-nb.de abrufbar.

ISBN: 978-3-525-40433-1
ISBN: 978-3-647-40433-2 (E-Book)

Umschlagabbildung: marqs/Quelle PHOTOCASE

© 2011, Vandenhoeck & Ruprecht GmbH & Co. KG, Göttingen.
Vandenhoeck & Ruprecht LLC, Oakville, CT, U.S.A.
Internet: www.v-r.de
Alle Rechte vorbehalten. Das Werk und seine Teile sind urheberrechtlich geschützt. Jede Verwertung in anderen als den gesetzlich zugelassenen Fällen bedarf der vorherigen schriftlichen Einwilligung des Verlages. Hinweis zu § 52a UrhG: Weder das Werk noch seine Teile dürfen ohne vorherige schriftliche Einwilligung des Verlages öffentlich zugänglich gemacht werden. Dies gilt auch bei einer entsprechenden Nutzung für Lehr- und Unterrichtszwecke. Printed in Germany.
Satz: Punkt für Punkt GmbH · Mediendesign, Düsseldorf
Druck und Bindung: ⊕ Hubert & Co, Göttingen

Gedruckt auf alterungsbeständigem Papier.

Inhalt

Einleitung 7

Teil I: Konzepte

Schöpfungsmythen: Kreativität zwischen Konstruktion
   und Destruktion 13
Philosophische Schöpfungsvorstellungen:
   Logos und Chaos 41
(Neuro-)Biologie der Kreativität:
   Strukturaufbau und Strukturabbau 56
Psychologie der Kreativität 71

Teil II: Die kreative Transformation der Dialektik von Schöpfung und Zerstörung

Goethe: Melancholie und Selbsterschaffung 110
Jim Morrison: Sucht und Selbstzerstörung 140

Teil III: Praktische Anwendungen

Erziehung 181
Bildung 185
Lebenskunst 191
Kreativitätshemmnisse 197
Unterschiedliche Kreativität in Politik, Ökonomie,
   Wissenschaft und Kunst 202
Lebensberatung und Psychotherapie 213

Danksagung 241
Literatur 242

Einleitung

Zu Beginn des 21. Jahrhundert steht der Begriff *Kreativität* hoch im Kurs und das Schöpferische wird als grundsätzlich positiver Wert angesehen. In Erziehung, Ausbildung, Berufstätigkeit und Lebensführung werden kreative Neigungen gefördert und Kreativität gilt als allgemeines Lebenselixier. Dabei herrscht eine bemerkenswerte Unklarheit, was Kreativität eigentlich bedeutet. Manche Neurobiologen meinen, dass Kreativität durch die messbare Geschwindigkeit und Komplexität der Informationsverarbeitung bedingt sei. Psychologen haben das Flow-Gefühl entdeckt, das kreative Tätigkeiten begleitet und mit der Freisetzung von sogenannten Glückshormonen zusammenhängt. Kulturwissenschaftler beschäftigen sich mit dem geheimnisvollen »Kuss der Musen« und beschreiben vielfältige Aspekte des Schöpferischen. Es fehlt jedoch eine kohärente Theorie der Kreativität, die vereinzelte Forschungsergebnisse zusammenfasst und als Grundlage für die Förderung von Kreativität in Erziehung und Bildung sowie beruflicher und persönlicher Lebensgestaltung dienen kann.

Das vorliegende Werk schließt an mein Buch »Kreativität – Konzept und Lebensstil« an und unternimmt eine Synthese von kulturellen, psychologischen und neurobiologischen Kreativitätsvorstellungen. Dabei stellt das Wechselspiel zwischen Schöpfung und Zerstörung, Ordnung und Chaos, Konstruktion und Destruktion einen roten Faden dar. Ausgehend von einer Minimaldefinition der Kreativität als »Neukombination von Informationen« wird *Kohärenz* – sowie ihre Auflösung und beständige Neuformierung – als Schlüsselbegriff entfaltet, um biologische, psychologische und kulturelle Perspektiven zu verbinden. Daraus ergeben sich praktische Konsequenzen sowohl für die alltägliche als auch die außergewöhnliche Kreativität.

Aus kulturwissenschaftlicher Sicht finden wir in den Mythen früherer Kulturen, in denen sich der Mensch über sich selbst und seine Stellung in der Welt verständigte, vielfältige Auskünfte über das Schöpferische. Es ist beeindruckend zu sehen, wie unsere modernen Ansichten von diesen Vorstellungen beeinflusst werden. Schon in den frühesten Konzepten der Kreativität wird deutlich, wie in sich widersprüchlich und konfliktgeladen das Schöpferische ist: In der altgriechischen Vorstellung entsteht der Kosmos, wörtlich die »gestaltete Ordnung«, aus dem Chaos, der absoluten Unordnung. Die ersten Götter – Uranos, Kronos und Zeus – sind schöpferisch und zerstörerisch zugleich. Selbst Aphrodite und Eros, die Schönheit, Liebe und Fruchtbarkeit verkörpern, sind zwielichtige Gestalten und bringen den Menschen höchstes Glück und tiefste Verzweiflung.

Im Alten Testament erschafft Gott aus dem chaotischen Tohuwabohu einen geordneten Kosmos. Im Zeichen der monotheistischen Schöpfungsvorstellungen vollbringt der Mensch humanitäre, kulturelle und wissenschaftliche Höchstleistungen. Religiöse Vorstellungen wirken als Katalysatoren, um Gemeinschaften zu ordnen und Individuen Richtlinien für ein sinnvolles Leben zu geben. Doch schon zu Beginn der biblischen Schöpfungsgeschichte entzweit sich der Mensch durch seinen Erkenntnisdrang von der paradiesischen Ordnung und Harmonie. Sein Handeln wiederholt nicht nur ein konstruktives Schöpfertum, sondern es ist von destruktivem Neid und zerstörerischer Gewalt durchsetzt. Dies spiegelt sich sowohl auf der Ebene individueller als auch kollektiver Auseinandersetzungen. Sowohl Einzelpersonen als auch Gemeinschaften befinden sich in der Bibel in einem beständigen Kampf von schöpferischen und zerstörerischen Kräften.

Im Hinduismus ist ein kontinuierlicher Wechsel von Schöpfung und Zerstörung ein Prinzip des Lebens und auch im Buddhismus findet sich die Vorstellung eines beständigen Werdens und Vergehens. Die Erschaffung einer geordneten Welt steht im Zentrum des Schöpferischen und ein kohärentes individuelles Welterleben wird als notwendig angesehen, um im Einklang mit sich selbst, mit anderen und dem Universum leben zu können. Diesem konstruktiven Streben stehen destruktive Kräfte gegenüber, die zu Neid und Hass, Feindschaft und Zerstörung führen.

Die Schöpfung muss sich gegen eine beständige Gravitation zum Chaos behaupten und der individuelle Mensch steht vor der Aufgabe, auf dem Weg zu erleuchteter Präsenz durch vielfältige Übungen destruktive Regungen zu bewältigen.

Im alten China betont der Konfuzianismus die Bedeutung der schöpferischen menschlichen Tätigkeit, um Unordnung einzudämmen und Gewalt zu verhindern. Auch im Daoismus stehen der schöpferischen Entwicklung feindliche Mächte gegenüber. Sie werden aber weniger durch bewusst ordnende Handlungen bekämpft wie im Konfuzianismus, sondern durch eine Haltung, in der sich der kreative Mensch ohne Intention in ein größeres Ganzes einfügt und schöpferische Prozesse geschehen lässt.

Seit der Renaissance werden im westlichen Kulturraum geniale Persönlichkeiten wie Leonardo da Vinci, Michelangelo und Raffael als Verkörperungen göttlichen Schöpfertums angesehen. Wie in der Antike werden jedoch auch die Künstler und Wissenschaftler der Renaissance als Menschen betrachtet, die sich destruktiven Mächten ausliefern und Gefahr laufen, in Melancholie und Verzweiflung zu verfallen.

In der Geniezeit der deutschen Klassik setzt sich der schöpferische Künstler durch sein einzigartiges Werk an die Stelle Gottes. Dafür muss er aber die Bürde tragen, allein das Chaos seiner Gefühle und Gedanken zu bewältigen. Er kann sich nicht länger einer göttlichen Ordnung anvertrauen. In einem beständigen »Stirb und Werde« ist er schöpferischen Eingebungen und chaotischen Regungen ausgeliefert, die er selbst kreativ gestalten muss.

In der Moderne und Postmoderne sind die mythischen und klassischen Schöpfungsvorstellungen zwischen Konstruktion und Destruktion – oft unbemerkt – höchst wirkmächtig. Den schöpferisch Tätigen wird einerseits ein besonderes Glück und andererseits eine Neigung zu Depression und Selbstzerstörung zugeschrieben. Psychologische Untersuchungen zeigen, dass Kreativität in einem Spannungsfeld von Anspannung und Entspannung sowie Erregung und Ruhe zustande kommt. Sie belegen, dass kreative Aktivitäten trotz ihrer Risiken die Lebensfreude steigern.

Darüber hinausgehend lassen psychoanalytische und kulturwissenschaftliche Studien vermuten, dass schöpferische Tätigkeit eine wesentliche Möglichkeit ist, menschliches Destruktionspotential zu bewältigen.

Die neuere neurobiologische Kreativitätsforschung zeigt, dass konstruktive mentale Prozesse von einer Zunahme an neuronaler Kohärenz begleitet werden. Das Kohärenzerleben wird unterstützt von Belohnungssystemen, in denen verschiedene Botenstoffe wie das Dopamin eine bedeutende Rolle spielen. Kreative Prozesse werden aus neurowissenschaftlicher Sicht durch ein Gleichgewicht von Konzentration und Distraktion begünstigt, ein Befund, der psychologischen Theorien zur Balance von konvergentem und divergentem Denken entspricht.

Allerdings ist es schwierig, biologische, psychologische und kulturwissenschaftliche Erkenntnisse in Einklang zu bringen. Die Erzählungen, die kulturelle Erfahrungen beschreiben, scheinen den naturwissenschaftlichen und psychologischen Einsichten unvereinbar gegenüberzustehen. Dennoch wird in den Kulturwissenschaften die Notwendigkeit gesehen, naturwissenschaftliche Einzelergebnisse in sinnvolle Zusammenhänge einzuordnen, und in Naturwissenschaft und Psychologie existiert das Bedürfnis, auch kulturelle Erfahrungen zu erklären. Letztlich ist es ein menschliches Grundbedürfnis, vereinzelte Erkenntnisse in kohärente Konzepte zu integrieren. Der Philosoph Richard Rorty fasste einmal die biologische, psychologische und soziale Notwendigkeit zur kohärenten Interpretation folgendermaßen zusammen: »Wir Pragmatiker denken, dass der Grund für das menschliche Bestreben, ihre Meinungen kohärent zu machen, nicht darin liegt, dass sie die Wahrheit lieben, sondern dass sie nicht anders können. Unser Geist kann wie unser Gehirn keine Inkohärenz ertragen [...] Wie unsere neuronalen Netzwerke [...] ist unser Geist genötigt, seine Meinungen und Bedürfnisse in einem sinnvollen Ganzen zusammenzubinden« (Rorty, 2001, S. 15; Übers. v. R. M. H.-H.). In dieser Hinsicht sind die folgenden Ausführungen Versuche, natur- und geisteswissenschaftliche Einzelbefunde in einem kohärenten

Konzept des Schöpferischen zusammenzufassen, um anschließend praktische Konsequenzen für die Förderung von Kreativität zu ziehen. Dabei bin ich mir der Risiken interdisziplinärer Theoriebildung durchaus bewusst und hoffe, die Beiträge der Einzelwissenschaften nur soweit vereinfacht zu haben, dass ein gut lesbares, aber die erwähnten Konzepte nicht verflachendes Buch entstanden ist.

Methodisch gehe ich bei der Interpretation kultureller und wissenschaftlicher Vorstellungen von meinem lebensweltlichen Vorverständnis aus. Das heißt, dass ich mich den Texten – wie jeder andere Leser – aufgrund meiner persönlichen Lebenserfahrungen nähere und mit ihnen in einen Dialog im Sinne der Hermeneutik von Hans-Georg Gadamer (1960) eintrete.

Des Weiteren sind meine Interpretationen geprägt durch meine Erfahrungen als Arzt, Psychotherapeut, Psychoanalytiker und Berater. In diesen Funktionen habe ich in den letzten Jahrzehnten viele Personen, die ihre kreativen Möglichkeiten besser nutzen wollten, bei ihrer schöpferischen Entwicklung begleitet und viel von ihnen gelernt.

Schließlich untersuche ich die verschiedenen Auffassungen des Schöpferischen aufgrund derzeit einflussreicher Kreativitätskonzepte und eigener Forschungen.

Vor diesem persönlichen, praktischen und wissenschaftlichen Hintergrund habe ich die relevanten kulturellen, psychologischen und biologischen Kreativitätskonzepte gesichtet und daraus die nachfolgende dialektische Kreativitätstheorie entwickelt.

Teil I: Konzepte

Schöpfungsmythen: Kreativität zwischen Konstruktion und Destruktion

Durch Mythen vergewissert sich der Mensch seiner selbst und seiner Stellung in der Welt. Sie prägen als Denkbilder und kulturelle Formen sein Bild vom Schöpferischen. Der Kulturwissenschaftler und Ägyptologe Jan Assmann (1997) fasst zusammen, dass nicht nur Individuen, sondern auch Gesellschaften Selbstbilder erschaffen und durch eine Kultur der Erinnerung eine über Generationen zeitstabile Identität ausbilden. Das kulturelle Gedächtnis ermöglicht eine Bindung an gemeinsame Regeln und Werte sowie individuelle als auch gemeinschaftliche Kohärenz. Es drückt sich in Erzählungen und Verhaltensregeln aus. Die Erinnerungskultur beinhaltet eine Vielfalt von Identität stiftendem und sicherndem Wissen. Dies ist in symbolischen Formen wie Mythen, Religionen, Kunstwerken, Kulturlandschaften, Architekturen, wissenschaftlichen Denkbildern und alltäglichen Gebräuchen objektiviert.

Schöpfungsmythen sind ein wesentlicher Bestandteil des kulturellen Gedächtnisses und begleiten den Menschen seit frühester Zeit dabei, seine Welt zu gestalten, zum Beispiel die natürliche Landschaft in einen kulturellen Lebensraum zu verwandeln: »Der Mensch der primitiven und traditionellen Gesellschaften schafft sich seine eigene Welt – das Gebiet, das er besetzt, sein Dorf, sein Haus – nach einem Idealbild, demjenigen der Götter als der Schöpfer des Universums. Das will natürlich nicht heißen, daß der Mensch sich den Göttern ebenbürtig hält – sondern nur, daß er nicht in einem Chaos leben kann, daß er das Bedürfnis empfindet, immer in einer organisierten Welt zu Hause zu sein – und deren Vorbild ist der Kosmos« (Eliade, 1980, S. 15). Hier wird eine kulturelle Vorstellung zusammengefasst, die in den meisten Schöpfungsmythen zum Ausdruck kommt: Kreativität hängt mit dem Bedürfnis des Menschen nach einer Ordnung angesichts chaotischer Unordnung zusammen. Wir werden sehen, dass das Wechselspiel zwischen Kosmos und Chaos auch durch die Dialektik von Schöpfung und Zerstörung beschrieben werden kann. Kulturwissenschaftliche, anthropologische, psychologische und moderne neurobiologische Erkenntnisse legen einerseits nahe, dass die menschlichen Vorstellungen vom Schöpferischen einem Bedürfnis nach kohärenten Erzählungen und Konzepten entspringen. Andererseits wird auch deutlich werden, dass das Erleben von Inkohärenz, sowohl individuell als auch kollektiv, einen wichtigen Antrieb zu kreativer Entwicklung darstellt.

In den einflussreichen Schöpfungsmythen wird erzählt, wie sich die Welt aus einem inkohärenten, chaotischen Zustand in eine kosmische Ordnung verwandelt. Diese Schöpfungsvorstellungen ermöglichen dem Menschen eine Orientierung über sich selbst und seine Welt. Sie führen zur Nutzung von Ideen, Vorstellungen und Meinungen für die Lebensgestaltung. Mythen sind Geschichten, die man immer wieder erzählt und die eine Wahrheit höherer Ordnung darstellen, die Normen setzt und formative Kraft besitzt (Assmann, 1997). Mit anderen Worten: Mythen erzeugen Wirklichkeiten und geben Regeln und Anweisungen zu ihrer Weiterentwicklung vor.

Ein wesentliches mythisches Paradigma der Schöpfung ist die Selbstentfaltung des Kosmos, der geordneten Welt, aus dem Nichts. Eine weitere wirkmächtige Schöpfungsvorstellung, die in den nächsten Kapiteln näher erläutert wird, fasst die Welt als Prozess beständigen Werdens und Vergehens in einem Kreislauf von Schöpfung und Zerstörung auf. Dem kontrastiert die gleichfalls höchst einflussreiche Vorstellung der Erschaffung der Welt durch ein individuelles und autonomes Wesen, einen Schöpfergott, der eine zielgerichtete Entwicklung in Gang setzt. Oft findet die Schöpfung und ihre Weiterentwicklung im Kampf des Schöpfers – und seiner Anhänger – mit einem monströsen Urwesen – und dessen Nachfolgern – statt. Chaotische und destruktive Kräfte werden in diesen Mythen personifiziert und wirken als Inkarnationen des

Bösen zerstörerisch. Sie werden aber auch als notwendige Kräfte angesehen, ohne die keine Entwicklung möglich wäre. Die menschliche Weltgestaltung wird in vielen Mythen als Wiederholung eines primordialen Schöpfungsaktes aufgefasst, der in der Auseinandersetzung mit Chaos und Destruktivität stattfindet.

Menschen entwickeln in ihrer mythologischen Selbstvergewisserung vielfältige Denkbilder und kulturelle Formen, die ihre kulturelle Entwicklung und ihr praktisches Handeln leiten. Ohne mythische Vorstellungen und kulturelles Gedächtnis wäre das Leben sinnlos und leer. Man könnte Mythen, wie alle anderen Erzählungen, wegerklären und damit den Reichtum menschlicher Vorstellungen und Gestaltungen destruieren. Das würde allerdings dazu führen, dass wir geschichts-, bilder- und gefühllos in einer mechanistischen Welt dahinvegetierten. Mythen und Geschichten sind wesentliche Ausdrucksformen des Lebens, die auch wissenschaftliche Vorstellungen bereichern. Das menschliche Universum ist nicht, oder nicht nur, das Ergebnis eines darwinistischen Kampfes um das Überleben des Stärkeren und die Reproduktion der Gene, sondern eine mythische, religiöse und kulturelle Gestaltung, die die menschliche Phantasie in mehr als 100.000 Jahren geschaffen hat. Unter dieser Perspektive betrachtet, ist der menschliche Kosmos ein Prozess der Selbsterschaffung und Selbsterneuerung, der die individuelle und soziale Entwicklung ermöglicht – oder auch verhindert und die erreichten Wissensordnungen zerstört.

Naturwissenschaftliche und psychologische Theorien können von der Reflexion mythischer und kultureller Vorstellungen profitieren, weil letztere auch die Interpretationen der empirischen Wissenschaften prägen. Noch wichtiger ist, dass ohne kulturelle Denkbilder die Integration naturwissenschaftlicher und empirischer Einzelbefunde in ein sinnvolles Ganzes gar nicht möglich ist. Ich werde dies später näher begründen. Andererseits können die Kulturwissenschaften ihre soziale Bedeutung dadurch unterstreichen, dass sie die Ergebnisse der empirischen Wissenschaften zur Kenntnis nehmen und sich in einem interdisziplinären Austausch an deren Interpretation beteiligen. In dieser Hinsicht sind die nachfolgenden Überlegungen Versuche, wesentliche Aspekte des Schöpferischen sowohl aus kulturwissenschaftlicher und hermeneutisch-psychologischer als auch empirisch-psychologischer und naturwissenschaftlicher Sicht zu verstehen und zu erklären.

Altägypten: Schöpfung aus dem Urschlamm

Wie in anderen Schöpfungsmythen suchten die Menschen im Alten Ägypten in ihren Mythen Erklärungen für den Aufbau der Wirklichkeit. Die Schöpfung wird als natürlicher Prozess aufgefasst, in den die Menschen sich einfügen. Die Natur befindet sich in einem beständigen Aufbau und Abbau und der Mensch begleitet dieses Werden und Vergehen durch vielfältige Rituale. Die biblische Vorstellung eines Schöpfergottes, der zu einem bestimmten Zeitpunkt, dem Anfang, die Welt in souveräner Autonomie erschafft, ist dem Alten Ägypten fremd (Assmann, 2000).

Es herrschte die Vorstellung, dass die Welt nicht aus dem Nichts, sondern aus der Eins entstand. Diese Ureins wird »Atum« genannt und verkörpert eine Art von Präexistenz. Der Name »Atum« bedeutet gleichzeitig »das All« und »das Nicht« im Sinne von »noch nicht« oder »nicht mehr«. In der geheimnisvollen Präexistenz herrscht ein lichtloses, endloses und formloses Urchaos. Der »Urschlamm« enthält die Keime alles zukünftigen Werdens. Aus dem ungeordneten Chaos des Urschlamms erhebt sich nach der Lehre von Heliopolis der Sonnengott und richtet seine Strahlen in die noch raumlose Welt. Der präexistente Gott Atum, der sich im Zustand des Noch-nicht-Seins befunden hat, nimmt Gestalt an. Der schöpferische Übergang von der Präexistenz in die Existenz wird als Selbstentstehung aufgefasst. Der erste Sonnenaufgang, in dem der noch nicht Seiende Atum die Gestalt des Sonnengottes annimmt, ist die erste Schöpfungstat: Indem der Gott entsteht, wird er zugleich auch nach außen tätig, er schafft das Licht und setzt zwei neue Wesen, Shu und Tefnut, aus sich heraus. Shu ist der Gott der Luft und Tefnut die Göttin des Feuers. Nach Assmann (2000) ist deren Entstehung aber auf keinen Fall als Zeugung oder Geburt aufzufassen, sondern als Selbstentfaltung: Atum bildet mit Shu und Tefnut eine Ureinheit, die sich zur Dreiheit entfaltet.

Der Akt der Schöpfung wiederholt sich mit jedem Sonnenaufgang und Kreativität wird als beständige Neuinszenierung dieses Geschehens betrachtet. Die Urmaterie ist mit der Schöpfung nicht verschwunden, sondern bleibt immer gegenwärtig. Die Welt ist kein abgeschlossener vollendeter Bau, wie in der abendländischen und biblischen Tradition, sondern ein Prozess, der in beständiger Neugestaltung besteht. In der Schöpfung wird die Ordnung gegen die Gravitation des Chaos immer wieder neu hergestellt.

Die Menschen halten das Weltgeschehen mit ihren Tätigkeiten und Ritualen in Gang. Sie sind in ihrem alltäglichen Leben zur unerlässlichen Mitwirkung an der Schöpfungsaufgabe aufgefordert: Sie müssen die Zyklen von Tag und Nacht, Sonne und Mond mit Hymnen feiern, die Nilüberschwemmungen erbitten, Säen und Ernten mit Riten begleiten, die Tiere heilig halten und das gesamtkosmische und natürliche Leben aufmerksam und andächtig begleiten. Im Gegensatz zu modernen Vorstellungen, in denen Kreativität zumeist mit der Entdeckung oder Erfindung des Neuen, der Innovation, assoziiert wird, herrscht im Alten Ägypten das Paradigma der schöpferischen Wiederholung. Assmann (2000) vermutet, dass die moderne Abwertung des reproduktiven Handelns als unkreativ damit zusammenhänge, dass der Sinn für rituelles Handeln abhanden gekommen sei. Die Ägypter betrachteten hingegen ihre sich ständig wiederholenden Riten als bedeutungsvolles Mittel, das Chaos abzuwenden und die Welt ordnend zu gestalten.

Anders als im mesopotamischen Kulturkreis, wo die Arbeit ein Grundprinzip der Schöpfung darstellt und zunächst von den Göttern verrichtet wird, bis die von ihnen geschaffenen Menschen diese Aufgabe übernehmen, ist im Alten Ägypten »Herrschaft« das Grundprinzip der schöpferischen Ordnung. Sie wird anfänglich von den Göttern ausgeübt und später auf die menschlichen Könige übertragen. So ist die Weltentstehungslehre von Heliopolis gleichzeitig auch eine Lehre von der Herrschaft. Der Staat wird mit der Trennung von Himmel und Erde eingerichtet und in der Folge politisch gegliedert. Er versteht sich als eine Sphäre von Recht und Gerechtigkeit, die unablässig der Gewaltherrschaft abgerungen werden muss. Herrschaft ist in der ägyptischen Vorstellung die Fortsetzung der Schöpfung und die Bekämpfung der Gravitation zum Chaos: Um herrschen zu können, muss man Schöpfer sein und um als Schöpfer das Entstandene in Gang zu halten, muss man herrschen können. Die Trennung der Menschen von den Göttern führt zur Kultur, denn jene schaffen jetzt Bilder, Rituale und Bauwerke, um die Verbindung mit den Göttern aufrechtzuerhalten. Die Kultur könne man in dieser Hinsicht als eine Kompensation für die verlorene Symbiose mit den Göttern ansehen (Assmann, 2000).

Das Chaos wird als Inbegriff des Bösen aufgefasst, das besonders durch politisches Handeln und einen geordneten Staat bekämpft wird. Ursprünglich ist das Chaos aber nicht die Versinnbildlichung des Bösen wie etwa im biblischen Tohuwabohu, sondern naturgegeben. Es übt eine kontinuierliche Macht aus und muss von schöpferischen Tätigkeiten ständig bekämpft werden. Die Entwicklung einer verbindlichen Kultur und eines mächtigen Staats ist die wichtigste schöpferische Aufgabe, um das Chaos zu beherrschen. Die Erfolge des altägyptischen Schöpfungskonzepts lassen sich nach Assmann (2000) daran ablesen, dass die Ägypter den ersten großen Staat der Menschheitsgeschichte erschaffen haben und ihn über mehrere tausend Jahre bewahren konnten. Selbst während der Zeiten der persischen, griechischen und römischen Fremdherrschaften konnte der ägyptische Staat als eine politische, kulturelle und religiöse Institution aufrechterhalten werden.

Griechentum: Kosmos und Chaos – Gewalt und Leidenschaft

In den griechischen Kreativitätsvorstellungen finden wir eine durchgängige Dialektik von Kosmos und Chaos, Schöpfung und

Zerstörung, Konstruktion und Destruktion. Die griechischen Schöpfungsmythen sind auch heute noch interessant, weil sie psychologische Konstellationen darstellen, die von zeitstabiler anthropologischer Gültigkeit sind. Die erste biographisch näher bekannte Person der europäischen Geschichte, Hesiod (740–670), fasst die altgriechischen Vorstellungen in seiner »Theogonie« zusammen, einem Lehrgedicht über die Entstehung der Götter. Sein Werk ist gleichzeitig eine Erzählung über die Entstehung der Welt, also eine Kosmogonie, und eine Auseinandersetzung mit menschlichen Interessen und Leidenschaften, die sowohl schöpferisch als auch zerstörerisch wirken. Hesiod beschreibt, wie in der Auseinandersetzung von kosmisch ordnenden und destruktiv chaotischen Mächten durch lange Kämpfe eine Welt von sozialen Beziehungen entsteht, in der sich eine strukturierte Gesellschafts- und Rechtsordnung bildet (s. Schönberger, 1999).

Nach Hesiod herrscht am Anfang das Chaos, das als »gähnende Leere« beschrieben wird. Es findet sich im alten Griechenland auch die Auffassung, die später bei Ovid dichterisch dargestellt wird, dass das Chaos ein verworrener, ungeordneter und ungestalteter Urzustand sei. Der Kosmos, die »geschmückte Ordnung«, entsteht mit der Scheidung von Tag und Nacht und der Erdmutter Gaia. Woher diese letztlich herstammt, bleibt, zumindest bei Hesiod, ungewiss. Bemerkenswert ist, dass schon im Anfang Eros wirksam ist, aber nicht als ein handelnder Gott, sondern als Prinzip. Als personifiziertes Wesen wird er erst später von Aphrodite nach ihrer Vereinigung mit dem Kriegsgott Ares geboren: »Der schönste der unsterblichen Götter, der gliederlösende, der allen Göttern und Menschen den Sinn in der Brust überwältigt und ihr besonnenes Denken« (Theogonie, 120). Die Vorstellung von Eros als Prinzip entstammt dem altorientalischen kosmogonischen Denken. Hesiod stellt im »Prinzip Eros« eine latente Wirklichkeit dar, die erst später in Erscheinung tritt. Ich werde auf dieses Denkbild zurückkommen.

Nach ihrer Entstehung bringt Gaia, »ihr gleich, den sternreichen Uranos hervor, damit er sie ganz bedecke« (Theogonie, 126).

Danach gebiert sie das Meer, die Berge und eine Reihe von Göttern, die menschliche Eigenschaften wie die Erinnerung (Mnemosyne) oder Institutionen wie die Rechtsordnung (Themis) repräsentieren: »Nach diesen wurde als jüngster der Krummes sinnende Kronos geboren, das schrecklichste ihrer Kinder« (Theogonie, 137–138). Kronos entmannt seinen Vater Uranos mit einer von seiner Mutter Gaia erhaltenen Sichel und wird durch diese Tat zum Weltherrscher, der seinerseits seine Nachkommen vernichtet. Erst sein Sohn Zeus errichtet eine Ordnung, die die Ermordung der eigenen Kinder durch andere Formen der Gewalt ablöst.

In den Göttervätern Uranos, Kronos und Zeus werden die antipodischen Prinzipien von Kosmos und Chaos personifiziert und psychologisiert: Sie sind wie die Menschen Leidenschaften – besonders Liebe und Hass – unterworfen. In ihnen findet sich eine durchgängige Widersprüchlichkeit zwischen schöpferischer Ordnung und zerstörerischem Chaos. Schon der Erste in der Reihe, Uranos, zeugt und vernichtet in einem: »Alle nämlich, die von Erde und Himmel stammten, waren schrecklich-gewaltige Kinder und dem Vater von Anfang ein Greuel; kaum war eines geboren, verbarg sie Uranos alle im Schoß der Erde, ließ sie nicht ans Licht und freute sich noch seiner Untat. Die riesige Erde aber wurde im Inneren bedrängt, stöhnte und ersann einen bösen Anschlag« (Theogonie, 154–160). Außer Kronos werden alle Kinder Gaias von Furcht ergriffen, doch dieser nimmt entschlossen die Sichel und mäht das Geschlecht seines Vaters ab. Aus den herabfallenden blutigen Tropfen empfängt Gaia die Erinnyen, die Giganten und die Nymphen. Aus dem Schaum des Geschlechtsteils des Uranos, das Kronos ins Meer geworfen hat, entsteht Aphrodite als Inkarnation der Schönheit und des – erotisch – Kreativen. »Heraus aber stieg die hehre, herrliche Göttin, und ringsum sproßte frisches Grün unter ihren schlanken Füßen. Götter und Menschen nennen sie Aphrodite, weil sie dem Schaum entwuchs […] und geschlechtsliebend, weil sie aus dem Geschlecht ans Licht trat« (Theogonie, 195–200).

Kronos verhält sich auch nach der Beseitigung seines schrecklichen Vaters schöpferisch und zerstörerisch in einem. Die Sichel, mit der er seinen Vater entmannte, wird einerseits zum Symbol des Ackerbaus sowie der Kultur und andererseits zum Zeichen von Gewalt. Nachdem Kronos, der zumeist mit der Sichel in der Hand dargestellt wird, von Gaia und Uranos erfahren hat, dass er durch eines seiner Kinder entmachtet würde, verschlingt er sie gleich nach der Geburt. Seine Frau Rheia aber leidet »unsägliches Leid«. Nur durch ihre List entgeht ihr Sohn Zeus dem Schicksal, vom Vater verschlungen zu werden. Dieser wird gerettet und bringt seinen Vater Kronos dazu, die anderen von ihm verschlungenen Kinder wieder auszuspucken.

Nach der Machtübernahme durch Zeus herrscht aber weiterhin ein Konflikt zwischen konstruktiven und destruktiven Kräften, der sich zum Beispiel im Kampf der Titanen mit den olympischen Göttern ausdrückt. Schöpferisch ordnende Kräfte und chaotische Zerstörungswut sind in beiden Parteien vorhanden: »Rings dröhnte vom Feuer getroffen die ächzende Erde [...] Furchtbare Glut erfüllte das Chaos [...] Unendliches Tosen erhob sich vom schrecklichen Kampf« (Theogonie, 693–709). Zeus kann letztlich durch seine kriegerische Überlegenheit die Titanen überwältigen und sie in die finstere Unterwelt verbannen. Sie bleiben aber höchst wirkungsvoll, zum Beispiel als Gott des Schlafs, Hypnos genannt, und als Gott des Todes, Thanatos. Diese »Kinder der finsteren Nacht und schreckliche Götter« treten wie Eros in zweierlei Figurationen auf: als personifizierte Gottheiten und als das Sein durchwaltende Prinzipien. Thanatos hat »ein eisernes Herz und ehernen, erbarmungslosen Sinn« und unbeugsam hält er jeden Menschen fest, den er einmal gefasst hat. Selbst den unsterblichen Göttern ist er ein Feind.

Nach Zeus' mächtigem Sieg über die Titanen und der Errichtung einer neuen Ordnung bleibt die Existenz bedroht von widersprüchlichen und destruktiven Prinzipien. Der finstere Tartaros – »schaurig und modrig, so dass sogar Götter Grausen ergreift« (Theogonie, 739) – zeugt mit der riesigen Erde, mit der er sich durch die »goldene Aphrodite« in Liebe vereint, Typhoeus. Als weitere Personifikation von Zerstörung und Chaos zwingt dieser

Zeus zum erneuten Kampf. Von der schrecklichen Auseinandersetzung erzittert selbst Hades, der Herrscher des Totenreichs. Es treten sich wieder zwei Mächte und personifizierte Prinzipien gegenüber: Typhoeus verkörpert Zerstörung, Unordnung und Chaos, Zeus dagegen Schöpfung, gesetzliche Ordnung und einen strukturierten Kosmos. Allerdings wird Zeus diese antagonistischen Prinzipien auch in sich selbst verkörpern.

Selbst die Kunst wird in der »Theogonie« aus dem Streit geboren und auch in ihr geht es um einen Kampf zwischen schöpferischen und zerstörerischen Mächten. Hephaistos, der Gott des Handwerks und der Künste, der alle »Himmlischen an Geschick überragt«, entsteht im Konflikt: Seine Mutter Hera empfängt ihn »ohne Liebesgemeinschaft« und im Streit mit ihrem Gatten. Auch die mächtige Athene ist kein Kind der Liebe, sondern wird ohne Liebesvereinigung mit seiner Frau Hera aus dem Haupt des Zeus geboren. Er hatte vorher die von ihm schwangere Metis verschlungen, weil er gewarnt worden war, dass das Kind von Metis ein Sohn sein werde, der größere Macht haben werde als er selbst. Athene wird einerseits zur schrecklichen Heerführerin, der Kampflärm gefällt, andererseits zur Göttin der Weisheit, der Künste und des Handwerks.

Bei Hesiod gipfelt die Schöpfungsgeschichte in Versen über die Schöpferkraft der Liebe, die mehr noch als in Eros in Aphrodite personifiziert wird. Am Ende der »Theogonie« ist es immer wieder »die goldene Aphrodite«, die neue Geschöpfe ermöglicht. Sie verkörpert Liebe, Schönheit und Fruchtbarkeit. Begleitet von Eros verleiht sie den Frauen »Charis«, Anmut und Liebreiz. Sie sät aber auch Missgunst, Eifersucht und Streit. In griechischen Skulpturen wird sie oft als gewaltige Herrin wilder Tiere dargestellt und auf dem Pergamonaltar zieht sie einen Speer aus dem Leib eines Titanen, mit dem sie ihn augenscheinlich getötet hat. Sie erscheint als westliche Version der »großen Herrin«, die als Astarte, Anath und Aschera in Babylon, Sumer, und Phönizien sowie als Isis im Alten Ägypten angebetet wurde. Im Ursprung ist sie eine Fruchtbarkeitsgöttin mit zerstörerischen Seiten, die über Werden und Vergehen, Leben und Sterben, Frieden und Krieg herrscht. Frauen und Männern, die sich unter Aphrodites Einfluss vereinigen, bringt sie höchstes Glück und schreckliches Unheil.

Ähnlich zwielichtig ist Eros. Er verkörpert eine Leben spendende Urkraft, die schon im Anfang der Entstehung des Kosmos wirksam ist. Die Verbindung der Urmutter Gaia mit dem Urvater Uranos kommt unter dem Einfluss von Eros als Prinzip zustande. Als personifizierte Gottheit mit vielfältigen menschlichen Eigenschaften wird er, wie oben dargestellt, erst später als Sohn von Aphrodite und Ares geboren. Er symbolisiert seit den ältesten orphischen Zeiten die geschlechtliche Liebe und zeigt höchst doppelbödige Eigenschaften. Die von ihm gestifteten Liebesverhältnisse finden oft, wie zum Beispiel diejenigen von Medea und Jason sowie von Dido und Äneas, ein böses Ende.

Zusammenfassend finden wir in den griechischen Kreativitätskonzepten den Kampf zwischen Schöpfung und Zerstörung, kosmischer Ordnung und chaotischer Unordnung als bewegendes Prinzip. Diese existentielle Widersprüchlichkeit wird in der Ambivalenz der Götterväter Uranos, Kronos und Zeus sowie ihrer Kinder personifiziert. Die Dialektik zwischen schöpferischen und zerstörerischen Kräften erscheint als Prinzip der psychischen Zusammenhänge und der sozialen Beziehungen.

Ähnliche Konstellationen finden sich auch in den mythischen Vorstellungen der Hethiter in der Zeit zwischen 1400 und 1200. Im »Gesang vom Königtum im Himmel« wird geschildert, dass Alalu der himmlische Herrscher ist. Anu dient ihm neun Jahre lang, bis er ihn im Kampf besiegt und auf die dunkle Erde vertreibt. Anu fällt aber dem gleichen Schicksal zum Opfer und wird von seinem Sohn Kumarbi besiegt (s. Schönberger, 1999). Auch Kastration und Sichel werden im hethitischen Mythos erwähnt. Die Sichel, die auf griechischen und hellenistischen Darstellungen in der Hand des Kronos zu finden ist, ist auch bei den Hethitern ein Symbol von Destruktion und Tod. Andererseits dient sie dem Ackerbau und symbolisiert das Leben sowie konstruktive kulturelle Aktivitäten.

Im Mythos vom Goldenen Zeitalter, der in Europa erstmals von Hesiod aufgezeichnet wurde, wandelt sich Kronos vom ambivalent schöpferisch-zerstörerischen zum gütigen König. In »Werke und Tage« beschreibt der Dichter eine goldene Zeit, die von Kronos beherrscht wird: »Als goldenes schufen zuerst die Unsterblichen [...] das Geschlecht der redenden Menschen. Diese lebten unter Kronos, der im Himmel als König herrschte, führten ihr Leben wie Götter, hatten leidlosen Sinn und blieben frei von Not und Jammer« (Werke und Tage, 110–113). Es herrschte Frieden, die Menschen waren sorglos und die Natur stellte ohne Arbeit alles zur Verfügung, was sie benötigten. Diese wirkmächtige Vorstellung eines früheren ambivalenzfreien Idealzustands wird auch von Platon und später von Ovid beschrieben und findet sich zudem in fernöstlichen religiös-philosophischen Traditionen (Gatz, 1967). Es scheint so zu sein, dass der Ambivalenz schöpferisch-zerstörerischer Kreativitätskonzepte immer wieder ambivalenzfreie Erlösungs- und Heilsvorstellungen gegenübergestellt werden.

Wenn wir die Kronos-Gestalt der »Theogonie« noch einmal näher betrachten, so erscheint sie als Inkarnation konstruktiver und destruktiver, friedlicher und kriegerischer, kosmisch ordnender und chaotisch entordnender Aktivität, die Kronos zum Urtyp ambivalenten Schöpfertums machen. Dabei ist unverkennbar, dass Hesiod wirkmächtige Einsichten in menschliche Lebenszusammenhänge vermittelt. In Kronos verkörpern sich Vorstellungen über den Ursprung des Lebens, die Ordnung der Dinge und Verhältnisse, Gewalt und Leidenschaft, Herrschaft und Unterdrückung, die das Denken der Menschen bis heute prägen. Beispielhaft soll der Konflikt von Kosmos und Chaos, Schöpfung und Zerstörung anhand der Kronos-Gestalt und seiner Fortschreibung in der römischen Antike, der Spätantike, im Mittelalter und in der Renaissance dargestellt werden.

In der römischen Antike wird Kronos mit dem italischen Erdgott Saturnus gleichgesetzt und weiterhin als Gott der Fruchtbarkeit und des Schöpferischen verehrt. Die Kronos- und Saturn-Gestalten bleiben aber ambivalent, indem sie gleichzeitig als unheilbringende Götter erscheinen. In der antiken Temperamentenlehre stehen Kronos und Saturnus für den Herbst des Lebens, die schwarze Galle, die Melancholie, aber auch für das schöpferische Streben und die künstlerische Schaffenskraft (Klibansky, Panofsky und Saxl, 1964/1992). Auch in der astrologischen Literatur der Spätantike zeigt Saturn ein doppeltes Gesicht. Er wird als höchster Planet und in der Tradition Platons als Gott der Philosophen angesehen. Bei Ptolemäus ist er der Schutzherr der tiefsinnigen Denker, bringt jedoch den unter seinem Stand Geborenen auch Unglück. Nach Klibansky, Panofsky und Saxl wird er auch mit *Chronos* identifiziert und symbolisiert dadurch die Zeit, die ihre Kinder verschlingt.

Bei den arabischen Autoren des 9. und 10. Jahrhunderts findet sich die Vorstellung, dass Kronos bzw. Saturn die Welt beseelt. Mit seinen Strahlen verteilt er übersinnliche Kräfte, welche alle Teile der Welt durchdringen. Dadurch entstehen bleibende Formen aus der Materie. Diese Vorstellung erinnert an den geschilderten altägyptischen Mythos von Heliopolis, in dem Atum aus dem Urschlamm aufsteigt und die Welt mit seinen Strahlen aus einer ungeordneten chaotischen Materie zum Erblühen bringt. Im arabischen Kulturraum wird Saturn wie in der griechischen Mythologie als ambivalente Gestalt beschrieben: Er weist einerseits auf den Acker- und Landbau, die Erschaffung von Bauwerken, das Anhäufen von Vermögen und Reichtum hin. Andererseits wird er mit Geiz und Armut, Verderbtheit und Introversion in Verbindung gebracht. Seine Natur wird kalt, trocken, schwarz, dunkel, heftig beschrieben. Er ist zornig, gewalttätig, tyrannisch, böse und selbstvernichtend, aber auch aufrichtig, besonnen und weise. Es entsteht eine mythische Gestalt, die beherrscht ist von der Ambivalenz zwischen schöpferisch-ordnender Konstruktivität und zerstörerisch-chaotischer Destruktivität.

Klibansky, Panofsky und Saxl betonen, dass auch die anderen griechischen Götter doppelgesichtig sind, insofern sie zugleich Verderben und Segen, Zerstörung und Erneuerung mit sich bringen. Bei Kronos alias Saturn sei die Doppelgestaltigkeit jedoch grundsätzlich. Sein Wesen ist nicht nur ambivalent in Bezug auf seine Wirkung nach außen, sondern auch in Bezug auf sein eigenes Selbsterleben und die Gestaltung seines persönlichen Schicksals. Er stellt eine mythische Figur dar, die als Typus psychologische Zusammenhänge konkretisiert. Er zeichnet sich durch bestimmte Stimmungen, Eigenschaften und Verhaltensweisen aus wie Trübsinn, gehemmte Nachdenklichkeit und zornige Ausbrüche. Er wird somit mit menschlichen Eigenschaften versehen und stellt sowohl einen Charakter- als auch einen Schicksalstypus dar. Hierbei ist die ausgesprochene Gegensätzlichkeit eines konstruktiven und destruktiven schöpferischen Wesens das leitende Denkbild. Die Kinder von Kronos-Saturn sind einerseits zu schöpferischer Tätigkeit und philosophisch ordnendem Denken berufen sowie andererseits zerstörerischen Ausbrüchen und chaotischen Verwirrungen ausgeliefert.

Im Neuplatonismus, der dem physisch Seienden aus einer metaphysischen Perspektive Sinn verleiht, verliert die Kronos-Saturn-Gestalt ihren destruktiven Aspekt: Kronos alias Saturn wird als Stammvater aller Planetengötter und als die erhabenste Gestalt eines philosophisch interpretierten Pantheons aufgefasst. Nach Plotin symbolisiert er den reinen Geist (*nous*) und ist der Wegbereiter der Vernunftherrschaft. Kronos wird als menschenfreundlicher Gott angesehen, der Zufriedenheit und Gerechtigkeit mit sich bringt. Die Neuplatoniker berufen sich auf orphische Quellen, wenn sie Kronos als Weltbaumeister ansehen. In seiner Gleichsetzung mit *Chronos*, der Zeit als Urprinzip, gebe er allem Seienden Maß und Ordnung. Auch das unter der ordnenden Herrschaft des Kronos stehende Goldene Zeitalter, in dem die Menschen, abgesehen von ihrer Sterblichkeit, den Göttern gleich lebten, blieb eine wirkungsmächtige Orientierungsgröße für die Vorstellung von der Entwicklung der Menschheit (s. Manuwald, 2003).

Dennoch blieb, ausgehend von der griechischen Mythologie, eine Kreativitätsvorstellung einflussreich, die von der Ambivalenz zwischen Schöpfung und Zerstörung, Ordnung und Chaos, Konstruktion und Destruktion gekennzeichnet ist. Danach stehen Menschen wie die Götter vor der Aufgabe, sich durch beständige Produktivität und Kreativität individuell, sozial und kulturell zu verwirklichen und destruktive Mächte zu bewältigen. Sie sind, wie Kronos und seine Nachfahren, einem Wechselspiel von schöpferischen und zerstörerischen Kräften ausgeliefert. Wir werden sehen, wie die Vorstellung von einer Dialektik von konstruktiven und destruktiven Kräften in den heutigen biologischen, psychologischen und kulturellen Anschauungen wirksam ist und immer wieder neu konfiguriert wird. Vorher sollen jedoch weitere religiöse und mythische Schöpfungsvorstellungen unter dem Gesichtspunkt von Schöpfung und Zerstörung, Kosmos und Chaos, Konstruktion und Destruktion beschrieben werden.

Mosaische Religionen: Gott schuf ... und vernichtet

Creavit, er schuf, das erste Verb der Bibel, und die folgende Schöpfungsgeschichte prägten für Jahrhunderte die abendländischen Schöpfungsvorstellungen: Ein souveränes Individuum ist in freier Selbstverfügbarkeit schöpferisch tätig. In diesem Tun ist die Überwindung und Veränderung des Vorhergehenden enthalten. Die wüste, leere und finstere Erde stellt ein unstrukturiertes Chaos dar, das durch die schöpferische Tätigkeit Gottes Gestalt annimmt. Sie beginnt mit der Erschaffung des Lichts und der Scheidung vom Dunkel: »Und Gott sprach: Es werde Licht! Und es ward Licht. Und Gott sah, dass das Licht gut war. Da schied Gott das Licht von der Finsternis und nannte das Licht Tag und die Finsternis Nacht« (Genesis 1, 3–5).

Die Scheidung von Licht und Dunkel wurde eine wirkmächtige Schöpfungsvorstellung, die in unzähligen kulturellen Gebilden nachklingt. Sie präludiert die Trennung von Gut und Böse, die bis heute mit hellen und dunklen Mächten in Verbindung gebracht wird. Als höchste Stufe der Schöpfung wird in der Bibel der Mensch geschaffen: »Und Gott sprach: Lasset uns Menschen machen, ein Bild, das uns gleich sei« (Genesis 1, 26). Die Krone der Schöpfung soll selbst schöpferisch tätig sein und über die Erde und über alle anderen Lebewesen herrschen: »Seid fruchtbar und mehret euch und füllet die Erde und machet sie euch untertan und herrschet« (Genesis 1, 28). Auch dies ist eine bis heute wirksame Vorstellung, die des Menschen Kreativität und seine Herrschaft über die Natur als göttlichen Auftrag ansieht.

Die Trennung von Gut und Böse ist ein weiterer folgenreicher Schöpfungsakt: »Und Gott der HERR ließ aufwachsen aus der Erde allerlei Bäume, verlockend anzusehen und gut zu essen, und den Baum der Erkenntnis des Guten und Bösen« (Genesis 2, 9). Das in der Schlange verkörperte Böse entfaltet eine eigene Macht und führt zum Sündenfall des Menschen, an den sich eine wechselhafte Geschichte von Schöpfung und Zerstörung, Leidenschaft und Gewalt, Konstruktion und Destruktion anschließt. Wie in der griechischen Mythologie wird eine Dichotomie zwischen Schöpfung und Zerstörung, geordnetem Kosmos und ungeordnet-chaotischem Tohuwabohu die weitere Entwicklungsgeschichte prägen.

Im Zeichen der mosaischen Schöpfungsvorstellungen erschaffen die monotheistischen Weltreligionen gemeinschaftliche Ordnungen, die über Jahrtausende wirksame Grundlagen für Recht, Moral und Kultur darstellen. Die jüdische, christliche und islamische Religion begründen aber auch individuelle Ordnungen, die den einzelnen Menschen Orientierung in ihrer Welt und Leitlinien zum rechten Leben vermitteln.

Die Schöpfungsgeschichte in den mosaischen Vorstellungen zeigt aber schon von Beginn an neben den konstruktiven auch destruktive Züge. Nach Assmann (2006) konnotiere das Gebot, sich die Erde untertan zu machen, eine aggressive Bemächtigung, die sich in den kulturellen Bereich fortsetze. Indem sich die monotheistischen Religionen eine exklusive Wahrheit zuschrieben, trügen sie einen Keim zur Gewalt gegenüber anderen Kulturen in sich. Assmann macht die monotheistischen Religionen zwar nicht realhistorisch für ein neues Niveau der Gewalt verantwortlich, aber findet in seiner kulturwissenschaftlichen Analyse im Alten Testament eine Sprache der Gewalt vor, die Zerstörung sprachlich inszeniere. Er beruft sich auf neuere Forschungen Othmar Keels, die zeigen, dass die biblische Sprache der Gewalt eine Transposition des assyrischen Despotismus in die religiöse Semantik gewesen sei. Im kulturellen Gedächtnis blieben diese Denkfiguren und kulturellen Konstruktionen wirksam.

Aber auch im Hinblick auf den einzelnen Menschen kann man in der biblischen Schöpfungsgeschichte Hinweise darauf finden, dass das Zerstörerische zum Menschsein gehört. Schon der erste Mensch vernichtet durch das Essen vom Baum der Erkenntnis seine natürliche Selbstverständlichkeit und zerstört die paradiesische Harmonie. Er entzweit sich durch seinen Erkenntnisdrang mit sich selbst, der Natur und der kulturellen Welt und wird dafür mit Mühsal und Ambivalenz bestraft. Er ist verflucht, nicht nur zu wissen, was gut und böse ist, sondern auch dazu, selbst gut und gleichzeitig böse zu sein. Allerdings wird in der biblischen Schöpfungserzählung das Gute und Böse zumeist auf unterschiedliche Figuren verteilt. In der Bibel sind es nach Adams Sündenfall Kain und Abel, in denen das Gute und Böse personifiziert wird. Dies ist der Beginn einer konflikthaften Menschheitsgeschichte, die durch einen Kampf zwischen konstruktiven und destruktiven Mächten charakterisiert ist.

Man kann in der Bibel eine durchgängige Dialektik von Schöpfung und Zerstörung erkennen. So zeigt zum Beispiel die biblische Sintflut-Erzählung, dass Schöpfung und Zerstörung in einem komplementären Verhältnis stehen. Müller (2003) vermutet, dass diese Komplementarität von Mythos und Antimythos auf der kollektiven Einsicht beruhe, dass die Wirklichkeit im Ganzen antinomisch aufgebaut ist. Ohne einen solchen Gegensätze bewältigenden Algorithmus bliebe die Welt nicht nur unbegreiflich: Das Leben in ihr wäre auch nicht zu gestalten. Die Erzählungen vom Baum der Erkenntnis und des Turmbaus zu Babel seien für Mythen kennzeichnend, die als Vorstellungen vom prinzipiellen Gegensatz von Gut und Böse und der Hybris der menschlichen Kreativität fortwirkten: Der Mensch ist durch sein eigenes Tun gefährdet und muss seine Bestimmung mehr oder weniger verfehlen. Auch der babylonische Mythos von Atramhasis, wo wie in der biblischen Urgeschichte eine Komplementarität vom Mythos der Menschenschöpfung mit dem Antimythos der Flut beschrieben wird, könnte als Paradigma eines ontologischen Widerspruchs der natürlichen und menschlichen Existenz zwischen Konstruktion und Destruktion angesehen werden.

Die biblischen Schöpfungserzählungen enthalten auffallende Ähnlichkeiten zum babylonischen Schöpfungsmythos Enuma Elisch. Das hebräische Wort *Tehom*, das in der Genesis für den »Abgrund« verwendet wird, geht etymologisch auf denselben Ursprung zurück wie die babylonische Göttin Tiamat, die als zerstörerisches Seeungeheuer aufgefasst wird. Im Gegensatz zum babylonischen Schöpfungsmythos enthalten die biblischen Schöpfungsberichte aber keine Beschreibung eines Götterkampfs und keinen Hinweis auf eine Existenz vor der Schöpfung. In der Bibel wird der Kampf zwischen Schöpfung und Zerstörung, Ordnung und Chaos nicht als Auseinandersetzung zwischen den Göttern wie in der griechischen Mythologie weitererzählt, sondern als Kampf zwischen den Menschen untereinander.

Die Kinder Gottes, die den göttlichen Heilsplan erfüllen sollen, zeigen neben ihren schöpferischen Handlungen eine bemerkenswerte Zerstörungswut. In Davids Danklied heißt es: »Meinen Feinden jagte ich nach und vertilgte sie, und ich kehre nicht um, bis ich sie umgebracht habe« (2. Samuel 22, 43). In den Büchern der Könige finden sich an vielen Stellen gewalttätige Schöpfungs- und Herrschaftsvorstellungen: Die Könige erscheinen als die irdischen Vertreter eines rachsüchtigen Schöpfergottes, der die Zerstörung des Bösen zur Bedingung der Erschaffung des »Neuen Bundes« macht.

Im Neuen Testament tritt nun an die Stelle der schöpferischen Zerstörung ein erlösendes Opfer, durch das der Kampf von Schöpfung und Zerstörung unterbrochen werden soll: Jesus Christus stirbt den Kreuzestod, um die Menschen von ihrer eingeborenen Destruktivität zu befreien und damit die Schöpfung zu vollenden.

Das »Lamm Gottes« wird geopfert, damit etwas Neues – sowohl im Sinne der *Renovatio* als auch der *Innovatio* – entstehen kann. Auch dies ist eine wirkmächtige Vorstellung, die das Denken des christlichen Abendlandes über das Schöpferische bis heute beeinflusst: Das Neue und Gute werden ermöglicht durch Leiden und Selbstaufopferung. Durch den Kreuzestod kommt die Schöpfung zu einem Höhepunkt und Neubeginn. Die Menschen werden durch das Opfer von Jesus Christus von der Erbsünde und ihrer Destruktivität erlöst. Allerdings verbleiben sie im Schatten des Opfertods, sie tragen das Aschekreuz auf ihrer Stirn und sind auch weiterhin nur unter Mühen und Versagungen schöpferisch tätig.

Auch die gewaltsame Beherrschung der Natur und der Mitmenschen wird durch Jesu Opfer nicht definitiv beendet, sondern setzt sich fort. Realgeschichtlich zeigt der Mensch eine beträchtliche Gabe, Mittel zur Zerstörung seiner Mitmenschen und seiner natürlichen Umgebung zu erfinden. Gleichwohl tritt im Neuen Testament die liebevolle Anteilnahme als neues Schöpfungsideal in den Vordergrund: »Wenn ich mit Menschen- und Engelszungen redete und hätte der Liebe nicht, so wäre ich ein tönend Erz oder eine klingende Schelle« (Korinther 13, 1). Die Liebe scheint im Neuen Testament, gereinigt vom Widersprüchlichen des griechischen Eros, den Weg zu einer neuen Ordnung im drohenden Chaos der irdischen Existenz zu weisen.

Allerdings ist dies nicht das letzte Wort des Neuen Testaments. In der Apokalypse findet sich erneut die Vorstellung eines rächenden und zerstörenden Schöpfers. Die Offenbarung des Johannes scheint eine bildhafte und dramatische Darstellung des sich immer wiederholenden Kampfes von konstruktiven und destruktiven Mächten zu sein. Darin ist Gott nicht nur liebevoll und schöpferisch, sondern auch hassend und zerstörerisch. Die »Endzeit«, in der Gottes Schöpfung vollendet wird, ist geprägt von Rache und Zerstörung. Die Schöpfung kommt erst durch die totale Vernichtung des Bösen zu ihrem Ziel: »Kein Klang von Harfenspielern und Sängern, Flötenspielern und Posaunenbläsern wird mehr in dir vernommen, kein Künstler irgendwelcher Art soll mehr in dir gefunden, kein Mühlengeräusch mehr in dir gehört werden. Kein Licht der Lampe wird mehr in dir scheinen, kein Ruf von Bräutigam und Braut in dir mehr zu hören sein« (Offenbarung, 18, 21–23). Die Erschaffung des Neuen wird durch die Zerstörung des Alten ermöglicht und der »Neue Himmel« und die »Neue Erde« eröffnen sich dem visionären Blick des Johannes. Er sieht die Heilige Stadt, das neue Jerusalem und hört seinen Schöpfergott sprechen: »Siehe, alles mache ich neu!« (Offenbarung 21, 5).

Im Koran finden sich ähnliche Schöpfungsvorstellungen wie in der Bibel, aus der sie zum Teil unverändert übernommen worden sind. Mehrere Begriffe, die zu den 99 Namen Gottes gerechnet werden, bezeichnen Gott als Schöpfer. Die erste Erwähnung der Schöpfung findet sich im Koran in der Sure 2:164: »Siehe, in der Schöpfung des Himmels und der Erde und in dem Wechsel der Nacht und des Tages und in den Schiffen, welche das Meer durcheilen mit dem, was den Menschen nützt, und in dem was Allah vom Himmel an Wasser niedersendet, womit er die Erde nach ihrem Tode belebt, und was Er an allerlei Getier auf ihr verbreitet, und in dem Wechsel der Winde und der Wolken, die dem Himmel und der Erde dienen – wahrlich, in all dem sind Zeichen für Leute von Verstand.« Die Schöpfung wird hier als Zeichensystem für die Verständigen, d. h. die Gläubigen dargestellt. Diese stehen im Gegensatz zu den Ungläubigen: »Und doch gibt es Leute, die neben Allah Ihm angeblich Gleiche setzen und sie lieben. Wie man Allah (nur) lieben soll. Aber die Gläubigen sind stärker in der Liebe zu Allah. Wenn die Frevler nur sehen würden, wenn sie die Strafe sehen, dass alle Kraft Allah gehört und dass Allah streng im Strafen ist [...] Oh ihr Menschen! Esst von dem, was auf Erden erlaubt und gut ist, und folgt nicht den Fußstapfen Satans; siehe, er ist euch ein offenkundiger Feind« (Sure 2:165–168).

Im ersten Schöpfungsbild wird also der Schöpfung ein antipodisches Prinzip des Unglaubens und Bösen gegenübergestellt. Zum Wesen der Schöpfung gehört wie im Alten Testament der

Kampf gegen den Unglauben als Erscheinungsform der Anti-Schöpfung, des Bösen: »Wahrlich, Wir setzten Sternbilder in den Himmel und schmückten ihn für die Beschauer aus. Und wir schützten ihn vor jedem verfluchten Satan [...] Und, siehe, Wir sind es, die das Leben geben und den Tod, und wir sind, die alles beerben. Und wahrlich, Wir kennen unter euch diejenigen, die vorangehen, und kennen auch die, welche zurückbleiben« (Sure 15:16–24).

Die Schöpfungserzählung des Korans lässt wie das Alte und Neue Testament einen Dualismus von Gut und Böse, Schöpfung und Zerstörung, Konstruktion und Destruktion erkennen, der letztlich nur durch den Glauben an Gottes Allmacht aufgelöst werden kann: »Nimm deine Zuflucht daher zu Allah. Er ist fürwahr der Hörende, der Sehende. Die Schöpfung des Himmels und der Erde ist gewiss bedeutender als die Schöpfung des Menschen« (Sure 40:56–58).

Wie die Gläubigen anderer Religionen finden Muslime in ihrem Glauben Gründe, ihr individuelles und soziales Leben zu gestalten. Der Glaube stiftet gemeinschaftliche und individuelle Ordnungen, in seinem Zeichen werden jedoch auch destruktive Herrschaft und zerstörende Gewalt ausgeübt (s. Kermani, 2007).

Buddhismus: Erleuchtete Präsenz

Dem Buddhismus scheint die Vorstellung einer wie auch immer gearteten ursprünglichen Schöpfung fremd zu sein. Im Gegensatz zu den mosaischen Religionen existiert deswegen auch keine Vorstellung eines Schöpfergottes. Gemäß der Lehrtradition seit Siddharta Gautama, der nach neueren Forschungen um 400 v. Chr. gestorben ist, bringt die Beschäftigung mit solchermaßen unergründlichen Fragen keinen Erkenntnisgewinn. Es gehe im religiösen und spirituellen Erwachen um die Einsicht in die Grundbedingungen des diesseitigen Lebens, aus der sich die Überwindung allen Leidens ergebe. Fragen nach Schöpfung und Herkunft des

Lebens seien prinzipiell nicht sinnvoll und erzeugten lediglich Verwirrungen bis hin zum Wahnsinn (s. Watts, 1957).

Nach buddhistischer Vorstellung bringt jedes Individuum im gelebten Augenblick seine Welt hervor. Wenn es sich dabei in einem geordneten Gleichgewicht mit seinem Körper, seinem Geist und seiner Umwelt befindet, verwirklicht sich Buddha in ihm. Jedes Lebewesen ist eingebunden in einen unendlichen Kreislauf von Geburt und Wiedergeburt. Durch die Kultivierung der Tugenden und die Entwicklung von Mitgefühl und Weisheit könne es gelingen, menschliches Leiden und Unvollkommenheit zu überwinden und den Zustand des Nirwana zu erreichen, in dem das Chaos des irdischen Daseins in eine höhere spirituelle Ordnung transformiert werde.

Buddha Gautama sah sich weder als Gott noch als Prophet an, sondern als Mensch, der durch meditative Schau seinen eigenen Geist sowie die Natur der Dinge ordnen lernt. Jeder Mensch verfüge über eine körperlich-geistige Energie, den existentiellen Kreislauf von Werden und Vergehen intuitiv zu erleben, zu ordnen und anzunehmen. Die Erschaffung der »erleuchteten Präsenz« findet aber auch im Buddhismus im Wechselspiel von Schöpfung und Zerstörung, Kosmos und Chaos, Konstruktion und Destruktion statt. Ähnlich wie im Hinduismus existieren gute Götter (Devas) und böse Dämonen oder Widergötter (Asuras). Diese sind aber im Gegensatz zu den abendländischen monotheistischen Religionen wie alle anderen Lebewesen der Unwissenheit und dem Leiden sowie dem Kreislauf von Geburt und Wiedergeburt (Samsara) unterworfen.

Durch meditative Praktiken wird ein Zustand von Erleuchtung und heiterer Gelassenheit angestrebt, in dem chaotische Wahrnehmungen, störende Gedanken und destruktive Gefühle nicht einfach ignoriert, sondern in einen kohärenten Zustand transformiert werden sollen. Das Ziel ist, »in Frieden und Harmonie mit uns selbst, mit anderen, der Erde und dem Universum leben zu können« (Dalai Lama, 2009, S. 12). Im Unterschied zu der im Westen seit der griechischen Philosophie vorherrschenden wissenschaftlichen Reflexion wird eine Haltung innerer Gelassenheit angestrebt, um störenden und verwirrenden Gedanken und Emotionen ihre destruktive Kraft zu rauben: »Der Weg ist das Ziel, und der Zeitpunkt, sich auf den Weg zu machen, ist die sich stets aufs Neue entfaltende Gegenwart« (Dalai Lama, 2009, S. 11). Auch das buddhistische Streben nach innerer Ruhe, Liebe, Glück ist bedroht durch Hass und Neid, Ärger und Wut. Es bedarf einer kontinuierlichen schöpferischen Aktivität, um diese destruktiven Mächte zu bewältigen.

Buddhistische Rituale im Kampf zwischen konstruktiven und destruktiven Regungen finden derzeit in der Neurobiologie und Psychologie vielfältige Resonanz, auf die im Kapitel zur Biologie der Kreativität näher eingegangen wird. Bei meiner Zusammenarbeit mit dem Shaolin-Mönch Shi Xing Mi entdeckten wir wesentliche sich ergänzende Aspekte der wissenschaftlichen und buddhistischen Kreativitätsvorstellungen. Über gleichlautende Erfahrungen berichten der Psychologe Daniel Goleman mit dem Dalai Lama (2005) und der Neurobiologe Wolf Singer mit dem buddhistischen Mönch Matthieu Ricard (Singer und Ricard, 2009). Zumindest kreisen die individuellen Schöpfungsmythologien, die aus den Fragen nach dem Sinn des Lebens, der Entwicklung der eigenen Persönlichkeit und nach der sozialen Verantwortung entspringen, um ähnliche Themen wie Kohärenz und Inkohärenz, Strukturaufbau und Strukturabbau, Kosmos und Chaos, Schöpfung und Zerstörung.

Hinduismus: Werden und Vergehen

Auch im Hinduismus finden wir eine »große Erzählung« von Kosmos und Chaos, Schöpfung und Zerstörung. Das Göttliche hat in dieser Weltreligion drei Aspekte: Brahma gilt als Schöpfer, Vishnu als Bewahrer und Shiva verkörpert das Prinzip der Zerstörung. In komplexer Verschränkung der unterschiedlichen Aspekte können aber alle drei Hochgötter Schöpfung, Erhaltung und Zerstörung bedeuten. Die Götter Indiens werden in den frühesten Überlieferungen als personifizierte Naturkräfte aufgefasst.

Der Hinduismus ist eine Religion und eine Weltanschauung, die aus verschiedenen Richtungen mit recht unterschiedlichen Schulen und Ansichten besteht und deswegen auch in seinen Kreativitätsvorstellungen sehr heterogen ist (s. Michaels, 1998). Dennoch lässt sich sagen, dass der Hinduismus, zumindest in der seit 500 v. Chr. bekannten und bis heute überlieferten Ausgestaltung, keinen individuellen Schöpfergott kennt (abgesehen von Prajapati, der eine geringere Rolle als Brahma, Vishnu und Shiva spielt).

Das Brahman, der höchste kosmische Geist, ist eine nichtkörperliche, unbeschreibbare, unerschöpfliche, allwissende, allmächtige, allgegenwärtige, ursprüngliche, erste, ewige und absolute Kraft. Brahman ist ohne Anfang und ohne Ende, in allen Dingen enthalten und die Ursache, die Quelle und das Material aller bekannten Schöpfung, rational unfassbar und doch dem gesamten Universum immanent. Nach Auffassung des Advaita Vedanta ist der Mensch in seinem innersten Wesenskern, der auch Atman genannt wird, mit dem Brahman identisch. Diese Identität kann prinzipiell von jedem Menschen erfahren bzw. erkannt werden. Shivaiten gehen davon aus, dass Shiva der Höchste ist und alle anderen Götter erschaffen hat. Er gilt als Gott, der in periodischen Zyklen die Welt immer wieder zerstört, um sie neu zu erschaffen. Er wird als Nataraja, als tanzender Shiva, der schöpferisch und zerstörerisch wirkt, und in seinem Symbol, dem Lingam, verehrt.

Götter, Menschen und Tiere durchwandern nach hinduistischer Glaubensvorstellung in einem durch ewige Wiederkehr gekennzeichneten Kreislauf die Weltzeitalter. In einem zyklischen Prozess wird die Welt teilweise zerstört und wieder erschaffen bis zu einem Endpunkt nach der Lebensspanne Brahmas von 311×10^{11} menschlichen Jahren. Nach dieser unvorstellbar langen Zeit wird das Universum mit dem Schöpfergott Brahma komplett zerstört und ein neues Universum entsteht mit einem neuen Brahma. Während der Vernichtung des Universums wird die Energie bewahrt und steht der nächsten Schöpfung zur Verfügung. Dieser Zyklus dauert endlos. Er bestimmt die Vorstellung eines sich immer wiederholenden Geschehens von Schöpfung und Zerstörung.

Während des Lebens wird je nach Verhalten gutes oder schlechtes Karma angehäuft, das die zukünftige Reinkarnation und die Erlösung, das Aufgehen des Atman, des innewohnenden Brahman, beeinflusst. Die persönliche Erleuchtung als Endpunkt der geistigen Entwicklung kann durch die liebende Verehrung Gottes, den Weg der Tat sowie den Weg des Wissens erreicht werden.

Konfuzius und Laotse: Ordnen und Geschehenlassen

Die Dialektik von Schöpfung und Zerstörung, Kosmos und Chaos, Werden und Vergehen, Strukturaufbau und Strukturabbau findet sich auch in chinesischen Schöpfungsmythen. Es herrschen verschiedene Vorstellungen von einer urzeitlichen Göttin Nü Gua, einem Urmenschen Pan Gu, einer Urmaterie und einem ursprünglichen Welten-Ei sowie einer urzeitlichen Formlosigkeit. In der frühesten Version der Trennung von Himmel und Erde befiehlt der Gott Zhuan Xu seinen beiden Enkeln, für immer den Himmel zu stützen und die Erde unten zu halten, damit der Kosmos nicht ins Chaos zurückkehre (Zheng, 1990). Das Weltgeschehen ist immer wieder von destruktiven Kräften wie der großen Flut, Ungeheuern und bösen Mächten bedroht, die Unordnung, Tod und Chaos bringen.

Ähnliche Denkbilder von einem Kampf zwischen Ordnung und Chaos finden sich in den beiden einflussreichsten traditionellen Philosophien und Lebensformen der chinesischen Kultur: dem Konfuzianismus und dem Daoismus. Ihre Verwurzelung in der chinesischen Kultur und dem I Ging, dem Buch der Wandlungen, datiert man zwischen 3000 und 1200 vor Christus (Watts, 1957). Das zentrale Thema der philosophischen Schöpfungsvorstellungen des Konfuzius, der vermutlich von 551–479 lebte und dessen

Name auch als Kung-tse oder Kong-tse transkribiert wird, ist die kulturelle Ordnung. Diese muss sich fortwährend gegen Zerfallskräfte und das Chaos zur Wehr setzen. Als Ideal gilt der nach moralischer Vollkommenheit strebende Mensch, der sich bemüht, in Harmonie mit dem Weltganzen, seinen Mitmenschen und sich selbst zu leben. Dieses Ideal ist nur durch einen lebenslangen Bildungsprozess zu erreichen, der sich durch Mitmenschlichkeit, Gerechtigkeit, die Liebe der Kinder zu ihren Eltern und Ahnen sowie durch eine ritualisierte Lebensführung auszeichnet. Dies sind die Voraussetzungen, damit der Mensch sich zum »Edlen« entwickeln kann. Die latente Schöpfungsvorstellung besteht darin, dass durch bewusste und realitätsorientierte menschliche Aktivität die individuellen und gesellschaftlichen Potentiale in einer strengen hierarchischen Ordnung entwickelt werden können.

Wie im Konfuzianismus ist die menschliche Kultivierung und Höherentwicklung auch im Daoismus, der sowohl als Religion als auch als Philosophie praktiziert wird, das zentrale Thema. Er beschreitet jedoch andere Wege und verfolgt andere Ziele (s. Watts, 1957). Dao oder Tao bedeutet ursprünglich »Weg«, im klassischen Chinesisch aber auch »Methode« und »Prinzip«. Bei Laotse, der ein älterer Zeitgenosse von Konfuzius gewesen sein soll, nimmt der Begriff des Dao die Bedeutung eines der ganzen Welt zugrunde liegenden, alldurchdringenden Prinzips an, aus dem der Kosmos und die Ordnung der Dinge entsteht. Das Wirken des Dao bringt die Schöpfung hervor, indem es die Zweiheit erzeugt, Yin und Yang, Licht und Schatten, aus deren Wechselspiel die Welt hervorgeht. In den Wandlungen der Phänomene verwirklicht jedes Ding und Wesen spontan seinen eigenen Weg, sein eigenes Dao.

Der Lauf der Dinge ordnet sich im Gegensatz zur konfuzianischen Auffassung im Daoismus von selbst und es erscheint sinnlos, Energie durch das Eingreifen in das natürliche Wirken des Dao zu verschwenden. Durch gelassene Tätigkeit vollzieht der Weise die natürlichen Wandlungsprozesse mit und erreicht das Ziel einer inneren Leere, indem er zum Ursprung und der Vereinigung von Yin und Yang zurückkehrt. Innerlichkeit, Transzendenz und Unsterblichkeit werden stärker beachtet als die diesseitig orientierte Ordnung gesellschaftlicher Verhältnisse. Der Mensch erreicht die Weisheit und Harmonie mit sich selbst und der Welt weniger durch Verstand und bewusstes Handeln als durch Intuition, mystische Versenkung und Einfügung in den Lauf der Welt, die sich in beständigem Wandel befinden.

Im Zen-Buddhismus kommt es zu einer Vermischung daoistischer und buddhistischer mit anderen östlichen Weisheitslehren, die das Schöpferische in der immanenten Präsenz finden. Das Schöpferische geschieht im Hier und Jetzt und es bedarf meditativer Achtsamkeit ohne gezieltes Denken und Begehren, damit sich die kreativen Potenzen entfalten können.

Amerikanische Mythen: In Schönheit wandeln

Die indianische Urbevölkerung Amerikas hat nach Halton (2003) eine tiefe spirituelle Verbundenheit mit ihrer natürlichen Umgebung erlebt, die sich in ihren Ritualen enthüllt und auf einem Zusammengehörigkeitsgefühl mit dem alles umgebenden Leben beruht. Dieses Zusammengehörigkeitsgefühl sei gehaltvoller als die in Gott personifizierten Schöpfungsvorstellungen, weil sie die lebendige Aktivität des Schöpferischen beinhalte, die in der Abstraktion »Gott« verloren gehe. Die indianischen Jäger und Sammler würden in ihrem Animismus in einer psychosomatischen Einstimmung in die natürliche Welt leben. Die Zivilisierung konvertiere diese Einstimmung in ein Herrschaftsverhältnis, das die Natur degradiere und zur Feindin des Menschen mache. Dadurch werde der Kampf zwischen Schöpfung und Zerstörung, Ordnung und Chaos, Gut und Böse zur Lebensform des Menschen.

Die vorzivilisatorischen Menschen seien sich hingegen einer anderen Lebensform bewusst, die einfach und geheimnisvoll zugleich sei und in der zivilisatorischen Ordnung zunehmend verloren gehe. Präzivilisierte Menschen wie die indianische Urbevölkerung Amerikas hätten über eine unmittelbarere Beziehung zur Schöpfung und zur Schönheit verfügt, sie konnten »in Schönheit wandeln« (to walk in beauty). Sie seien auf das Teilnehmen an einem größeren Lebenszusammenhang eingestimmt gewesen und die einzige Möglichkeit, den richtigen Weg zu finden, habe darin bestanden, ihn zu gehen. Diese Auffassung der eingeborenen Amerikaner ähnelt sehr der daoistischen Vorstellung vom »Weg«, insofern als das indianische »In-Schönheit-Wandeln« in der Bewegung und der Verbundenheit mit der Natur den Grund und das Ziel der Existenz darstellt.

Dennoch kennen auch die indianischen Schöpfungsvorstellungen eine Spannung zwischen Schöpfung und Zerstörung, Ordnung und Chaos. Zum Beispiel findet sich in mesoamerikanischen Ursprungsmythen die Vorstellung eines geordneten Kosmos, der aus dem Chaos entsteht und sich diesem auch immer wieder entgegenstellen muss. Es herrscht aber keine lineare Schöpfungsvorstellung wie in der Bibel, sondern eine zyklische Abfolge von Werden und Vergehen wie in den hinduistischen und buddhistischen Schriften. Die Schöpfung wird durch göttliche und menschliche Tätigkeit in Gang gehalten. Das zyklische Geschehen von Schöpfung und Zerstörung wird kontinuierlich in Blutopfern und Verbrennungsritualen inszeniert. Durch diese Opfer werden die göttlichen Energien erneuert und der Kosmos wird in geordneter Bewegung erhalten (Farriss, 1987). Ordnung wird als gut, Unordnung als böse angesehen. Die kosmische Ordnung muss sich beständig gegen die Zufälligkeit der chaotischen Unordnung und der Zerstörung durch böse Mächte entgegenstellen.

Philosophische Schöpfungsvorstellungen: Logos und Chaos

Die ersten philosophischen Schöpfungsvorstellungen sind mit den mythischen auf eine kaum zu unterscheidende Weise verbunden. Erst in der vorsokratischen Philosophie haben sich philosophische Denkbilder von mythologischen abgesondert. Allerdings war schon in der mythischen Weltenstehungslehre von Hesiod eine philosophische Konzeption vom Ursprung der Welt und der Natur menschlicher Beziehungen und ihrer Leidenschaften implizit enthalten. Philosophisch wirkmächtig war besonders die von ihm beschriebene Auffassung des Eros als Prinzip, unter dessen Einfluss der geordnete Kosmos aus dem Chaos entsteht. Diese Idee klingt selbst in modernen Kreativitätsvorstellungen nach. Schönberger (1999) hält Hesiod für den bedeutendsten Vorläufer der griechischen Philosophie, insofern er Fragen nach dem Werden beantwortet und eine systematische Erklärung des Seienden liefert. Sein Ordnungsgedanke sei die Voraussetzung der griechischen Philosophie. Homer habe die Welt geschildert, wohingegen Hesiod sie interpretiert habe.

Der starke Einfluss der Auffassung Hesiods von Kosmos und Chaos, Ordnung und Unordnung, Strukturaufbau und Strukturabbau auf die vorsokratische Philosophie ist unübersehbar. Das Konzept des griechischen Philosophen Anaximander (um 610–547 v. Chr.) vom unbegrenzt Ungeordneten als Ursprung alles Seienden erinnert an Hesiods Chaos, aus dem im Kampf von Schöpfung und Zerstörung eine höhere Ordnung entsteht. Auch bei anderen vorsokratischen Philosophen finden wir diese dialektische Schöpfungsvorstellung und das Denkbild einer konflikthaften Kreativität: Heraklit sieht in Natur und Kultur einen kontinuierlichen Gestaltungsprozess, der sich gegen destruktive und chaotische Kräfte behaupten muss. Das Weltgeschehen werde durch Gegensätze in Gang gehalten, die immer wieder zu einer spannungsgeladenen Einheit zusammenzufließen, um sich erneut in einem ewigen Fließen zu entzweien. Diese dialektische Konfiguration des Schöpferischen lässt sich auch in fernöstlichen Schöpfungsvorstellungen wiederfinden und prägt bis heute wesentliche westliche Philosophien, zum Beispiel diejenige Hegels und seiner Nachfolger. Ein weiterer vorsokratischer Philosoph, Empedokles, entwickelte den Mythos des Eros als Urgott zu einer philosophischen Lehre und naturwissenschaftlichen Konzeption weiter.

Nach Platon (427–347) ist die Welt von einem göttlichen Werkmeister, einem Demiurgen, geschaffen worden. Dieses personifizierte Prinzip der Schöpfung ist aber unerkennbar, zumindest kann man nicht für alle verständlich darüber sprechen. In Platons Werk »Timaios« wird als letzter Grund für die Schöpfung die Herstellung einer »guten Ordnung« angegeben: »Da nämlich Gott wollte, dass, soweit es möglich, alles gut und nichts schlecht sei, da er aber alles, was sichtbar war, nicht in Ruhe, sondern in regelloser und ungeordneter Bewegung vorfand, so führte er es denn aus der Unordnung in die Ordnung hinüber, weil er der Ansicht war, dass dieser Zustand schlechthin besser als jener sei« (29D–30C).

Die Entstehung des Kosmos laufe nach arithmetischen, geometrischen und physikalischen Prinzipien ab und die »Körper der Welt« stimmten »vermittels der Proportion« innerlich zusammen. In der »Politeia«, Platons umfangreichstem Werk, stellt die Idee des Guten das wesentliche schöpferische Prinzip dar. Diese Idee sei »für alle Dinge die Ursache von allen Regelmäßigkeiten und Schönheiten« und das »Urprinzip der objektiven Wahrheit als auch unserer Vernunfteinsicht« (517B–517C). Dies scheint eine Abkehr von mythischen und religiösen Vorstellungen zu sein, dass die Welt durch einen oder mehrere individuelle Götter geschaffen wurde. Das Schöpferische wird auch im Menschen selbst verortet, insofern dessen höchstes Lebensziel darin besteht, das Gute zu erkennen und zu realisieren. Die Einsicht in das Wesen des Guten muss somit zur entscheidenden individuellen und gesellschaftlichen Aufgabe werden. Platon betont, dass »das Wesen des Guten ein jeder erkannt haben müsse, der verständig handeln will, sei es in seinem eigenen Leben oder im Leben des Staates« (517C).

So wie die Schöpfung generell durch mathematische Ordnungsprinzipien zustande kommt, ist auch das individuelle Leben bestimmt durch Prinzipien, die dem Chaos des Denkens und der Affekte Ordnung verleihen. Pädagogik und akademische Ausbildung dienen diesem Ziel. Auch das Gemeinwesen ist von chaotischen Zerfallsprozessen bedroht und bedarf der beständigen schöpferischen Ordnung. So beschreibt die »Politeia« Ordnungsprinzipien des Denkens und Handelns sowohl im Hinblick auf die individuelle Lebens- als auch auf die politische Staatsführung. Die Wahrnehmung und Bewältigung von Gegensätzen ist die höchste Aufgabe des Staates, des persönlichen Lebens und der Philosophie.

Die platonische Dialektik als Lehre von den Gegensätzen und ihrer Vermittlung wird besonders im »Parmenides« entfaltet, der von Hegel als Beginn aller wahren Dialektik und als ihr Meisterwerk angesehen wurde. Sie bewegt sich in einem Feld von Struktur und Chaos, das in einem unendlichen Erkenntnis- und Bildungsprozess geordnet – und wieder entordnet – wird. Platons Vorstellung des Lebens als Weg zur Anschauung des reinen Seins und zum Erleben höchster Erkenntnis ähnelt buddhistischen Vorstellungen. Auch diese sehen das Leben als einen Weg zum erleuchteten Sein an, das sich von den Dunkelheiten des alltäglichen Treibens, von Rivalität und Kampf, Hass und Neid befreit. Der Mensch müsse »mit der ganzen Seele aus dem Bereiche des wandelbaren Werdens umgelenkt werden, bis diese die Anschauung des reinen Seins und die der hellsten Region desselben ertragen kann; diese hellste Region ist aber nach unserer Erklärung das höchste, wesenhaft Gute« (Politeia, 518C).

Allerdings dürfen die Erleuchteten nach Platon nicht auf einer »Insel der Seeligen« verweilen, sondern haben die Verpflichtung, an den Mühseligkeiten des Gemeinwesens teilzunehmen und praktisch tätig zu werden: »Hinab muß also jeder der Reihe nach steigen in die Behausung der übrigen Mitmenschen und sich angewöhnen, das Reich der Finsternis zu schauen« (520B). Das Gute, Wahre und Schöne – zusammengefasst das Konstruktive – muss in einem beständigen Kampf destruktiven Kräften abgerungen werden. Dass der erfolgreiche Kampf gegen das chaotisch Böse für Platon in der »Politeia« nur durch autoritäre Herrschaft denkbar ist, soll hier nur am Rande erwähnt werden.

Das Werk Platons ist sehr vielschichtig und wir wollen für unseren Zusammenhang nur Folgendes festhalten: Sowohl im Hinblick auf individuelle und soziale Verhältnisse als auch auf die kosmische Ordnung befindet sich der Mensch in einem beständigen Widerspruchverhältnis, das durch sein schöpferisches Tun zu einer höheren Einheit gebracht wird. Die Erkenntnis und Verwirklichung des Guten, Wahren und Schönen ist letztlich unerreichbar und die wirkliche Ordnung können Menschen nur in verzerrten Abbildern wahrnehmen. Sie sind jedoch in der Lage, sich durch philosophische Reflexion den das Weltgeschehen bestimmenden Ideen anzunähern. Im »Parmenides« heißt es: »Schön allerdings und göttlich, das wisse nur, ist der Trieb, der dich treibt zu diesen Forschungen. Strecke dich aber zuvor noch besser und übe dich vermittels dieser für unnütz gehaltenen und von den meisten auch nur Geschwätz genannten Wissenschaft, solang du noch jung bist: denn wo nicht, so wird dir die Wahrheit entgehen« (Parmenides, 135 C–D). Der philosophische Weg zur Wahrheit korrespondiert mit einer praktischen und politischen Lebensführung, die sich dunklen und destruktiven Kräften der Existenz entgegenstellt.

In Platons »Gastmahl« klingt Hesiods Vorstellung vom Eros als bewegendem Prinzip nach. Es wird auch zwischen einem Gott als Prinzip unterschieden, das »von Ewigkeit ist«, und einem inkarnierten Gott »welcher erst ins Dasein eintreten sollte« (34A–35A). Im »Ion« sind es die Poeten, die das göttliche Prinzip realisieren und in ihrem Enthusiasmus, dem »In-Gott-Sein«, wie Besessene ihre Gesänge erschaffen. Im »Phaidros« werden vier Arten des göttlichen Wahnsinns unterschieden: poetisch, kathartisch, prophetisch und philosophisch. Diese Formen des »Außer-sich-Seins« helfen die höhere Ordnung annäherungsweise zu erfassen. Allerdings hält der späte Platon nicht einmal eine Annäherung an die Wahrheit und die Ordnung des Seins für möglich.

Wilamowitz-Moellendorff (1919) begründet dies mit der Enttäuschung von Platons persönlichen und politischen Hoffnungen: Der Zusammenbruch seiner Hoffnungen und die Kränkungen, die er persönlich erfuhr, hätten seine Seele verdüstert.

Aristoteles (384–323), in dem die griechische Philosophie einen Höhepunkt und in gewissem Sinne auch ihren Abschluss fand, nimmt einen unbewegten Erstbeweger als Anfangspunkt jeder Bewegung an. Die Welt ist ungeworden und unvergänglich und der Erstbeweger wird nicht personifiziert: »Gott ist entweder Geist oder ein Wesen, das noch jenseits des Geistes steht« (Fragmentum 15). Am Göttlichen hat der Mensch durch seinen eigenen unsterblichen Geist teil. Philosophieren geschieht, um die Existenz zur Wahrheit, Glückseligkeit und Vollendung zu führen. Dabei ist »die Liebe Ursache des Guten und der Streit die des Schlechten« (Meteorologica, I, 4). Auch bei Aristoteles findet sich ein Kampf zwischen konstruktiv-ordnenden und destruktiv-entordnenden Kräften und ein dialektischer Entwicklungsgedanke, indem sich der ungeordnete Stoff in der geordneten Form verwirklicht.

Aristoteles erklärt in seiner Schrift »De coelo« die Vorstellung eines Gottes, der die Welt zusammenhält, mit physikalischen Gesetzen und schildert im »Fragmentum 10«, dass die Vorstellung der Menschen von den Göttern »den Erlebnissen der Seele und der Anschauung der Gestirne« entspringe. Dies präludiert Kants berühmte Aussage aus der »Kritik der Praktischen Vernunft« (1788): »Zwei Dinge erfüllen das Gemüt mit immer neuer und zunehmender Bewunderung und Ehrfurcht [...]: der bestirnte Himmel über mir und das moralische Gesetz in mir« (Beschluss II, 205). Erkenntnis erscheint bei Aristoteles als die höchste Lebensaufgabe des Menschen. Die Seele liebe die Erkenntnis, ohne die das Leben nicht lebenswert sei. Sie fliehe das Dunkle und Unklare und trachte ihrer Natur entsprechend nach dem Hellen und Erkennbaren (Fragmentum 10). Der Kampf zwischen Kosmos und Chaos, hell Strukturiertem und dunkel Unstrukturiertem, findet also im menschlichen Denken und Streben statt. Das gesamte Leben wird als ein Weg zur Erkenntnis von Natur und Kultur aufgefasst. Ähnliche Vorstellungen finden sich später im Neuplatonismus.

In der Renaissance wird der Künstler zur Inkarnation des Schöpferischen (s. Kantorowicz, 1961). Giorgio Vasari, der einflussreichste Biograph der Maler der Renaissance, spricht vom »göttlichen Michelangelo« und Leonardo da Vinci schreibt 1568, dass »das Göttliche, das die Kunst des Malens ausmacht, den Geist des Malers dem göttlichen Geist ähnlich macht. [...] Wenn der Maler Schönheiten sehen will, zu denen er in Liebe entbrennt, und er fähig ist, sie zu erschaffen, ist er einem Gott ähnlich, und wenn er monströse ängstigende Dinge [...] erschaffen kann, dann ist er ihr Herr und Gott« (zit. n. Barasch, 2003, S. 108). Der Künstler verfolgt eine gottähnliche Aufgabe, wenn er die Vielfältigkeit der Ereignisse in eine gute und integrierte Form fassen kann. Er befreit damit aus der Materie die in ihr präfigurierte Gestalt. Einerseits wird eine in der Materie verborgene göttliche Ordnung vermutet, die es zu entdecken gilt, und anderseits existiert die Vorstellung, dass Künstler und Wissenschaftler wie Gott dem Chaos eine geordnete Struktur erst verleihen.

Man kann in der Renaissance die altgriechischen Schöpfungsvorstellungen in unterschiedlichsten Versionen wiederfinden. Insbesondere die Idee eines erotischen Prinzips, das die Künstler antreibt, bleibt wirkmächtig. Aber auch die Vorstellungen des Alten Ägypten leben weiter, insofern eine Art von Urmaterie angenommen wird, in der alle Substanzen enthalten sind, aus denen Künstler und Wissenschaftler Formen und Erkenntnisse entbinden. Der biblische Schöpfungsmythos wirkt gleichfalls nach, in dem der Künstler in freier Autonomie der leblosen Materie eine Form verleiht und ihr seinen Geist einhaucht. Dies geschieht häufig im Kampf mit zerstörerischen Mächten, die auch im Inneren des kreativen Individuums wirksam werden. Kronos bzw. Saturn werden zu Leitbildern des schöpferischen Menschen, dem außergewöhnliche Leistungen, aber auch Melancholie und Verzweiflung beschert werden. Ich werde im Kapitel zur Psychologie der Kreativität darauf zurückkommen. Hier ist nur festzuhalten, dass in der

Renaissance, wie besonders eingehend von Marsilio Ficino noch zu erfahren sein wird, Künstler und Wissenschaftler dunklen und chaotischen psychischen Kräften ausgesetzt sind, die sie zu außergewöhnlichen Inspirationen führen, aber auch zur Verzweiflung treiben können.

Die Auffassung, dass aus ungeordnet chaotischen Regungen besondere Einsichten und Gestaltungen entspringen können, finden wir bei Shakespeare besonders eindrucksvoll dargestellt. Im »Sommernachtstraum« steht in der Johannisnacht die gewohnte Ordnung auf dem Kopf. Leidenschaftliche Erregung und Wahnsinn ermöglichen jedoch eine besondere Art von Erkenntnis, die der geordneten Ratio nicht zugänglich ist: »Verliebte und Verrückte/ Sind beide von so brausendem Gehirn./ So bildungsreicher Phantasie, die wahrnimmt,/ Was nie die kühlere Vernunft begreift« (V, 1, 7 f.).

Allerdings unterscheidet Shakespeare zwischen einem konstruktiv-schöpferischen und einem destruktiv-zerstörerischen Wahn, der durch des Dichters Gestaltungsarbeit geordnet wird: »Und wie die schwangre Phantasie Gebilde/ Von unbekannten Dingen ausgebiert,/ Gestaltet sie des Dichters Kiel, benennt/ Das luft'ge Nichts und gibt ihm festen Wohnsitz« (V, 1, 17 f.). Die dunklen Mächte von Traum und Wahn werden durch die künstlerische Gestaltung in eine rationale Ordnung überführt: »Doch diese ganze Nachtbegebenheit/ Und ihrer aller Sinn, zugleich verwandelt,/ Bezeugen mehr als Spiel der Einbildung:/ Es wird daraus ein Ganzes voll Bestand,/ Doch seltsam immer noch und wundervoll!« (V, 1, 25 f.). Der Dichter und Künstler erschafft aus chaotischen Erlebnissen in Traum, Wahn und Ekstase eine geordnete Welt, in der die dunklen Kräfte der Inspiration eine Form gewinnen.

Die Vorstellung des gottgleichen Künstlers wurde besonders von der Genieästhetik des Sturm und Drang sowie der deutschen Klassik ausgestaltet. Exemplarisch sei Goethes Gedicht »Prometheus« erwähnt, indem Prometheus zum Typus des sich von den Göttern Emanzipierenden wird, der sich in seinem eigenen Schöpfertum an die Stelle Gottes setzt:

> Hier sitz' ich, forme Menschen
> Nach meinem Bilde,
> Ein Geschlecht, das mir gleich sei,
> Zu leiden, weinen,
> Genießen und zu freuen sich,
> Und dein nicht zu achten,
> Wie ich.
>
> (HA 1, S. 44)

Eine Hochzeit künstlerischer und philosophischer Schöpfungsvorstellungen stellt die Genieästhetik des 18. und frühen 19. Jahrhunderts dar. Die Vorstellungen der Antike und Renaissance weiterentwickelnd entsteht eine Ästhetik, die die schöpferische Autonomie zum Ideal erhebt. Der Künstler wird zum Sinnbild des sich emanzipierenden Subjekts in der bürgerlichen Gesellschaft. Seinen bewussten und unbewussten Eingebungen folgend, gestaltet er die Welt in seinem Werk. Die künstlerische wird zum Paradigma der menschlichen Selbstverwirklichung. Schillers »Briefe über die ästhetische Erziehung des Menschen« (1795) gipfeln in dem Diktum: »Der Mensch ist nur da ganz Mensch, wo er spielt.«

Im »System des transzendentalen Idealismus« (1800) fasst Schelling die vielfältigen Aspekte der Genieästhetik in einer Geschichte der Entwicklung des Selbstbewusstseins zusammen. Die höchste Stufe ist das sich vollständig als Subjektivität erweisende Ich. Dieses ist notwendigerweise schöpferisch tätig. Das Genie verwirklicht sich und die in ihm angelegten Potenzen in gleichzeitig freier und notwendiger, subjektiver und objektiver sowie unbewusster und bewusster Tätigkeit. In dieser Weise realisiert sich das dem Menschen innewohnende Göttliche. Wie in den griechischen, biblischen und fernöstlichen Schöpfungsmythen findet sich in den Denkbildern des »Deutschen Idealismus« eine Dialektik von Schöpfung und Zerstörung. Diese Gegensätze können, folgt man der klassischen Autonomieästhetik, im »schönen« Kunstwerk versöhnt werden: »So gibt das Schöne, in welches die Zerstörung selbst sich wieder auflöst, uns gleichsam ein Vorgefühl von jener großen Harmonie, in welche Bildung und Zerstörung einst Hand in Hand, hinüber gehen« (Moritz, 1788/1997, S. 990).

Bei Kant wird das Genie skeptischer gesehen. In seiner »Anthropologie« zweifelt der große Philosoph, ob der Welt durch große Genies sonderlich gedient sei. Seine Geniekonzeption ist deutlich weniger heroisch als diejenige der Sturm-und-Drang-Zeit und der klassischen Autonomieästhetik. In seiner »Kritik der Urteilkraft« findet sich die berühmte Definition: »Genie ist die angeborene Gemütslage (ingenium), durch welche die Natur der Kunst die Regel gibt« (Kant, 1790/1983, Bd. V, S. 405). Des Weiteren spricht Kant von einer »Chiffreschrift der Natur«, »wodurch die Natur in ihren Formen figürlich zu uns spricht«. Hier scheint eine beträchtliche Differenz zu den erkenntnistheoretischen Positionen seiner »Kritik der reinen Vernunft« ausgesprochen zu sein, wo das erkennende Subjekt der Natur unversöhnt gegenübersteht und diese nur seinen Verstandeskräften entsprechend erkennen kann. Im Erkenntnisakt muss der Mensch die Natur zurichten und dies hat zur Folge, dass er ihr im Sinne eines Herrschaftsverhältnisses begegnet. Demgegenüber kann das kreative Modell der »Chiffreschrift, wodurch die Natur figürlich zu uns spricht« im Sinne archaischer Mythen und aktueller Forschungen als Modell von Achtsamkeit und Kommunikation verstanden werden, auf das wir noch zu sprechen kommen.

Vom außergewöhnlich kreativen Werk fordert Kant, dass es originell und exemplarisch, das heißt für andere beispielhaft wirksam sei. Dies wird von modernen Kreativitätstheoretikern paraphrasiert, indem sie Unterschiede von alltäglicher und außergewöhnlicher Kreativität in der Originalität und Exemplarität der letzteren sehen (Runco und Richards, 1997). Auch die Vermutung Kants, dass der zum Werk führende kreative Prozess zumeist unbewusst bleibe, nimmt die weiter unten beschriebenen modernen psychoanalytischen und neurobiologischen Erkenntnisse vorweg.

Obwohl nach Kant das Genie nicht beschreiben könne, wie es ein Produkt zustande bringe, sei es nicht frei von rationalen Prüfungen seiner eigenen Tätigkeit. Dies gilt insbesondere für die Phase der Ausarbeitung einer Eingebung. Die Elaboration stehe unter dem Einfluss des »Geschmacks«, der dem Beurteilungsvermögen des Künstlers und des Rezipienten entspringt. Der Geschmack ist »die Disziplin (oder Zucht) des Genies [...] zugleich gibt er diesem eine Leitung [...] macht er die Ideen haltbar, eines dauernden zugleich auch allgemeinen Beifalls, der Nachfolge anderer, und einer immer fortschreitenden Kultur, fähig« (Kant, 1790/1983, Bd. V, S. 421). Diese Denkfigur gleicht modernen systemischen Kreativitätsdefinitionen, in denen die Beständigkeit und öffentliche Anerkennung betont wird. So bewegt sich das Genie in einem häufig quälerischen Spannungsfeld von individueller Einbildungskraft und kollektivem Geschmack, Eigensinn und Gemeinsinn. Der »Günstling der Natur«, der eine »selten Erscheinung« darstellt – Kant scheint ein Zufallsmodell der außergewöhnlichen Kreativität im Sinne der modernen Wahrscheinlichkeitstheorie im Auge zu haben –, werde durch den Geschmack mit der sozialen Gemeinschaft verbunden.

Auch Hegel erwähnt Talent und Genius als Voraussetzungen des Schöpferischen und wie Kant betont er, dass diese Faktoren der praktischen Übung und geduldigen Ausgestaltung bedürfen. Diese Mühe ist zwar eine »äußerliche Arbeit, indem das Kunstwerk eine rein technische Seite hat, die bis gegen das Handwerkliche sich hin erstreckt [...] Zu einer Fertigkeit hierin verhilft keine Begeisterung, sondern nur Reflexion, Fleiß und Übung« (Hegel, 1817–1829/1970, Bd. 13, S. 46 f.). Wie in der modernen psychologischen Kreativitätsforschung werden also Beharrlichkeit und Frustrationstoleranz als wesentliche Bestandteile des kreativen Prozesses angesehen. Daneben sind Aufmerksamkeit, kombinatorisches Denken und ein gutes Gedächtnis für Hegel wichtige Voraussetzungen des Schöpferischen, das gebunden ist an das »*Auffassen der Wirklichkeit* und ihrer Gestalten, welche durch das aufmerksame Hören und Sehen die mannigfaltigen Bilder des *Vorhandenen* dem Geistigen einpräge, sowie das aufbewahrende *Gedächtnis* für die bunte Welt dieser vielgestaltigen Bilder« (Hegel, S. 364 f.).

Der Auffassung der heutigen Motivationsforschung ähnlich, entspringen bei Hegel künstlerische Begeisterung und Enthusiasmus einer intrinsischen Motivation, das heißt, sie entzünden sich am künstlerischen Gegenstand und der künstlerischen Arbeit und werden nicht durch die »Wärme des Bluts« oder »Champagner« hervorgebracht: »Eine Begeisterung, in welcher sich das Subjekt als Subjekt aufspreizt und geltend macht, statt das Organ und die lebendige Tätigkeit der Sache selbst zu sein, ist eine schlechte Begeisterung« (Hegel, S. 370–372). Dieser Satz fasst präzise zusammen, was moderne biographische Forschungen immer wieder zeigen: So unterschiedliche Schöpfer wie Mozart, Goethe, Picasso und Einstein sind sich darin einig, dass die »lebendige Tätigkeit der Sache selbst« eine entscheidende Voraussetzung des Schöpferischen ist (s. Holm-Hadulla, 2010).

Die »lebendige Tätigkeit der Sache selbst« ist für Hegel aber keine leichte Muse, sondern Kampf. In seiner »Phänomenologie des Geistes« (1807) stellt er in einem großartigen Entwurf dar, wie sich Potenzen realisieren, wie »Substanz gleichzeitig Subjekt wird«. Dies geschieht in Auseinandersetzung widerstreitender Kräfte und Interessen. Im Kampf um Anerkennung führt diese Auseinandersetzung zur Höherentwicklung. Diese an Heraklit anknüpfende und in griechischen Schöpfungsmythen vorausgeahnte Vorstellung war sehr wirkmächtig. Karl Marx wandte das Prinzip der dialektischen Vermittlung von Gegensätzen als Motor der geschichtlichen Entwicklung auf ökonomische und politische Verhältnisse an. Wie Hegel war er optimistisch, dass die kämpferische Auseinandersetzung widerstreitender Interessen zu einer positiven geschichtlichen Entwicklung führen und die schöpferischen Kräfte sowohl der Individuen als auch der Völker weiterentwickeln werde. Diese Höherentwicklung geht für Marx im Gegensatz zu Hegel jedoch nicht nur evolutionär aus früheren Gestaltungen hervor, sondern werde erst durch die revolutionäre Zerstörung des Althergebrachten ermöglicht.

Eine besondere Synthese mythischer, kultureller und psychologischer Kreativitätsauffassungen findet sich bei Goethe. Sein Beispiel erscheint nicht nur wegen seiner wunderbaren Verdichtungen von Schöpfungsvorstellungen so herausragend, sondern weil er wesentliche Aspekte darstellt, die sowohl für individuelle als auch soziale Kreativität von elementarer Bedeutung sind. Dies ist keine Verehrungsrhetorik, sondern lässt sich sachlich begründen. Deswegen wird Goethes Vorstellungen zur Kreativität, die ihn zeitlebens beschäftigten, weiter unten ein eigenes Kapitel gewidmet.

Wenn man versucht, die klassischen Auffassungen des Schöpferischen auf einen Nenner zu bringen, so fällt auf, dass das Wechselspiel von schöpferischer Ordnung und verwirrendem Chaos wesentliche Koordinaten darstellt. Das schöpferische Tun speist sich einerseits aus chaotischen Impulsen und Ideen und andererseits aus deren konstruktiver Überwindung.

Dies verändert sich radikal mit Nietzsche, der die zerstörerischen Aspekte des Kreativen in den Vordergrund rückt. In »Also sprach Zarathustra« heißt es: »Und wie ein Schöpfer sein muss im Guten und Bösen: Wahrlich, der muss ein Vernichter erst sein und Werte zerbrechen. Also gehört das höchste Böse zur höchsten Güte: Diese aber ist die Schöpferische« (Nietzsche, 1883–1885/1988, S. 5 ff.). Nietzsche sieht in der Vernichtung, nicht in der dialektischen Vermittlung und Höherentwicklung der Gegensätze, die Grundbedingung des Schöpferischen »Was geliebt werden kann am Menschen, das ist, dass er ein Übergang und ein Untergang ist [...] denn er will seinen Untergang«. Das Chaos wird zur Bedingung des Schöpferischen: »Ich sage euch: man muß noch Chaos in sich haben, um einen tanzenden Stern gebären zu können« (Nietzsche, S. 13). Das Neue entsteht durch die Zerstörung des Althergebrachten.

Ein modernes Denkbild findet sich in Nietzsches Konzept der Offenbarung, die man in der heutigen Kreativitätstheorie Illuminationsphase nennen würde: »Der Begriff Offenbarung, in dem Sinne, das plötzlich, mit unsäglicher Sicherheit und Freiheit, etwas *sichtbar*, hörbar wird, Etwas, das Einen im Tiefsten erschüttert und umwirft, beschreibt einfach den Thatbestand. Man hört, man sucht nicht; man nimmt – man fragt nicht, wer das gibt; wie ein Blitz leuchtet ein Gedanke auf, mit der Notwendigkeit in der Form, ohne Zögern [...] ein vollkommenes Ausser-sich-sein [...]

Alles geschieht im höchsten Grade unfreiwillig, aber wie in einem Sturm von Freiheitsgefühl, von Unbedingtsein, von Macht, von Göttlichkeit« (1888–1889/1988, VI, S. 339).

Diese Auffassung künstlerischer Erlösung, die griechische Vorstellungen des göttlichen Wahnsinns aufnimmt, findet sich auch bei Richard Wagner. In ihr kommt die Dialektik von Schöpfung und Zerstörung zu einem Höhepunkt. Die »Erlösung des Denkens, der Wissenschaft, in das Kunstwerk«, führt zur »unbedingten, unmittelbaren Darstellung der vollendeten menschlichen Natur« (Wagner, 1849/1983, S. 27 f.). Aber Wagner vertraut den zerstörerischen Kräften weniger dionysisch als Nietzsche und porträtiert zum Beispiel in der Figur des Wotan einen schwachen und korrupten Schöpfergott, der für seine Herrschaft, die sich in einer prächtigen Burg manifestieren soll, natürliche Fruchtbarkeit und Kreativität sowie sein und das Leben seiner Nachkommen zerstört. Bei Wagner siegt letztendlich der Todestrieb: Am Schluss des »Ring des Nibelungen« bricht die gesamte Ordnung zusammen und die gesamte Götterwelt geht unter.

Die ästhetische Inszenierung vollkommener Zerstörung sollte bald von einem destruktiven Despoten pervertiert und realisiert werden: Adolf Hitler. Wir sträuben uns natürlich, Hitler mit dem Schöpferischen in einen Zusammenhang zu bringen, ist er doch eine einzigartige Inkarnation des Destruktiven. Dennoch werden auch Hitler kreative Eigenschaften zugesprochen. Biografen haben sich immer wieder gefragt, wie diese von Thomas Mann »verhunztes Genie von inferiorer Größe« (Fest, 1987, S. 20) genannte Gestalt eine nie dagewesene zerstörerische Macht entfalten konnte. Mit einer eigentümlichen Mischung aus absurder Phantastik und brutaler Rationalität entfaltete Hitler eine Kreativität des Bösen. Nach seinem gescheiterten Putschversuch und kläglichen politischen Scheitern im November 1923 hielt er in visionären Träumen an seinen Weltherrschaftsphantasien fest und bemerkte vierzehn Jahre später: »Sie sagten immer, ich sei wahnsinnig […] Wer hat nun recht gehabt, der Phantast oder die andern? – Ich habe recht gehabt« (zit. n. Fest, 1987, S. 18 f.). Nach seiner Haft wohnte Hitler vereinsamt und mittellos in einem möblierten Zimmer und erging sich in künstlerischen Plänen und Tagträumen. Man zögert natürlich, seine Phantastereien kreativ zu nennen, sie sind einerseits zu monströs, andererseits zu ordinär und widerwärtig und man möchte lieber die Diskussion über Hitlers Kreativität vermeiden. Dem steht jedoch entgegen, dass sich in ihm paradigmatisch die Destruktivität kreativer Utopien verkörpert. Sein Aufstieg, der durch ein besonderes Zusammentreffen individueller, sozialer und politischer Umstände ermöglicht wurde, führte dazu, dass man ihn als Genie verehrte. Er vermittelte grandiose Ideen und eine »unverwechselbare Mischung von Phantastik und Konsequenz« (Fest, 1987, S. 22), die viele seiner Anhänger verblenden und begeistern konnte. Dadurch hat er der Geschichte Deutschlands ein monströses Siegel von einzigartiger Bedeutung eingebrannt. In absurder Heroik hat er ein Bild von sich entworfen und eine geschichtliche Epoche geprägt, die ihn nach den Worten Rudolf Augsteins auf der einen Seite zum »Exekutor klassischer ›großer‹ Politik« machte und auf der anderen Seite zu einer »Unperson« (zit. n. Fest, 1987, S. 23). Hitler erscheint im Nachhinein wie eine Kunstfigur, die über lange Zeiten »wie aufgelöst, ins Irreale verflüchtigt« wirkt und in seinem »Wesen auf Zerstörung angelegt« war (Fest, 1987, S. 25).

Nach seiner Pervertierung durch destruktive Despoten wurde der Begriff des Genialen in der Mitte des 20. Jahrhunderts durch Kreativität ersetzt. Das Schöpferische verlor auch seine Bedeutung als Thema der Philosophie und wurde zur Domäne der psychologischen Forschung. Diese begann mit Guilfords (1950) berühmtem Aufruf zur Kreativitätsforschung und mündete in sehr populäre Konzepte wie dem »Flow-Erlebnis« (Csikszentmihalyi, 1996). In den letzten Jahren nehmen sich Evolutions- und Neurobiologie der Kreativität an und kommen zu interessanten Einzelergebnissen, die allerdings noch auf kohärente Interpretationen warten, die dieses Buch im Blick hat.

Selbst im ökonomischen und politischen Bereich wurde Kreativität in den letzten Jahrzehnten zu einem Schlüsselbegriff. 1942 hatte der österreichisch-amerikanische Nationalökonomen Joseph Schumpeter den Begriff der »kreativen Zerstörung« eingeführt, der sich für eine Apologie »entfesselter Märkte« gut eignete. Zum Ende des 20. Jahrhunderts wurde Kreativität zu einer Art Wundermittel, das in Politik, Ökonomie und Bildung immer wieder beschworen wird. Richard Florida (2002) spricht von der »kreativen Klasse«, die unsere Politik, Wirtschaft und Kultur leiten werde. Diese Auffassung erfuhr eine große Popularität, bis 2007 wieder einmal eine Finanzkrise eintrat, die den Kreativitätsoptimismus dämpfte und die gefährlichen Seiten der Faszination von kurzlebigen Innovationen, zum Beispiel auf den Finanzmärkten, deutlich machte.

Auch in der naturwissenschaftlichen Entwicklung des 20. Jahrhunderts sehen wir, dass eine der größten Entdeckungen der modernen Physik, die Möglichkeit der Kernspaltung, zu der mächtigen Innovation der Atombombe führte, die ein ungeahntes Zerstörungspotential entfaltete. Die ökologische Entwicklung des beginnenden 21. Jahrhunderts ist ein weiteres Beispiel für das Doppelgesicht menschlicher Kreativität. Des Weiteren bescheren uns die medialen Innovationen des Internet in den letzten Jahren einen freien Zugang zum internationalen Wissen, aber auch eine Vielfalt »kreativer« Inszenierungen, die erheblich zu Gewalt und Selbstzerstörung beitragen.

Dies alles sollte davor warnen, Kreativität zu leichtfertig aufzufassen und das Spannungsfeld von Schöpfung und Zerstörung individueller und sozialer Kreativität zu vergessen. Persönliche und gesellschaftliche Kreativität sind, wenn wir philosophischen Vorstellungen folgen, immer von destruktiven Gegenkräften bedroht und der Kampf zwischen antagonistischen Regungen ist nie abgeschlossen. Im Idealfall herrscht ein dynamisches Gleichgewicht zwischen Ordnung und Chaos, Verstetigung und Verflüssigung, Konstruktion und Destruktion in dem die schöpferischen Kräfte überwiegen. Ähnliche Denkfiguren finden wir in der modernen Psychologie und überraschenderweise auch in der Biologie.

(Neuro-)Biologie der Kreativität: Strukturaufbau und Strukturabbau

Ein beständiger Strukturaufbau und Strukturabbau charakterisiert aus biologischer Sicht alles Lebendige. Schon der Einzeller befindet sich einem ständigen Auf- und Abbauprozess und ohne ein dynamisches Gleichgewicht dieser gegenläufigen Prozesse ist kein Organismus lebensfähig. Selbst Gene werden ein- und ausgeschaltet und befinden sich in einem dynamischen Austausch mit Umgebungsbedingungen. Andererseits wird die genetische Information stabil gehalten, zum Beispiel durch Strukturen wie den Telomeren, die der DNA Konstanz garantieren.

Der hochkomplexe menschliche Organismus ist in einer 700 Millionen Jahre dauernden Evolution entstanden. In dieser langen Geschichte der Interaktion von Organismus und vielfältigen Umweltbedingungen hat sich in den letzten hunderttausend Jahren mit dem Gehirn ein extrem differenziertes Organ entwickelt, das im Zusammenspiel mit anderen Systemen die organismische Ordnung garantiert. Es ermöglicht kohärente Wahrnehmungen und konsistente Interpretationen von Ereignissen der Innen- und Außenwelt sowie strukturiertes Handeln. Da die Jahrtausende der Interaktion von Gehirn, Organismus und Umweltbedingungen, die zur Hirnreifung und -entwicklung geführt haben, nicht rekonstruierbar sind, erscheint es unwahrscheinlich, dass seine Funktionen jemals technisch simuliert werden könnten. Gegen eine künstliche Simulation der Gehirnleistungen spricht weiterhin, dass der bei weitem größte Teil des menschlichen Wissens nicht neuronal gespeichert ist, sondern in Mythen, Religionen, Sitten, Gebräuchen und Ritualen, Landschaften, Architekturen, Kunstwerken, Sprachen, Texten und Institutionen. Gegenüber der Quantität dieser Informationen sind selbst die insgesamt 15 Milliarden Nervenzellen des Großhirns, die durch mehr als 100 Billionen Synapsen miteinander verbunden sind, gering.

Das Gehirn ist, wie Thomas Fuchs (2007) prägnant formuliert hat, ein Beziehungsorgan, das reziprok in Organismus und Umwelt eingebettet ist und sich plastisch an Erfahrungen anpasst. Es ermöglicht, biologische und kulturelle Informationen zu ordnen und kohärente Repräsentationen entstehen zu lassen. Diese Wissensordnungen unterliegen auf verschiedenen Ebenen einer Dynamik von Konstruktion und Destruktion. Aufgrund der komplexen Interaktion mit den kulturellen Informationen aus der Umwelt, wäre es naiv zu glauben, dass durch hirnbiologische Untersuchungen allein das Erleben einer Sonate, eines Gedichts oder eines Gemäldes verständlich werden könnte. Trotz der angebrachten Vorsicht gegenüber reduktionistischen Überinterpretationen einzelner neurobiologischer Befunde ist es zum Verständnis von Kreativität hochinteressant, wie das Gehirn im Chaos von ungeordneten Erregungen und Wahrnehmungen kohärente Strukturen ausbildet – und diese auch wieder auflöst –, die Orientierung und Handlungen, ja das Leben überhaupt ermöglichen.

Im Gehirn, besonders im präfrontalen Kortex, finden hochdifferenzierte kognitive Prozesse statt, die mit kohärenter mentaler Strukturbildung und der Erschaffung neuer Formen zusammenhängen. Jede Nervenzelle kommuniziert, oft gleichzeitig, durch die Synapsen mit vielen anderen Neuronen. Die neuronalen Netzwerke modulieren sich gegenseitig durch Hemmung und Erregung. Es existieren kurze und lange Feedback-Schleifen. Dadurch entsteht ein sich selbst organisierendes System, das höchst effektiv arbeitet. Alle Hirnareale sind durch sich ständig neu organisierende Netzwerke verbunden. Selbst die einzelne Nervenzelle verändert sich beständig und die neuronalen Netzwerke sind auch in Ruhe und im Schlaf aktiv. Neuere Forschungen zeigen, dass diese neuronale Plastizität sehr von Umweltreizen abhängt. Sie bleibt bei adäquater Stimulation bis ins hohe Alter erhalten.

Gerhard Roth (2010) sieht kaum Unterschiede zwischen kreativer und allgemeiner Intelligenz. Ihr wichtigster funktioneller Ort sei das Arbeitsgedächtnis. Dieses besteht aus einem verbal-auditorischen und einem visuellen Teil. Es ist in seinen Ressourcen und seiner Verarbeitungsgeschwindigkeit beschränkt und stellt beim Problemlösen einen kognitiven »Flaschenhals« dar. Untersuchungen zeigen, dass intelligentere Menschen ein effektiveres Arbeitsgedächtnis haben als weniger intelligente. Das Expertenwissen wird in anderen Hirnarealen, zumeist vorbewusst, gespeichert und vom Arbeitsgedächtnis, das eine Art von Integrationszentrum darstellt, abgerufen. Die kognitiven Prozesse werden angetrieben durch Motivations- und Belohnungssysteme, die besonders im ventralen tegmentalen Areal des Gehirns zu finden sind, zum Beispiel im sogenannten Nucleus accumbens. Wenn emotionsassoziierte und kognitionsassoziierte Hirnareale und Funktionseinheiten keine kohärenten neuronalen Netzwerke bilden, entstehen psychische Störungen.

Denken kann man als eine Modifikation kognitiver Verknüpfungen durch synaptische Veränderungen definieren. Auf der Ebene neuronaler Netzwerke finden kognitive Leistungen in Takten statt, die sich zum Beispiel in den regelmäßigen Wellenmustern des Elektroenzephalogramms (EEG; Hirnstrom-Messung) niederschlagen. Je höher die Intelligenz, desto schneller ist die Verarbeitungsgeschwindigkeit im Arbeitsgedächtnis. Die größere Verarbeitungskapazität hängt nach der Neural-Efficiency-Hypothese von der raschen Aufnahme in das Arbeitsgedächtnis und der schnellen Verlagerung in andere kortikale Areale ab. Die Verarbeitungsgeschwindigkeit wird von Strukturen einzelner Nervenzellen, zum Beispiel dem Umfang der Axone, und von plastisch veränderlichen Verknüpfungen neuronaler Netzwerke wie den Fasertrakten und Synapsen bestimmt und ist deswegen messbar. Intelligenz sei, neurobiologisch betrachtet, kreatives Problemlösen unter Zeitdruck (Roth, 2010).

Das beständig sich selbst neu organisierende System des Gehirns ist ein Abbild der gewöhnlichen oder alltäglichen Kreativität. Als Beispiel kann die Formung von Wörtern zu sinnvollen Sätzen dienen. Nancy Andreasen (2005) erklärt diese wunderbare menschliche Fähigkeit dadurch, dass das sich selbst organisierende Gehirn in kürzester Zeit neue neuronale Verbindungen erzeugt und die Übertragungsstärke vorhandener Synapsen verändert. Verschiedene Aufgaben werden dabei gleichzeitig gelöst: Ein

Diskurs-Plan wird erstellt, der eine Gesamtform der einzelnen sprachlichen Einheiten erstellt; ein Satz-Plan, der die einzelnen Sätze formt und sie nacheinander ausbildet; eine Suche im verbalen Lexikon, die ermöglicht, die geeigneten Wörter für den Satz auszuwählen. Das Allerseltsamste sei jedoch, wie sprachliche Ausdrücke zustande kommen, die so kohärent sind, dass sie ein anderer sofort versteht. Möglicherweise findet auch hier in der alltäglichen Kreativität ein schöpferischer Sprung zur kohärenten Gestaltbildung und zum verstehenden Anderen statt, der neurobiologisch, selbst durch Spiegelneurone oder Ähnliches, nicht erklärbar ist.

Die Informationsverarbeitung und die Ausbildung neuer neuronaler Verknüpfungen beginnen mit der Verarbeitung von sensorischen Signalen zu kohärenten Wahrnehmungen. Dabei spielen kognitive Kontrollmechanismen eine Rolle, die Aufmerksamkeit lenken und emotionale Zustände differenzieren. Vermutlich befinden sich diese Kontrollsysteme im Frontalhirn, die die Aktivität der Subsysteme, die für die verschiedenen Emotionen zuständig sind, selektiv verstärken oder abschwächen. Mit Hilfe der funktionellen Kernspintomographie lässt sich nachweisen, dass gut eingeübte Fertigkeiten, sobald sie automatisiert und unbewusst erbracht werden können, nicht mehr vom präfrontalen Kortex gesteuert werden, sondern von anderen Hirnstrukturen übernommen und verwaltet werden. Interessant im Kontext der psychologischen Kreativitätsforschung ist die Tatsache, dass kognitive Ordnung und Kontrolle, die vorwiegend vom präfrontalen Kortex ausgeübt werden, erst in der späten Adoleszenz zur vollen Funktionstüchtigkeit ausreifen. Das bedeutet, dass in dieser für die kreative Entwicklung so sensiblen Phase ein besonders intensives Wechselspiel von chaotischen Erregungen und kohärenzbildenden Formgebungen stattfindet. In späteren Phasen verbessert sich die kognitive Kontrolle und führt zu dem, was Wolf Singer (Singer und Ricard, 2009) die »Souveränität einer reifen Persönlichkeit« nennt.

Die Synchronisierung der Hirnaktivität spielt bei kognitiven Prozessen eine herausragende Rolle. Es hat sich gezeigt, dass die zeitliche Strukturierung neuronaler Aktivität, zum Beispiel beim Fokussieren der Aufmerksamkeit, mit einer Zunahme von Gamma-Oszillationen im Magnet-Enzephalogramm als Hinweise auf neuronale Synchronizität einhergeht. Singer (2002) vermutet, dass dieses Einschwingen in synchrone Oszillationen die Kommunikation zwischen verschiedenen Hirnarealen selektiv verbessert und die notwendige Koordination zwischen sensorischen und exekutiven Strukturen ermöglicht. Es herrscht ein Wechselspiel zwischen Synchronisierung und Desynchronisierung. Diese Befunde passen gut zu psychologischen Theorien, die Kreativität im Zusammenspiel von konvergentem und divergentem Denken, kognitiver Strukturierung und Labilisierung ansiedeln. Das nächste Kapitel geht darauf näher ein.

Intellektuelle Ergebnisse und neue mentale Repräsentationen entstehen, wenn vielfältige Informationen eine neue, konvergente und kohärente Form erhalten. Neurobiologisch kann man dies als synchronisierte Bahnung und Stimulation neuronaler Reizverarbeitung auffassen. Diese neuronale Bahnung ist natürlich aufmerksamkeits- und emotionsabhängig. Sie ist sowohl notwendig für die Geschwindigkeit der Informationsverarbeitung als auch für die Sicherheit der Übertragung von Verarbeitungsergebnissen innerhalb der neuronalen Netzwerke.

Das Gehirn verarbeitet Reize, erkennt ihre Bedeutungen und erstellt neue Verknüpfungen, ohne dass sich die Person dessen bewusst ist. Bewusstsein und Umsetzung in gezielte Handlung scheint zu entstehen, wenn die neuronale Synchronizität ein gewisses Niveau erreicht. Hierbei scheint erneut ein Kohärenzprinzip wirksam zu sein: Die Bewusstwerdung wesentlicher neuronaler Ereignisse geht mit einer plötzlichen und ausgeprägten Zunahme der Phasensynchronizität von Gamma-Oszillationen einher. Die Zunahme der Kohärenz der Gehirnaktivität findet sich besonders in frontalen und zentralen Gehirnregionen, in denen abstrakte Konzepte und Symbole verarbeitet werden. Die kohärente Aktivierung dieser Regionen ist möglicherweise auch notwendig, um Emotionen bewusst zu machen und zu verstehen. Wenn man seine Aufmerksamkeit auf interne Repräsentationen lenkt und mit diesen arbeitet, haben die synchronen Gamma-Oszillationen eine Form, als handelte es sich um Informationen von außen. Es scheint so zu sein, dass aufmerksamkeitsgelenkte kognitive Fähigkeiten sowohl zur Interpretation von Außenreizen als auch zur Exploration innerpsychischer Erlebnisse verwendet werden.

Jede Hirnaktivität, die von intentionalen Kontrollsystemen begleitet wird, hinterlässt im Gehirn Spuren und kann prinzipiell erinnert werden. Dies kommt durch Veränderung in den synaptischen Übertragungen zustande, insofern bestimmte Synapsen verstärkt, andere abgeschwächt werden. Dieser Prozess geht einher mit Veränderungen der Dynamik interagierender Zellpopulationen und führt zu veränderten Funktionen. Neurobiologisch ist diese Veränderung von Strukturen die wesentliche Grundlage von kognitiven Lernprozessen und der Entwicklung von Fertigkeiten.

Es ist möglich, Hirnstrukturen hochselektiv zu aktivieren, die üblicherweise erregt werden, wenn Menschen Emotionen wie Schmerz und Ekel, Mitgefühl und Freude erleben. Untersuchungen von Meditierenden haben dies bestätigt. Jeder Mensch hat die Fähigkeit, die man bis ins 19. Jahrhundert als Einbildungskraft und heute eher als Phantasie bezeichnet, sich etwas nicht Anwesendes vorzustellen. Schwieriger ist es, sich in bestimmte Stimmungen zu versetzen. Dies bedarf besonderer Übung, ein Umstand, der für mentales Training, Meditation und Psychotherapie von großer Bedeutung ist.

Die Modulation mentaler und emotionaler Zustände geht neurobiologisch mit der Erzeugung bestimmter neuronaler Erregungsmuster einher. Wenn man sich beispielsweise ein Objekt mit geschlossenen Augen vorstellt, aktiviert man Aufmerksamkeitsmechanismen und visuelle Zentren, die die vorgestellten Inhalte speichern. Kernspintomographisch findet man ganz ähnliche Erregungsmuster wie bei Probanden, die dasselbe Objekt mit geöffneten Augen betrachten. Die aufmerksamkeitsgesteuerten Aktivierungen gelingen bei entsprechend trainierten Probanden besser. Dies macht verständlich, warum Achtsamkeitsübungen, Selbstreflexion, Psychoanalyse und Meditation zur besseren Unterscheidung zwischen kognitiven Prozessen und emotionalen Zuständen hilfreich sein können. Dies bezieht sich nicht nur auf Selbsterfahrung, sondern auch auf das Verstehen von anderen. So können geübte Personen mimische Informationen emotional und kognitiv besser und verlässlicher identifizieren als ungeübte (Goleman, 1997). Wiederholung und Ausdauer sind dabei wesentliche Bedingungen, unter denen kohärente Muster strukturell gespeichert werden.

Höhere Lebewesen verfügen im deklarativen und prozeduralen Gedächtnis über zwei verschiedene Systeme für die Kohärenzbildung und Langzeitspeicherung von Informationen. Das deklarative oder episodische Gedächtnis speichert Erinnerungen an spezifische Ereignisse und Inhalte. In der Regel sind diese Erinnerungen verbal mitteilbar. Diese Gedächtnisspuren werden durch Wiederholung der entsprechenden neuronalen Erregungsmuster konsolidiert. Dies kann sowohl durch bewusste Rekapitulation als auch durch unbewusste Verarbeitung der Ereignisse, zum Beispiel im Schlaf, geschehen. Vom deklarativen oder episodischen Gedächtnis ist das prozedurale Gedächtnis zu unterscheiden. Letzteres wird benötigt, um Fertigkeiten zu erwerben, zum Beispiel eine Sportart oder ein Musikinstrument zu erlernen. Die entsprechenden Fertigkeiten werden langsam erworben und bedürfen konzentrierter Aufmerksamkeit beim Üben sowie bewusster Wiederholungen. Dabei sind Instruktionen, zum Beispiel durch Lehrer, hilfreich. Nach einer mehr oder weniger langen Zeit des bewussten und aufmerksamen Übens können neu gelernte Fertigkeiten automatisch und unbewusst erbracht werden. Wenn Fertigkeiten eingeübt sind, kann die neuronale Steuerung ihrer Funktionen von kortikalen auf subkortikale Systeme verlagert werden. Dies geschieht, wenn die erlernten Fertigkeiten automatisch ausgeübt werden. Im Unterschied zum deklarativen Gedächtnis können die neuronalen Schaltkreise des prozeduralen Gedächtnisses nicht leicht verändert werden.

Auch die Engramme des prozeduralen Gedächtnisses werden im Schlaf konsolidiert. Dies erfolgt bei der wiederholten Abfolge von Schlafphasen, die man mit dem Elektroenzephalogramm aufzeichnen kann. Es existiert eine Schlafphase, die man paradox nennt, weil sie eine elektroenzephalographische Aktivität zeigt, die von einem wachen Gehirn nicht zu unterscheiden ist. Diese mit schnellen Augenbewegungen einhergehende Schlafphase wechselt mit Phasen des Tiefschlafs ab, die durch sehr langsame Wellen im EEG gekennzeichnet sind. Man vermutet, dass dieser Wechsel von Schlafphasen dazu dient, gestörte Gleichgewichtszustände wiederherzustellen. Die während Wachphasen gebildeten Gedächtnisspuren und die erlernten neuen Fertigkeiten bewirken eine tiefgreifende Veränderung von synaptischen Verbindungen, das heißt, das Gehirn verändert sich fortwährend in seiner Interaktion mit der Umgebung. Um dennoch stabil zu bleiben, werden die neuronalen Netzwerke ständig rekalibriert, besonders während des Schlafes. Hier werden Gedächtnisspuren reorganisiert, Wichtiges wird von Unwichtigem getrennt und neu Erlerntes in die entsprechenden Assoziationsfelder eingefügt (Singer, 2002). Dies scheint eine neurobiologische Bestätigung der psychoanalytischen Traumtheorie Sigmund Freuds zu sein, der vermutete, dass im Traum Ereignisse des vorangegangenen Tages – Tagesreste – verarbeitet werden. Diese Verarbeitung geschieht nach modernen neurobiologischen Befunden dadurch, dass die rezenten Gedächtnisspuren in bereits Erfahrenes integriert werden. Auch dies findet sich bereits in Freuds »Traumdeutung« (1900) dargestellt.

Die Neukombination von aktuellen und vergangenen Erfahrungen und deren bildhafte Gestaltung stellt ein kreatives Moment des Traumes dar, auf das ich weiter unten eingehen werde. Neurobiologisch vermutet man, dass in verschiedenen Schlafphasen unterschiedliche Prozesse ablaufen, wobei es zur Kalibrierung und Konsolidierung von Informationen kommt. Die neuronale Speicherung von Gedächtnisspuren in den Netzwerken erfolgt nach assoziativen Prinzipien durch differentielle Veränderungen der einzelnen Neuronenverbindungen. Diese Verbindungen können vieldeutig werden, weil dieselben synaptischen Verbindungen an der Kodierung unterschiedlicher Inhalte beteiligt sind. Man nimmt an, dass eine der Funktionen des Schlafes darin besteht, die Unterscheidbarkeit der einzelnen neuronalen Erregungsmuster zu optimieren, und nennt dies Orthogonalisierung. Diese Mechanismen dienen der Bildung und Stabilisierung von neuronalen Zuständen in einem dynamischen Gleichgewicht zwischen Kohärenz und Inkohärenz, Konvergenz und Divergenz.

Wenn ein Individuum konvergent denkt, richtet es seine Aufmerksamkeit auf eine umschriebene Aufgabe. Das neuronale Korrelat besteht in einer Zunahme von Gamma-Aktivität in den entsprechenden Hirnarealen und funktionellen Subsystemen. Dies wechselt mit Phasen von unkonzentriertem und divergentem Denken, das aber nicht einfach ein Abschweifen bedeutet, sondern die umschriebene Problemlösungsaufgabe nur scheinbar zufällig mit anderen Informationen verbindet. In diesen Phasen geht Kohärenz verloren, allerdings bilden sich Verknüpfungen mit anderen Hirnarealen und neuronalen Netzwerken. Es besteht also ein dynamisches Gleichgewicht zwischen Kohärenz und Inkohärenz, Ordnung und Chaos.

Das Gehirn scheint in der Lage zu sein, zwischen inkonsistent-chaotischen und konsistent-geordneten Zuständen zu unterscheiden. Es bewertet kontinuierlich seine eigenen dynamischen Zustände und Ergebnisse. Dies geschieht durch fortlaufend veränderte Aktivitätsmuster: »Das Gehirn verrechnet ständig eine Vielzahl von außen eintreffender Signale und sucht nach den wahrscheinlichsten oder plausibelsten Interpretationen – und dann gibt es den magischen Moment, wo die Suche in ein Ergebnis übergeht« (Singer und Ricard, 2009, S. 101). Es scheint somit auch neurobiologisch eine Dialektik zwischen Ordnung und Chaos zu existieren, die im Wechsel mit inkohärenten Zuständen Phasen von Kohärenz erreicht, in denen etwas im Sinne der Hermeneutik »Zu-Stande« kommt (Gadamer, 1986). Es lässt sich nachweisen, dass diese Zustände, die man kreativitätstheoretisch der Illuminationsphase zuordnet, mit einem besonderen Wohlgefühl einhergehen, dessen biologisches Korrelat in einer Aktivierung von Belohnungssystemen zu finden ist.

Eine neurobiologisch interessante Frage ist, wie sich ein bestimmtes raum-zeitliches Aktivierungsmuster, das mit einem sinnvollen oder gar kreativen Ergebnis korreliert, von anderen unterscheidet. Es scheint ein Bewertungssystem zu existieren, das kohärente von inkohärenten Aktivierungszuständen unterscheidet. Um eine richtige Information festzuhalten und in mit anderen Informationen kohärente Verbindungen zu bringen, müssen Neuronenverbindungen, die einen favorisierten Zustand begünstigen, verstärkt, und Verbindungen, die aversive Zustände stabilisieren, abgeschwächt werden. Singer (2002) vermutet, dass Kohärenz, die mit der beschriebenen synchronen Gamma-Aktivität einhergeht, die Signatur einer Lösung darstellt. Dies würde dem ähneln, was Gestaltpsychologen mit dem Begriff der »guten Gestalt« beschrieben haben. Für Neuronen sei es keine schwierige Aufgabe, Kohärenz, das heißt synchrone Aktivierung, zu bewerten, weil sie aufgrund ihrer biophysikalischen Eigenschaften besonders geeignet sind, synchrone Signale von zeitlich ungeordneten zu unterscheiden. Hohe Kohärenz könnte ein Bewertungskriterium darstellen, das ein Ergebnis signalisiert. Dies korrespondiert mit dem »Aha-Gefühl« oder »Heureka-Erlebnis«, das eine besondere Befriedigung über das Ergebnis signalisiert. Die Aktivierung der entsprechenden Bewertungssysteme geht mit positiven Emotionen einher. Auch für diesen Befund kann man in der Psychologie empirische Entsprechungen finden, auf die das nächste Kapitel noch eingeht.

Rätselhaft scheint jedoch zu sein, warum die Zustände kognitiver Kohärenz und emotionaler Zufriedenheit häufig nur sehr kurz sind und von neuen Problembewältigungsprozessen, die mit Unlust einhergehen, abgelöst werden. In der Meditation von darin geübten Personen scheint es möglich zu sein, Zustände von globaler Kohärenz über längere Zeit aufrechtzuerhalten. Bei der produktiven wissenschaftlichen und künstlerischen Arbeit stellt sich nach Kohärenzzuständen rasch wieder Inkohärenz ein mit der entsprechenden Desynchronisierung von Hirnaktivität. Dieser Zustand verlangt nach Aktivität, um Kohärenz erneut wiederherzustellen. Kreativität scheint auch neurobiologisch in einem

Wechselspiel von Ordnung und Chaos, Schöpfung und Zerstörung stattzufinden.

Wie auf der kognitiven Ebene spielt Kohärenz auch auf der emotionalen Ebene eine große Rolle. Es gibt neurobiologische Hinweise, dass psychische Konflikte mit einem niedrigen Maß an Kohärenz einhergehen. Dies passt zu den aus der Psychotherapieforschung bekannten Befunden, die zeigen, dass der »Sense of Coherence« (Antonovsky, 1997) ein wesentlicher Faktor von psychischer Gesundheit ist. Hirnbiologisch wird der vordere Anteil des Gyrus cinguli, der in enger Verbindung mit dem limbischen System steht, mit der Bewältigung von emotionalen Konflikten in Zusammenhang gebracht. Möglicherweise findet auch hier ein Wechselspiel zwischen organisierenden, Kohärenz stiftenden und destabilisierenden Prozessen statt. Wenn inkohärente Zustände in großem Ausmaß für längere Zeit überwiegen, scheint dies mit dem Auftreten von Angst-, depressiven und anderen psychischen Störungen einherzugehen. Allerdings scheint ein gewisses Ausmaß von Inkohärenz kognitive und emotionale Aktivität zu begünstigen. Dies würde wiederum psychologischen und phänomenologischen Untersuchungen entsprechen, die zeigen, dass ein gewisser Grad an Angst und depressiver Verstimmung durchaus leistungsfördernd sein kann (s. Holm-Hadulla, 2009).

Singer (Singer und Ricard, 2009) vermutet, dass chaotische kognitive und emotionale Zustände mit seriellen Endlosschleifen in neuronalen Netzwerken zusammenhängen könnten. Dies sei möglicherweise die Signatur von kognitiven und emotionalen Prozessen, die schwierigen Problemlösungen vorausgingen. Gehirnzustände, die mit aversiven Gefühlen verbunden sind, seien ebenso wichtig wie diejenigen, die angenehm seien, weil sie Lernprozesse befördern, die Gefahren erkennen und vermeiden helfen. »Unangenehme Hirnzustände«, wenn sie nicht zu stark werden, führen zu kognitiver und emotionaler Problemerkennung und -lösung. Darüber hinausgehend kann man vermuten, dass das Wechselspiel von positiven, negativen und neutralen kognitiven und emotionalen Zuständen – wie Sicherheitsgefühl, Indifferenz und

Angst, Hochgefühl, Ausgeglichenheit und Verstimmung – eine bedeutende Rolle in der Evolution des Menschen spielt (Akiskal und Akiskal, 2007).

Die Zahl der Nervenzellen und Synapsen erlaubt, eine nahezu unendliche Vielfalt von Ideen und Gefühlen zu repräsentieren, wenn man berücksichtigt, dass die Speicherung einer bestimmten Erinnerung nur ca. hundert Neuronen benötigt. Deswegen erfordert ein überlebensfähiger Organismus Ordnung und Hierarchisierung von emotional-kognitiven Prozessen im fortlaufenden Austausch mit der Umwelt. Die Ordnung und Hierachisierung chaotisch vielfältiger Wahrnehmungen, kognitiver und emotionaler Fragmente führen zu relativ stabilen und kohärenten Phänomenen, die als Verhaltensweisen, Gefühle, Vorstellungen, Meinungen, Überzeugungen und Persönlichkeitseigenschaften sichtbar und erlebbar werden. In diesem Zusammenhang ist interessant, dass in sogenannten kritischen Perioden zahlreiche Nervenzellen verlorengehen und offenbar nur diejenigen stabil bleiben, die auch in kohärenter Weise aktiviert wurden.

Wenn wir die sozialen Komponenten dieser Phänomene des Lebens betrachten, so stoßen wir auf die Tatsache, dass der größere Teil des kulturellen Gedächtnisses nicht neuronal gespeichert ist. Widmet man sich kreativen Personen in ihrer Lebenswelt und kreativen kulturellen Leistungen, so sind kultur- und sozialwissenschaftliche sowie psychologische Methoden unerlässlich.

Die Neurowissenschaften haben viele Erfahrungstatsachen und intuitive Gewissheiten empirisch bestätigt. Sie liefern aber auch neue Erkenntnisse, die für Verständnis und Förderung von Kreativität bedeutsam sind. Zum Abschluss dieses Kapitels soll eine schöne Studie von Andreasen (2005) referiert werden, die die Bedeutung des frei-assoziativen Denkens für kreative Neukombinationen belegt. In dieser Studie stellte sie sich der Herausforderung, zu untersuchen, wie unbewusste Gedanken erzeugt werden. Sie ging von der Annahme aus, dass das frei-assoziative Denken auf das episodische oder autobiographische Gedächtnis zurückgreift. Episodisch wird diese Gedächtnisfunktion genannt, weil sie aus Erinnerungen zusammengesetzt ist, die zeitlich geordnet sind. Es bezieht sich auf Vergangenes, ermöglicht aber auch eine Zukunftsperspektive. Die Fähigkeit, Ereignisse zeitlich zu ordnen und sie in Beziehung zur eigenen Persönlichkeit zu setzen, ist die Basis für das Selbstbewusstsein, das Identitätsgefühl und die Fähigkeit, die eigenen Erfahrungen mit denjenigen anderer Menschen zu verbinden.

Dem episodischen Gedächtnis wird das semantische gegenübergestellt. Es ist unpersönlich und ohne so feste zeitliche Struktur wie das episodische Gedächtnis. Es umfasst den Vorrat des Individuums für allgemeine Informationen und schließt vielfältige Kenntnisse über die Welt ein, die nicht mit der eigenen persönlichen Erfahrung verbunden sind. Das episodische Gedächtnis ist oft bewusst fokussiert auf eine bestimmte Aktivität. Häufig befindet es sich jedoch auch in einem unbewussten Zustand, der weniger geordnet und zeitlich bestimmt ist. Dieser Zustand frei-assoziativer kognitiver Prozesse wird auch als primärprozesshaftes Denken bezeichnet. Er ist mit kreativen Neukombinationen verbunden und lässt sich auch in Traumzuständen, Meditation und spirituell-religiösen Erfahrungen nachweisen.

Andreasen versuchte nun, mit der Positronen-Emissions-Tomographie die neuronale Basis dieser beiden Gedächtnistypen zu erforschen. Sie stellte eine einfache Aufgabe, in der sie die Untersuchungsteilnehmer bat, ihren aktuellen Tagesablauf zu beschreiben. Die Teilnehmer erzeugten dementsprechend eine bewusste und logische Erzählung, die sich auf die Inhalte ihres episodischen Gedächtnisses bezog. Sie nannte dies fokussiertes episodisches Gedächtnis. Sie verglich diese Gruppe nun mit einer Kontrollgruppe, die einfach nur in Ruhe bleiben sollte. Andreasen hatte natürlich den Hintergedanken, dass diese Kontrollgruppe nicht nichts denken würde, sondern offener für ungeordnete und unbewusste Prozesse war. Als Ergebnis fand sie, dass in der Ruhe-Gruppe, die zufälligen, ungeordneten und frei-assoziativen Prozessen ihren spontanen Lauf ließ, eine wesentliche höhere Aktivität im assoziativen Kortex vorherrschte als in der Gruppe, die eine spezifische Aufgabe zu lösen hatte. Mit assoziativem Kortex bezeichnet man jene Areale im Frontal-, Parietal- und Temporalhirn, die Sinnesinformationen aus verschiedensten Hirnarealen aufnehmen und sie zu neuen Mustern zusammensetzen. Diese Regionen des Gehirns sind diejenigen, die am spätesten reifen und mindestens bis zum 20. Lebensjahr ständig neue Verknüpfungen herstellen. Sie sind beim Menschen wesentlich ausgeprägter als bei Primaten und komplizierter organisiert als andere Hirnareale. Sie erhalten Informationen von den primären sensorischen und motorischen Arealen sowie aus dem Thalamus und stehen untereinander in enger Verknüpfung. Wahrscheinlich stellen sie das somatische Korrelat dessen dar, was man üblicherweise als das unbewusste Denken (unconscious mind) bezeichnet.

Andreasen bewies, dass im Zustand des ruhigen Nachsinnens die höchstentwickelten und komplexesten Hirnareale aktiver sind als beim fokussierten Lösen umschriebener Aufgaben. Sie nannte diesen Zustand REST: *Random Episodic Silent Thought*. Diese Befunde werden durch neuere Untersuchungen untermauert, die zeigen, dass bei exzessiver Internetnutzung und bei Computer-Spielen Kombinations- und Phantasiefähigkeit leiden und die Fähigkeit zum Erkennen und Kontrollieren von Emotionen abnimmt. Es lässt sich sogar nachweisen, dass ein dysfunktionaler Internet- und Mediengebrauch, der keine Freiräume zum Verarbeiten der Informationen und zu REST lässt, zu dauerhaften Verkümmerungen im dorso-lateralen Teil des präfrontalen Kortex führt, einem Areal, das für kreative Problemlösung von entscheidender Bedeutung ist (Korte, 2010).

Für das neurowissenschaftliche Verständnis der Kreativität ist festzuhalten, dass auch das frei-assoziative und kurzzeitig inkohärente Denken auf kohärente Strukturen zurückgreift. Besonders wichtig ist ein Areal im Temporallappen, das für das Aufrufen von Erinnerungen bedeutsam ist: das *memory retrieval system*. Insofern scheint die Interaktion von fokussiertem und frei-assoziativem Denken für die kreative Neuformulierung bekannter Wissensbestände von großer Relevanz zu sein. Offensichtlich handelt es sich bei diesen interaktiven Prozessen von Hirnfunktionen um neurobiologische Korrelate kreativer Prozesse.

Man kann die Untersuchungsergebnisse dahingehend zusammenfassen, dass während des kreativen Prozesses bestimmte Hirnareale und neuronale Netzwerke immer wieder desorganisiert werden, anschließend unbewusst neue Verknüpfungen hergestellt werden, die zu einer Neukombination von Informationen und erneuter Kohärenz führen. Dies kann eine Einsicht, eine mathematische Funktion oder ein Gedicht sein. Je höher und komplexer das Produkt organisiert ist, etwa ein Roman oder eine Symphonie, desto höher sind die Anforderungen an die organisierende Bearbeitung freier Einfälle.

Die Studie von Andreasen und die zitierten neurobiologischen Befunde zeigen bemerkenswerte Entsprechungen mit kulturwissenschaftlichen Einsichten. Sie erhellen die Bedeutung des Wechselspiels von Ordnung und Chaos im schöpferischen Denken und zeigen auch Wege, wie man kreative Prozesse begünstigen kann. Darauf wird im III. Teil des Buchs eingegangen.

Zusammenfassend können wir festhalten, dass aus biologischer Sicht kreative Entwicklung in einem Zusammenspiel von Strukturaufbau und Strukturabbau stattfindet. Neurobiologisch lässt sich nachweisen, dass Kohärenz im Wechsel mit Inkohärenz das wesentlichste Selektionskriterium des sich selbst organisierenden Gehirns darstellt und dass Leben ohne Kohärenz nicht denkbar wäre (Singer, 1990, 2002). Aus den methodischen Begrenzungen der Neurobiologie ergibt sich, dass ihre Ergebnisse in anderen Wissenschaften reflektiert werden müssen und sie selbst die Denkfiguren der anderen Wissenschaften, die sie oft unbewusst verwendet, berücksichtigen muss. Anderenfalls werden biologische und neurowissenschaftliche Ergebnisse naiv und verkürzt interpretiert und können jeder Art subjektiver Voreingenommenheiten dienen. Ein besonders schillerndes Beispiel sind die Überlegungen von Richard Dawkins in seinem Buch »Das egoistische Gen« (1978) und folgenden Schriften, in denen evolutionsbiologische Welterklärungsmodelle entwickelt werden, die menschliche Kulturleistungen und das Schöpferische zum Anhängsel pseudonaturwissenschaftlicher Stereotypien machen.

Psychologie der Kreativität

Das Thema von Kreativität zwischen Strukturaufbau und Strukturabbau, Kohärenz und Inkohärenz, Ordnung und Chaos, Schöpfung und Zerstörung soll im Folgenden anhand von psychologischen Forschungsergebnissen weiterentwickelt werden.

Allgemeine Psychologie: Konvergenz und Divergenz

Aus allgemeinpsychologischer Sicht lässt sich Kreativität definieren als »Fähigkeit, etwas Neues zu schaffen, sei es eine Problemlösung, eine Entdeckung, Erfindung oder ein neues Produkt«. In Anlehnung an die nordamerikanischen Kreativitätsforscher Mihaly Csikszentmihalyi (1996) und Howard Gardner (2002) ist eine systemische Definition der Kreativität populär geworden: »Kreativ kann eine begabte Person sein, wenn sie sich auf einem erfolgversprechenden Gebiet und in einem fördernden soziokulturellen Kontext produktiv betätigt«. Cropley und Cropley (2008) halten vier Kriterien von grundlegender Bedeutung: Nützlichkeit, Neuartigkeit, Eleganz und »Genesis«, womit die Eigenschaft des kreativen Produkts bezeichnet wird, weitere Anwendungen zu initiieren. Nancy Andreasen (2005) wählt eine noch breitere Definition, in der sie Kreativität als Fähigkeit auffasst, etwas Neues zu sehen, das andere noch nicht sehen konnten, und damit dem Sein eine neue Ordnungsperspektive abzugewinnen. Als prägnante Definition würde ich Folgendes vorschlagen: »Kreativität besteht in der Neukombination von Informationen«, wohl wissend, dass solche Definitionen erst dann Sinn haben, wenn sie expliziert werden.

Prähistorische Menschen entdeckten irgendwann, dass ein Stein als Werkzeug geeignet ist. Sie sahen eine neue Möglichkeit, ihn zu benutzen, weil sie ein Vorstellungsleben entwickelt hatten, indem sie gegebene Informationen neu kombinierten. Sie studierten Pflanzen und Tiere und fanden neue Wege, um zu überleben.

Sie schufen Ideen, Wissensordnungen und Produkte, die über das naturhaft Gegebene weit hinausgingen. Die menschliche Evolution scheint von der kreativen Suche des Menschen nach neuen Ordnungen geprägt zu sein, die nicht nur der Sicherung des Überlebens dienten. Es wird zwar bis heute versucht, zum Beispiel Kunstwerke evolutionsbiologisch zu erklären, doch stoßen diese Erklärungen auf enge Grenzen und können die Bedeutung dieser Werke nicht verständlich machen. Zudem lässt sich außergewöhnliche Kreativität neurobiologisch und empirisch-psychologisch schwer erforschen. Dies liegt darin begründet, dass es sich bei außergewöhnlicher Kreativität definitionsgemäß nicht um eine kontinuierliche Verteilung von Merkmalen wie Begabung, kreativen Produktionsweisen und Produkten handelt, sondern um Extremvarianten, die mit gewöhnlichen statistischen Modellen, die sich auf normal verteilte Eigenschaften beziehen, nicht zu erfassen sind. Außergewöhnlich kreative Prozesse und Leistungen sind nicht kontinuierlich, sondern dimensional und schief verteilt. Noch wichtiger scheint, dass man Personen kaum während kreativer Tätigkeiten untersuchen kann: Erstens können wir nicht wissen, ob sie gerade außergewöhnlich kreativ sind, weil die Akzeptanz des Produkts oft wesentlich später erfolgt. Zweitens werden wir niemals genügend große und vergleichbare Stichproben von außergewöhnlich kreativen Probanden finden, um Hypothesen statistisch prüfen zu können.

Ein Weg aus diesem Dilemma ist die biographische Forschung und die Untersuchung von einzelnen Komponenten kreativer Persönlichkeiten, ihrer Produktionsweisen und ihrer Produkte. Hierbei ist die psychologische Forschung zu interessanten Ergebnissen gekommen, die das Mysterium des »kreativen Sprungs« letztlich nicht umfassend verständlich machen, jedoch einige interessante Faktoren aufklären können, die auch für die Förderung kreativer Potentiale hoch bedeutsam sind. Dabei ist es hilfreich, die psychologisch relevanten Elemente sowohl der alltäglichen als auch der außergewöhnlichen Kreativität gesondert zu betrachten: Begabung, Wissen, Motivation, Persönlichkeit und Umgebung.

Begabung

Eine Grundvoraussetzung der Kreativität ist die allgemeine Intelligenz, die man in kristalline und fluide Intelligenz unterscheiden kann (Cattell, 1971). Allerdings sind Intelligenz und Kreativität nicht das Gleiche. Dies zeigte schon eine berühmte Studie, die Lewis Terman 1921 initiierte und die auch noch nach seinem Tod im Jahre 1956 fortgesetzt wurde. Es wurde eine Kohorte hochintelligenter Kinder ausgewählt, deren IQ zwischen 135 und 200 lag – im Durchschnitt bei 150. Diese Kinder wurden über 70 Jahre lang wissenschaftlich begleitet, wobei eine Hypothese besonders geprüft werden sollte: Hochbegabte und intellektuell frühreif erscheinende Kinder scheitern in ihrem Leben nach dem Motto »early ripe, early rotten« eher als durchschnittlich Begabte. Die Ergebnisse konnten dieses populäre Vorurteil nicht bestätigen und darüber hinausgehend widerlegen, dass Hochintelligente seltsamer, emotional fragiler und sozial inkompetenter seien als durchschnittlich Begabte.

Für die Kreativitätsforschung war ein weiteres Ergebnis besonders interessant: Die meisten Teilnehmer aus der Gruppe der im Hinblick auf Intelligenz Höchstbegabten erreichten einen überdurchschnittlichen beruflichen und sozialen Erfolg. Die untersuchte Kohorte befand sich bis zur Mitte ihres Lebens in der Regel auf einem guten Niveau materiellen und persönlichen Erfolgs, zeigte aber keine Anzeichen von außergewöhnlicher Kreativität. Es fanden sich kaum erfolgreiche Schriftsteller, Musiker, bildende Künstler oder innovative Wissenschaftler unter ihnen. Als Nebenbefund der Studie ergab sich, dass zwei Personen, die wegen ihrer zu niedrigen Intelligenz aus der Studie ausgeschlossen worden waren, einen Nobelpreis in Physik erhielten (s. Andreasen, 2005).

Aus der Terman-Studie lässt sich somit relativ sicher ableiten, dass Intelligenz und Kreativität nicht deckungsgleich sind. Nachfolgende Studien konnten dies bestätigen, doch ist auch der Umkehrschluss nicht erlaubt, dass Intelligenz für außergewöhnliche Kreativität unwichtig sei. Andreasen (2005) beschreibt eine Studie, die zu dem Ergebnis kam, dass Untersuchungspersonen mit einem IQ von ca. 120, das heißt überdurchschnittlich, aber nicht hochintelligent, berufliche Positionen erreichen, die ihnen die Möglichkeit zu eigenständiger Kreativität eröffnen. Wer von diesen Personen kreative Möglichkeiten realisiert, wird nicht mehr von höherer Intelligenz, sondern von anderen Faktoren bestimmt.

Die psychologische Intelligenzforschung hat sich in den letzten hundert Jahren ständig fortentwickelt. Sie kann Intelligenz nicht nur quantifizieren, sondern auch qualitativ differenzieren. Die Geschwindigkeit der Informationsverarbeitung, die in neurobiologischen Studien als Maß für Intelligenz oder gar Kreativität herangezogen wird, ist nur ein Aspekt intelligenten und kreativen Problemlösens und kann die Komplexität der intellektuellen Begabungen nicht erklären. Die psychologische Intelligenzforschung führt demgegenüber zur Erkenntnis von quantitativ und qualititiv differenzierten Intelligenzprofilen:

Empirisch psychologisch kann man mindestens sieben Formen der Intelligenz unterscheiden: sprachliche, logisch-mathematische, musikalische, körperlich-kinästhetische, räumliche, interpersonale und intrapersonale Intelligenz (Gardner, 2002). Hinzu kommt die zunehmend erforschte emotionale Intelligenz (Goleman, 1997). Sternberg (2007), der die »Erfolgsintelligenz« von anderen Intelligenzformen abgrenzt, schlägt vor, Intelligenz und Kreativität in übergreifenden Konzepten von »Weisheit« zu vereinigen.

Zur kreativen Aktualisierung der Intelligenzbegabungen sind spezifische Denkstile hilfreich. Guilford (1959) hat die wichtige Unterscheidung von konvergentem und divergentem Denken getroffen. Ersteres ist konzentriert, zielgerichtet, Letzteres assoziativ, weniger fokussiert und Hintergrundeigenschaften miteinbeziehend. Wichtig ist für kreatives Denken, dass diese Intelligenzen in einem Prozess von »tightening« und »loosening« spielerisch interagieren (Fiedler, 2004). Es findet ein dynamischer Prozess statt, in dem verschiedene Alternativen und eine kritische Auswahl der erfolgversprechenden Möglichkeit generiert werden. Weisberg (2006) vermutet, dass diese Denkprozesse bei alltäglich und außergewöhnlich kreativen Personen ähnlich verlaufen, doch ist dies aus den oben beschriebenen methodischen Gründen schwer nachweisbar. Zumindest ist bislang noch keine Differenzierung der kognitiven und emotionalen Prozesse zwischen alltäglich und außergewöhnlich kreativen Personen gelungen (s. Beghetto und Kaufmann, 2007).

Kreatives Denken verdankt sich aus meiner Sicht einem in jeder Domäne sehr unterschiedlichen Gleichgewicht von konvergentem und divergentem Denken sowie emotionaler Konzentration und Distraktion. Nimmt man als zwei Extreme Wissenschaftler und Dichter, so ist bei Ersteren die Fokussierung, Konzentration und Objektivität im Arbeitsprozess wesentlich ausgeprägter als bei Letzteren. Dichter müssen sich viel mehr divergentem Denken, unbewussten Verknüpfungen und emotionalen Erlebnissen öffnen als Wissenschaftler. Dies ist nicht nur angenehm, sondern konfrontiert Poeten häufig mit chaotischen emotionalen und intellektuellen Erfahrungen, die sie an den Rand der Existenz führen. Wenn es ihnen jedoch gelingt, diese Erfahrungen zu gestalten und ihnen eine Form zu geben, dann haben sie eine höhere Ordnung erreicht, die vom Leser bewundert wird. Der Wissenschaftler erzielt in der Regel nicht dieses Maß an Bewunderung, er muss sich allerdings auch nicht so oft und so tiefgehend mit chaotischen Erfahrungen auseinandersetzen. Dies ist ein Grund, warum Wissenschaftler im Durchschnitt psychisch wesentlich stabiler sind als Dichter (Runco und Richards, 1997). Ich werde auf diesen empirischen Befund der psychologischen Kreativitätsforschung zurückkommen.

Hier bleibt festzuhalten, dass Begabungen realisiert werden können, wenn sie in einem dynamischen Gleichgewicht von konvergentem und divergentem Denken, Erschaffung und Zerstörung von Wissensordnungen aktualisiert werden. Wie in biologischen Systemen ein beständiger Wechsel von Strukturaufbau und Strukturabbau stattfindet, so ist auch beim kreativen Denken ein Wechselspiel zwischen Verfestigung und Verflüssigung psychologisch zu beobachten.

Wissen und Können

Eine Begabung kann nur zur Blüte kommen, wenn sie auch über Material verfügt, mit dem sie arbeiten kann. Das heißt für das problemlösende Denken, dass beispielsweise ein Wissenschaftler die Wissensbestände seines Fachs kennen muss, um sie neu kombinieren zu können. Dies gilt auch in anderen Bereichen: Es gibt keine Intuition ohne verfügbares Wissen. Der kreative Funke kann nur das Vorhandene entzünden. Auch Künstler können nur das neu kombinieren, was sie schon gesehen, gehört oder erlebt haben. Dazu müssen sie in der Lage sein, das Erlebte zu gestalten, das heißt, sie müssen über handwerkliches Können verfügen.

Die Bedeutung von Wissen und Können unterscheidet sich in den verschiedenen Gebieten kreativer Aktivitäten erheblich. Da wir in unsere Sprache hineingeboren werden und bis zur Adoleszenz über reichhaltige Erfahrungen und einen differenzierten Wortschatz verfügen, werden außergewöhnliche sprachliche Leistungen schon in frühem Alter möglich. Das Gleiche gilt für Musik, wenn sie früh gefördert wird. Bei der Wissenschaft sieht es anders aus. Hier muss man sich nach der Schulausbildung erst in eine Domäne einarbeiten, weswegen wissenschaftliche Höchstleistungen, abgesehen von der Mathematik, meist erst nach dem 30. Lebensjahr möglich werden. Pinker (1999) fasst die diesbezüglichen Studien dahingehend zusammen, dass wissenschaftlichen Höchstleistungen ein mindestens zehnjähriger domänenspezifischer Wissenserwerb vorausgeht.

Motivation

Nach Sternberg (2006) wird Kreativität von dem Wunsch begünstigt, kreativ zu sein, und dem Willen, eine kreative Einstellung anzunehmen. Kreativität sei ebenso eine Entscheidung und Lebenshaltung wie eine Begabung. Die Entscheidung zur Kreativität hängt allerdings von verschiedenen motivationalen Faktoren ab, die sich in drei Bereiche gliedern lassen: spielerische Neugier, intrinsisches Interesse und Streben nach Anerkennung (s. Holm-Hadulla, 2010).

Spielerische Neugier ist eine elementare Motivation, die von Geburt an zu beobachten ist. Das kindliche Neugierverhalten ist angeboren, wird aber durch Umgebungseinflüsse sehr stark überformt. So nimmt der Säugling seine Umgebungsreize begierig auf und schafft, man könnte fast sagen, komponiert täglich, ja stündlich seine Vorstellungswelt. Dabei ist sein Geist nicht nur ein Abbild äußerer Reize, sondern bildet sich durch einen ständigen Verarbeitungsprozess. Hierbei ist eine Sicherheit vermittelnde und interessierte Umgebung von großer Bedeutung. Das Neugierverhalten muss durch den bestätigenden Blick der Mutter sowie kontinuierliche Anerkennungen auch seitens der anderen Betreuungspersonen begleitet werden.

Das intrinsische Interesse, also die Fähigkeit, sich ganz von einer Sache oder Tätigkeit gefangen nehmen zu lassen, ist eine zweite zentrale Motivation der Kreativität. Auch diese Motivation wächst in einer langen Entwicklungsgeschichte von konzentriertem sich Einlassen auf ein Spielzeug oder ein Problem und ungeordneten Phantasien über divergente Möglichkeiten. Der Kinderarzt und Psychoanalytiker Winnicott (1971) hat gezeigt, dass kreative Leistungen aus dem Spiel von Kindern hervorgehen, die in ihre Tätigkeit »verloren sind«. Dazu lassen sich aus Sicht der Motivationspsychologie Entsprechungen finden, insofern sich das intrinsische oder autotelische Interesse schon in früher Kindheit heranbildet.

Aus dem sehr frühen menschlichen Bedürfnis, gesehen und beantwortet zu werden, bildet sich das erwachsene Streben nach Anerkennung, ohne die keine kreative Leistung zustande kommen kann. Auch im Bereich der Motivationen finden wir die Dialektik von Ordnung und Chaos, insofern das potentiell kreative Individuum bereit sein muss, die chaotischen Entordnungen im kreativen Prozess zu ertragen, und ebenso willig sein sollte, die Mühen des ordnenden Gestaltungsprozesses auf sich zu nehmen.

Persönlichkeitseigenschaften

Csikszentmihalyi (1996) und McCrae (2007) stellen in ihren persönlichkeitspsychologischen Konzepten den Begabungs- und motivationalen Faktoren verschiedene Persönlichkeitseigenschaften an die Seite: Offenheit für neue Erfahrungen, lebhafte Phantasietätigkeit, künstlerische Sensibilität, Gefühlstiefe, Flexibilität, Nonkonformismus und Ambiguitätstoleranz. Wesentlich ist es auch, den Wechsel zwischen Disziplin und spielerischem Verhalten, Konzentration und Distraktion, Anspannung und Entspannung, Kohärenz und Inkohärenz, Struktur und Flexibilität ertragen und gestalten zu können. Dabei ist nicht zu vergessen, dass Persönlichkeitseigenschaften in den unterschiedlichen Domänen sehr variieren und es entscheidend auf die Adaptation an das besondere Tätigkeitsfeld ankommt.

Funke (2000) hebt folgende Persönlichkeitseigenschaften hervor, die mit Kreativität assoziiert sind: Unabhängigkeit, Nonkonformismus, weitgespannte Interessen, Offenheit für neue Erfahrungen sowie Risikobereitschaft. Selbstvertrauen ist ein weiterer wichtiger Faktor des kreativen Tuns. Auch wenn der Kreative von Zweifeln und Emotionen erschüttert wird, muss er doch immer ein gewisses Maß an Vertrauen in den Sinn seiner Tätigkeit – manchmal auch nur für kurze Zeit – entwickeln können. Widerstandsfähigkeit, früher Frustrationstoleranz und heute eher Resilienz genannt, ist ein wichtiger Faktor, damit kreative Impulse und Einfälle auch in die Realität umgesetzt werden.

Umgebungsbedingungen

Neben der komplexen Verschränkung von Begabung, Wissen, Motivation und Persönlichkeitseigenschaften spielen die Umgebungsbedingungen eine wesentliche Rolle bei der Entfaltung kreativer Potentiale. Auch in diesem Bereich ist das Gleichgewicht von disziplinierenden Strukturen und freien Spielräumen, Ordnung und Chaos, von unmittelbar praktischer Bedeutung. Dies beginnt in der frühen Kindheit und setzt sich im gesamten Leben fort. Ein musikalisches Kind wird nur im seltensten Fall seine Begabung ausbilden können, wenn es ohne disziplinierende Anleitung bleibt. Eine hervorragende wissenschaftliche Begabung wird sich nicht ohne geeignete Ausbildungsstrukturen und spätere Aufnahme in eine produktiv geordnete Forschungseinrichtung entfalten können.

Die Umgebungsbedingungen der Kreativität verdienen eine besondere Aufmerksamkeit, denn diese sind es, die von Eltern, Lehrern, Professoren, Freunden und Bekannten aktiv gestaltet werden können. Schon in der frühsten Kindheit ist es wichtig, das Kind anzuregen, ihm verschiedenste Materialien zur Verfügung zu stellen, an denen es sich erproben kann. Dabei ist eine wohlwollende Förderung unerlässlich, die Einräumung von Freiräumen zum Experimentieren und Phantasieren, aber auch eine interessierte Strukturierung. Mit interessierter Strukturierung ist eine Ordnungsfunktion gemeint, die Betreuungspersonen übernehmen, um auf die Wünsche und Möglichkeiten der Kinder sensibel, aber auch kundig eingehen können. Dies gilt zum Beispiel für adäquate Belohnungen. Wir wissen aus überzeugenden Studien, dass Kinder bei inadäquater Belohnung, zum Beispiel durch Schokolade, nicht besser lernen, sondern schlechter als Vergleichsgruppen, bei denen man nur den von ihnen erreichten Lernfortschritt belobigt. Mit anderen Worten: Die Belohnung muss spezifisch auf das Geleistete und Erreichte zugeschnitten sein, sie muss emotional verstärkend, aber auch sachlich interessiert sein.

Kinder bedürfen – scheinbar paradoxerweise – geordneter Strukturen, um frei spielen zu können. So wie erfolgreiche Künstler in aller Regel sehr klare Arbeitsrituale haben und selbst so grenzüberschreitende Genies wie Picasso geregelte Arbeitsabläufe bevorzugten, so brauchen schon kleine Kinder einen Rahmen für ihre spielerische Kreativität. Das heißt, dass sie Zeiten und Räume benötigen, in denen sie ihren Aufgaben ungestört nachgehen können, dabei aber auch kompetent begleitet werden. Der Impuls, vor dem kreativen Spiel, das immer auch anstrengende Seiten hat, zu fliehen, zum Beispiel durch mediale Ablenkungen, bedarf grundsätzlich eines Rahmens, in dem dieser Impuls aufgefangen und in kreative Ausdauer umgeleitet werden kann.

Allerdings sind auch Freiräume für chaotische Aktivitäten bedeutsam, damit die primäre Kreativität des Menschen ihre ganz eigenen Repräsentationen der Wirklichkeit entwickeln kann. Die spielerische Produktion kreativer Wirklichkeitsbilder kommt normalerweise spontan zustande, wenn man sie nicht durch externen Zwang unterdrückt. Die Entdeckung des Neuen ist jedoch immer mit einer Labilisierung des Alten verbunden und geht häufig mit einer Angst vor dem Chaotischen einher. In dieser Hinsicht sind geeignete Umgebungsbedingungen notwendig, die der autopoietischen Neugestaltung einen stabilen Rahmen geben. Gerade das verwirrend Neue kann das für psychische Stabilität so wichtige Gefühl der Kohärenz beeinträchtigen und die kreative Selbstentfremdung kann zur erheblichen Labilisierung des Kohärenzerlebens führen.

Allerdings kann sich Kreativität auch unter widrigen Bedingungen entwickeln. Aus der Perspektive der Bewältigung von Komplexität und Chaos folgern Runco und Richards (1997), dass Kinder intellektuell und emotional beweglicher werden können, wenn sie auch schwierigen Erfahrungen ausgesetzt sind. Die kreative Entordnung kann dem Chaos sehr nahe kommen und widrige Lebensereignisse können schöpferische Impulse wecken. Aus empirischen Untersuchungen ist bekannt, dass viele außergewöhnlich Kreative eine schwierige Kindheit hatten, sie litten oft unter Armut, Versagungen und Krankheiten (Simonton, 2000).

Dennoch zeigt die Forschung, dass zentrale Voraussetzungen der Kreativität wie Neugier, Interesse und Streben nach Anerkennung sowie Selbstvertrauen, Resilienz, Originalität und Authentizität von fördernden Umgebungsbedingungen abhängen. Aufgrund der direkten Säuglingsbeobachtung und der Forschungen der Entwicklungspsychologie ist es unzweifelhaft, dass kindliche Neugier und Frustrationstoleranz von der positiven Begleitung durch wohlwollende Bezugspersonen begünstigt werden (Stern,

1985). Das Explorationsverhalten von Säuglingen und Kleinkindern ist umso kreativer, je sicherer sie sich an ihre primären Bezugspersonen gebunden fühlen. Bindungsunsicherheit und emotionale Ablehnung seitens der Mutter stellen nur selten einen Anreiz zu aktiven Lösungsversuchen dar, in der Regel beeinträchtigen sie die Kreativität des Kindes erheblich. Auf diese Ergebnisse der Bindungsforschung wird noch in den Kapiteln über das kindliche Spiel und die kreative Bewältigung psychischer Konflikte eingegangen.

Wir finden eine Fülle von Beispielen, die belegen, dass eine frühe Förderung der Begabung von unschätzbarem Wert ist. Noch bedeutsamer ist das affektive Klima in der Familie. Zugewandte und liebevolle Mütter und Väter, Großeltern und andere Betreuungspersonen gewähren ihren Kindern oft eine sichere Basis und einen emotionalen Spielraum, die für die Entwicklung von Neugier, Interesse, Phantasie und Selbstvertrauen günstig sind. Sie können meist spontan die ersten Lautbildungen, Bewegungen und mimischen Ausdrücke emotional beantworten und positiv bestätigen. Kinder, die Vertrauen und Sicherheit erleben, können später leichter hohe Anforderungen erfüllen. Sie lernen leichter als Kinder, die in ihrem Leben schon früh Ablehnung und Verunsicherung erleben mussten.

Eine besonders sensible Phase in der Entwicklung von Talenten ist die Zeit der Adoleszenz, in der Begabte entscheidende Impulse erhalten können. Häufig wird von kreativen Individuen berichtet, dass sie in den emotionalen Turbulenzen und seelischen Verwirrungen der Pubertät eine besondere Kraft entdecken. Es kommt zur inneren Trennung von der Familie, das Gefühl des Aufgehobenseins weicht Grübeleien und Selbstzweifeln. In der pubertären Entfremdung und Einsamkeit stellen sich aber ganz eigene Gedanken ein, es entwickeln sich oft originelle und phantasievolle Ideen. Manche Adoleszente leiden darunter, dass sie in ihrer Peergroup nicht so aufgehoben sind wie andere. Gerade sie können aber in ihrer Einsamkeit und Isolation eine besondere Produktivität entfalten.

Zusammenfassend kann man sagen, dass produktive und kreative Menschen auch aus Widrigkeiten in ihrer Vergangenheit positive Impulse gewinnen können, wenn sie diese in ihrem Werk transformieren können. Dann können ungünstige Einflüsse in Kindheit und Jugend, Krankheiten und Defizite starke Motivationen zu kreativer Arbeit darstellen. Aber auch diese Kreativität benötigt positive Strukturen und Bestätigungen, um Schrecken und Leiden in bedeutende Werke umwandeln zu können.

Der kreative Prozess

Auch die verschiedenen Phasen des kreativen Prozesses finden im Wechselspiel von Ordnung und Chaos statt. Folgende Phasen lassen sich aufgrund wissenschaftlicher Untersuchungen und praktischer Erfahrungen abgrenzen: Vorbereitung, Inkubation, Illumination, Realisierung und Verifikation.

In der Vorbereitungsphase wird das Problem oder das Thema gesichtet und es entwickelt sich eine – mitunter unbewusste – Zielsetzung. Vorausgegangen ist fast immer ein jahre- bis jahrzehntelanger Weg der Ausbildung. Besonders Wissenschaftler brauchen sehr lange, bis der Zeitpunkt gekommen ist, dass sie ein eigenes Thema bearbeiten und eine originelle Lösung finden können. Streng genommen muss man auch die frühe Kindheit, Schulzeit und Studium zur Vorbereitungsphase des kreativen Prozesses rechnen. In dieser Zeit sollten die Talente möglichst intensiv ausgebildet werden, um einmal zu einem kreativen Schritt in der Lage zu sein. Wie wir in den Ausführungen zur kreativen Persönlichkeit gesehen haben, ist die Ausbildung der Begabungen allein aber nicht ausreichend. Der potentiell Kreative muss auch genügend Motivation entwickelt haben, um sich einer Sache neugierig und begeistert zu widmen. Seine Persönlichkeit sollte so weit entwickelt sein, dass er hinreichend ausdauernd und widerstandsfähig arbeiten kann. Deswegen sind die persönliche Geschichte und die Lebensumstände in der Vorbereitungsphase von großer Bedeutung. Manchmal fällt es Lernenden schwer, Wissen und Können geduldig zu erwerben und in der Vorbereitungsphase auszuhalten, dass sie noch keine Gestalt für ihre kreative Unruhe gefunden haben. Der schwer zu ertragende Zustand des »Noch-nicht« kann zu Lernblockaden und Arbeitsstörungen führen, die alte Ordnung langweilt, eine neue ist noch nicht gefunden.

Die zweite Phase des kreativen Prozesses, Inkubationsphase genannt, kann zu ähnlichen Schwierigkeiten führen. Sie leitet sich vom lateinischen Wort *incubatio* ab, das »auf etwas liegen« und »brüten« bedeutet. In der Biologie definiert man Inkubation als »entwicklungsfördernde Erwärmung«. In der Antike wird mit Inkubation der Schlaf an den Kultstätten bezeichnet, um ein Orakel, eine Heilung von Krankheit oder eine höhere Einsicht zu erhalten. Auch an christlichen Wallfahrtskirchen fand sich dieser Brauch. Dementsprechend zeichnet sich die Inkubationsphase dadurch aus, dass die Aufgabe beiseite gelegt und einer eigenständigen, unbewussten Bearbeitung überlassen wird. Auch die Inkubationsphase ist ein komplexes Phänomen: Eine lange Ausbildung hat vielschichtige Spuren hinterlassen und die Schaffenden kombinieren, oft unbewusst, das Gelernte in origineller Weise. Sie müssen jetzt bereit und fähig sein, sich ihren Themen über längere Zeit zu überlassen und ein gewisses Maß an chaotischer Unordnung zu ertragen. Dies ist nicht immer einfach und man zieht sich leicht in die gewohnten Ordnungen zurück, wenn der zündende Funke nicht schnell genug überspringt. Deswegen ist während der Inkubationsphase die Fähigkeit gefragt, auch ohne greifbares Ergebnis die Gedanken schweifen zu lassen und geduldig nach dem richtigen Gleichgewicht von zielgerichteter Aktivität und freiem Phantasieren, gewohnten Strukturen und deren Verflüssigung zu suchen.

Die dritte Phase des kreativen Prozesses wird Illumination genannt. In diesem Begriff klingen Mythen und religiöse Vorstellungen an, in denen das Schöpferische durch eine göttliche Erleuchtung ermöglicht wird. Auch die Aufklärung mag dazu beigetragen haben, dass der kreative Einfall mit einer visuellen Metapher bezeichnet wird. Die Illumination im kreativen Prozess tritt selten als plötzliche Eingebung auf, sondern ist meist eine komplexe Wahrnehmungsgestalt, die sich schrittweise entwickelt. Der kreative Funke bereitet sich meist langsam vor, tritt immer wieder schemenhaft bei der Arbeit auf und verschwindet wieder, um dann irgendwann als eine Gestalt greifbar zu werden. Um diese Neuordnung des Sehens, Erkennens, Wissens und Machens festzuhalten, sind Achtsamkeit und Disziplin vonnöten. Deswegen ist für die kreative Illumination nicht nur die Entdeckung einer neuen Ordnung von Bedeutung, sondern auch eine Persönlichkeit, die genügend ausgebildet, strukturiert und selbstsicher ist, das neu Gesehene ins Werk zu setzen.

In der vierten Phase, der Realisierung, wird die neue Ordnung ausgearbeitet. Auch hier sind Motivation, Persönlichkeitseigenschaften und Umgebungsbedingungen von Bedeutung, um die Illumination in ein Produkt umzusetzen. Viele Talente sind gut ausgebildet, widmen sich einer Aufgabe hingebungsvoll und empfangen auch einen kreativen Funken. Um eine Idee zu realisieren, braucht es jedoch mehr als Vorbereitung, Inkubation und Illumination. Neben Leidenschaft, Neugier und Originalität ist jetzt die Widerstandsfähigkeit gefragt, um den meist langsamen Fortschritt der Arbeit und die Enttäuschung, dass mit der beglückenden Illumination noch gar nichts gewonnen ist, ertragen zu können. Können Inkubations- und Illuminationsphase eher durch ihre mitunter chaotische Strukturlosigkeit beunruhigen, so erfordern das Festhalten und die mühsame Darstellung der neu gesehenen Ordnung in der Realisierungsphase Geduld und Durchhaltefähigkeit, die zu einer starken Abneigung vor dem Durcharbeiten führen kann. Es ist wichtig, diese Gefährdungen des kreativen Prozesses zu erkennen, um ihnen wirksam beggenen zu können.

Die letzte Phase im kreativen Prozess kann man als Verifikation, also Überprüfung und Bestätigung bezeichnen. Kreative selbst und andere müssen die Werke prüfen und bestätigen, dass die Ergebnisse ihrer Arbeit auch von allgemeiner Bedeutung sind. Oft betrachten Kreative ihr Produkt mit Zweifeln und zögern, es von einer größeren Expertengemeinschaft beurteilen zu lassen. Dies ist aber der entscheidende Abschluss des kreativen Prozesses: Die Expertengemeinschaft entscheidet in aller Regel, ob ein Produkt einen kreativen Beitrag zur jeweiligen Kultur leistet oder nicht. Dabei werden mitunter wesentliche Beiträge übersehen, weil die Experten die Bedeutung des neu geordneten Wissens nicht oder nur mit großer Zeitverzögerung erkennen.

Die Phasen des kreativen Prozesses folgen nicht linear aufeinander, sondern durchdringen sich gegenseitig in einem Rückkopplungskreis. So führt eine positive Bestätigung in der Verifikationsphase zu neuen Vorbereitungsarbeiten und unterstützt die produktive Realisierung. In der erneuten Vorbereitungs- und Realisierungsphase stellen sich neue Ideen ein, die wiederum zu originellen Ergebnissen und Anerkennung in der Expertengemeinschaft führen. Dies verstärkt Interesse, Selbstvertrauen und Mut, sich freier der nächsten Inkubations- und Illuminationsphase zu überlassen. Dieser Prozess wird meist von Enttäuschungen und Kränkungen, berechtigter und unberechtigter Kritik begleitet. Wie Kreative damit umgehen, ob sie die Urteile der Freunde, Mentoren und der Öffentlichkeit anspornen oder lähmen, ist weniger eine Frage ihres Talents als vielmehr ihrer Persönlichkeit und Lebenssituation.

In jeder Phase des kreativen Prozesses treffen wir auf das Wechselspiel zwischen Ordnung und Chaos, Schöpfung und Zerstörung. In der Vorbereitungsphase dominiert der geduldige Erwerb von Wissen und Können. Dennoch ist das abschweifende und freie Phantasieren nicht bedeutungslos und sei es auch nur zur psycho-physischen Regeneration. Die Inkubationsphase ist eher durch unbestimmte und noch nicht ausgestaltete Schemen charakterisiert, während in der Illuminationsphase das Chaos plötzlich geordnet erscheint, um in der Durchführungsphase wieder durch abweichende Ideen bedroht zu werden. Auch die Verifikation ist ein Wechselbad von innerer und äußerer Bestätigung und Strukturierung sowie von Kritik und Labilisierung.

Psychoanalyse: Eros und Thanatos

Die Psychoanalyse hat sich seit ihrer Begründung durch Sigmund Freud immer wieder mit Kreativität auseinandergesetzt. Mythische und literarische Gestaltungen menschlicher Vorstellungen waren neben der wissenschaftlichen und klinischen Erfahrung die entscheidenden Grundlagen ihrer Erkenntnisbildung. Angefangen mit der Ödipusgestalt fanden Psychoanalytiker zentrale Konflikte und Motive des menschlichen Seelenlebens in Mythen vorgezeichnet und in der Literatur ausgearbeitet. Aber auch die bildende Kunst und Malerei waren wesentliche Quellen von Freuds wissenschaftlicher Imagination. Freud bescheinigte den Künstlern eine größere Nähe zum Unbewussten als den Wissenschaftlern und äußerte sich bescheiden im Hinblick auf seine eigenen wissenschaftlichen Bemühungen. Er meinte, dass man das, was man nicht »erfliegen« könne wie die Dichter, sich durch mühevolle wissenschaftliche Arbeit »erhinken« müsse. Die langsame und detaillierte wissenschaftliche Forschung sei in vielerlei Hinsicht der verdichtenden, unmittelbare Anschauung ermöglichenden, künstlerischen Gestaltbildung unterlegen. Die Fähigkeit des Künstlers, spielerisch unbewusste Vorgänge darzustellen, sei aber auch ein Risiko, insofern der Künstler sich selbst ins Spiel bringt und in Grenzbereiche menschlicher Erfahrungen vordringt, die sein Selbst labilisieren, ja sogar gefährden können.

So wie künstlerische Darstellungen die Psychoanalyse prägten, wandte die Psychoanalyse ihr Instrumentarium auf Kunstwerke und Künstler an. Dies hat ihr viel Misskredit eingebracht. Besonders die pathographischen Reduktionen haben Ärger hervorgerufen und teilweise verstellt, dass psychoanalytische Interpretationen Kunstwerke und Phänomene des Alltagslebens aufschließen und bereichern können. Daneben ist bemerkenswert, dass Kunst und Psychotherapie ähnliche psychische und kommunikative Funktionen erfüllen können. Analytische Psychotherapie ist nicht nur Erinnerungsarbeit, Interpretation und Beziehungsanalyse, sondern wie die Kunst ein Gestaltungsprozess, der inkohärenten psychischen Ereignissen kohärente Formen verleihen kann (s. Holm-Hadulla, 1997, 2003).

Psychoanalytische Konstruktion und Dekonstruktion der Kreativität

In der ersten Schrift Freuds, die sich eingehend mit schöpferischen Prozessen auseinandersetzt, der Traumdeutung (1900), steht die alltägliche Kreativität im Mittelpunkt. Die psychischen Mechanismen der Traumarbeit Verdichtung, Verschiebung, Rücksicht auf Darstellbarkeit und sekundäre Bearbeitung, die aus den latenten Traumgedanken den manifesten Trauminhalt erschaffen, können als kreative Leistungen aufgefasst werden. Die Traumbilder sind ästhetische Gestaltungen, die Unbewusstes mit Bewusstem, Phantasie mit Realität und Primär- mit Sekundärprozessen vermitteln. Sie können als figurative Erkenntnisformen aufgefasst werden, die unstrukturierten psychischen Materialien kohärente Formen verleihen. Freud hatte deren Sinn noch darin gesehen, als via regia zum Unbewussten zu dienen. Die Aufgabe des Psychoanalytikers bestünde darin, aus dem bildhaft-figurativen manifesten Trauminhalt die latenten Traumgedanken zu erschließen. Diese Auffassung wurde in der modernen Psychoanalyse erweitert: Die Bilder des manifesten Trauminhalts werden als psychische Leistungen angesehen, die unbewusste Wünsche bildhaft zur Darstellung bringen und als solche eine wesentliche Funktion der Kohärenzbildung erfüllen. Wie Kunstwerke bedürfen sie mitunter keiner Interpretation, sondern wirken unmittelbar. Sie begleiten als Narrative das menschliche Leben und vermitteln Sinnstrukturen im ästhetischen und hermeneutischen Sinne (s. Holm-Hadulla, 1997; Ogden, 2004).

Freuds Intuition, dass das Träumen eine bedeutende psychohygienische Funktion erfüllt, kann mittlerweile als bestätigt angesehen werden. Neurobiologisch lässt sich nachweisen, dass Erlebnisse des Alltags, die Freud Tagesreste nannte, im Schlaf und in unterschiedlichen Traumphasen verarbeitet werden. Im Traum werden Wahrnehmungen synthetisiert und Erinnerungsspuren verknüpft, sodass es zu einer Zunahme von Kohärenz kommt. Dies geschieht in Interaktion mit Angstbewältigungs- und Belohnungssystemen.

In »Der Dichter und das Phantasieren« nähert sich Freud dem Problem menschlicher Kreativität durch einen Vergleich von kindlichem Spiel und künstlerischer Kreativität: »Vielleicht dürfen wir sagen: Jedes spielende Kind benimmt sich wie ein Dichter, indem es sich eine eigene Welt schafft« (1908, S. 214). Allerdings kam Freud 1908 in seinem Versuch, seelische Vorgänge naturwissenschaftlich zu begründen, zu einer mechanistischen Auffassung der Phantasietätigkeit, wenn er Folgendes festhielt: »der Glückliche phantasiert nie, nur der Unbefriedigte. Unbefriedigte Wünsche sind die Triebkräfte der Phantasien, und jede einzelne Phantasie ist eine Wunscherfüllung, eine Korrektur der unbefriedigten Wirklichkeit« (S. 216).

Aufgrund seines Versuchs – in szientifischem Selbstmissverständnis (Habermas, 1968) –, eine Naturwissenschaft von der Seele zu entwickeln, konnte er zunächst die Bedeutung des Spiels nicht hinreichend erfassen. Letztlich diene es dazu, sich dem Druck der kritischen Vernunft zu entziehen und der infantilen »halluzinatorischen Wunscherfüllung« sowie der »Allmacht der Gedanken« zu verfallen. Andererseits gesteht Freud zu, dass Kunst und Kinderspiel nicht ausschließlich im Dienste des Lustprinzips stehen, sondern auch zur Bewältigung der Realität dienen: »Beim Kinderspiel glauben wir erst zu begreifen, dass das Kind auch das unlustvolle Erlebnis darum wiederholt, weil es sich durch seine Aktivität eine weit gründlichere Bewältigung des starken Eindruckes erwirbt, als beim bloß passiven Erleben möglich war« (1920, S. 36). Gelungenes Spiel, konstruktive Phantasie und Kunstwerke dienen in diesem Sinn der Erkenntnis und Gestaltung der Realität.

Die Dialektik von Ordnung und Chaos emotionaler, kognitiver und sozialer Prozesse wird von Freud vielschichtig ausgearbeitet. Eine Grundlage seines gesamten Theoriegebäudes ist die Dynamik von unbewussten und bewussten Prozessen. Unbewusste Geschehnisse, Primärprozesse genannt, erachtet Freud als ungeordnet. Sie zeichnen sich durch freien Energiefluss und assoziative Verknüpfungen aus. Demgegenüber sind bewusste Vorgänge, Sekundärprozesse, hoch organisiert und gehorchen formallogisch geordneten Regeln. Kreatives Denken findet für Freud in einem Wechselspiel von Primär- und Sekundärprozess statt. Dies scheint kompatibel mit den psychologischen Theorien von divergentem und konvergentem Denken und neurobiologischen Befunden zu kristalliner und fluider Intelligenz zu sein.

Die Nachfolger Freuds haben seine zumeist implizite Kreativitätstheorie modifiziert und aktualisiert. Jacques Lacan (1973/1975) rückt einen existentiellen Mangel in den Mittelpunkt des psychoanalytischen Verständnisses der Kreativität: Dieser ursprüngliche Mangel sei die Quelle allen Schaffens. Die Beziehung des Menschen zu sich und seiner Welt sei durch eine ursprüngliche Zwietracht gestört und er sei gezeichnet von einem »manque primordial«, der mit der Vorzeitigkeit seiner Geburt, der Existenz des Unbewussten und der gesellschaftlichen Konstitution des Subjekts zusammenhänge. Schon der Säugling überspringe seine Unzulänglichkeit im Spiegelstadium durch eine Antizipation von Ganzheit, die illusorisch sei. Die Ich-Bildung sei dann wie ein Panzer oder ein befestigtes Lager, das das »Bild vom zerstückelten Körper« umgrenze. Das Spiegelstadium sei die Stätte der anthropologischen Selbstentfremdung. Es verdichte das lebenslange Streben, im Außen eine kohärente Identität zu finden, die im Inneren brüchig sei. Die Teile des Körpers, die zunächst nur als einzelne wahrgenommen werden, werden im Spiegel des Anderen zu einem »ganzen Körper« integriert. Das Ich bildet sich in elementarer Weise als »subjectum«, als Unterworfenes und Entfremdetes. Dies bedeutet, dass auch die kreativen Vergegenständlichungen immer illusorisch bleiben müssen, wenn sie versuchen, Formen und Gestaltungen zu bilden, die »intakter« sind als die Menschen selbst. Aus der ursprünglichen Konstitution des Selbst durch den Anderen entspringt für Lacan das elementare Interesse am Sein des Anderen. Die Beziehung zum anderen Ich ist im Spiegelstadium noch imaginär und wird in der weiteren Entwicklung sprachlich-symbolisch verfasst.

Die symbolische Kohärenz überdecke allerdings nur die ursprüngliche Alteritätsverfassung des Ich, die unaufgelöst und aufs engste mit dem Begehren verbunden bleibe. Der Einzelne wird durch die Sprache in ein von Gesetzen geregeltes Feld eingefügt, das uneinholbar über ihn und sein Denken und Fühlen hinausgeht. Dieses Andere definiert Lacan als das Unbewusste. Es wird durch die sprachliche Konfiguration geordnet und gewinnt dadurch Bedeutung. Begehren und Sprechen sind nach Lacan die Paradigmen kreativer Bewältigungsversuche des »manque primordial«. Ihre Wahrheit ist immer bruchstückhaft und erscheint als »discours de l'autre«. Sie verflüchtigt sich ständig und muss fortlaufend wieder neu hergestellt werden. Auch das Begehren, das seinen Sinn im Begehren des Anderen findet, muss immer wieder kreativ gestaltet werden und sich kontinuierlich destruktiven Kräften entgegenstellen.

Die wohl einflussreichste nachfreudianische Autorin der Psychoanalyse, Melanie Klein (1957), schließt sich in ihrem Kreativitätskonzept zunächst an Freuds Sublimationstheorie an. Sie betont den Zusammenhang zwischen Kreativität und frühkindlichen chaotischen Ängsten, die durch psychische Kohärenzbildung bewältigt werden. Dieses Konzept wurde von Fonagy et al. (2005) zu einem »Mentalisierungskonzept« weiterentwickelt, das auch therapeutische Bedeutung gewonnen hat. Es besagt verkürzt, dass Triebkonflikte und Beziehungsprobleme nur gelöst werden können, wenn sie psychisch strukturiert, das heißt mentalisiert werden. Diese Gedankenfigur findet sich schon bei Melanie Klein, die der kognitiv-emotionalen Ordnung von chaotischen Ängsten eine elementare Bedeutung in der kindlichen Entwicklung zuschreibt. Diese Theorie kann man auch als neurobiologisch bestätigt ansehen (Leuzinger-Bohleber, Roth und Buchheim, 2007), insofern frei flottierende Ängste und Affekte ihre Virulenz verlieren, wenn sie mit sinnstiftenden neuronalen Bedeutungssystemen verbunden werden.

Melanie Klein ging jedoch weiter und analysierte die Entwicklung kindlicher Kreativität, nachdem chaotische Ängste und fragmentierte Kognitionen mentalisiert worden sind. Schöpferische Impulse treten in dieser Phase auf, wenn das Kind spürt, dass es selbst verletzende Angriffe ausübt und zerstörerische Impulse in sich trägt. Sie nannte dieses Entwicklungsstadium »depressive Position«. Dieses Stadium sei der Ausgangspunkt für die schöpferische Tendenz, durch destruktive Angriffe verletzte Objekte wiederherzustellen oder neu zu erschaffen. Dabei sind im Unterschied zu Freud nicht sexuelle Motive ursprünglich, sondern Spannungen zwischen Erschaffung und Zerstörung kohärenter psychischer Strukturen. Können kindliche Zerstörungsimpulse und Vernichtungsängste durch die Betreuungspersonen aufgenommen und bewältigt werden, man nennt dies »containing«, würden spontan schöpferische Impulse wach werden. Das Kind lerne seine zerstörerischen Impulse durch Kohärenz stiftende mentale und kreative Aktivitäten selbst zu bewältigen. Dennoch bleibe das ganze Leben lang eine Tendenz zur Zerstörung mentaler Strukturen und Zusammenhänge bestehen, die durch kontinuierliche schöpferische Tätigkeit bewältigt werden muss.

Eine Schülerin Melanie Kleins, Hanna Segal, hat 1991 beschrieben, wie chaotische Ängste und destruktive Impulse ihre desorganisierende Kraft verlieren, wenn sie gestaltend bearbeitet werden. Neurobiologisch kann man nachweisen, dass pathologische Erregungen, die von den Corpora amygdala ausgehen und mit Angst verbunden sind, abnehmen, wenn neuronale Verknüpfungen in den entsprechenden Erinnerungssystemen zustande kommen. Auch mit der Theorie Freuds ist die Quintessenz der kleinianischen Kreativitätstheorien vereinbar, dass Kreativität der Bewältigung destruktiver und desorganisierender Erregungen dient und eine integrierte Erfahrung von Wirklichkeit durch kohärente Strukturbildung ermöglicht.

Die Ordnung von Wahrnehmungen, Gedanken und Gefühlen ist eine lebenslange Aufgabe und charakterisiert nicht nur künstlerische Aktivitäten, sondern ist ein wesentlicher Aspekt des alltäglichen Lebensstils. Menschen befinden sich in einem beständigen Austauschprozess mit ihrer inneren und äußeren Realität, in dem sie kontinuierlich emotionale und kognitive Ordnung herstellen – und wieder verflüssigen. Christopher Bollas (1992) spricht deswegen von einem geradezu biologischen Bedürfnis nach Kreativität. Die wesentliche Aufgabe des Psychoanalytikers besteht darin, Patienten im Kampf gegen destruktive Regungen und bei der Erschaffung lebensgeschichtlicher Kontinuität und Kohärenz zu unterstützen.

Heinz Kohut (1976) betrachtet in seiner einflussreichen Narzissmus-Theorie die kreative Auseinandersetzung mit der Innen- und Außenwelt als ein elementares Geschehen, das destruktiven und desorganisierenden in konstruktiven und gesunden Narzissmus transformiert. Letztlich gebe es in jedem Menschen eine primäre Kreativität und eine erfolgreiche Psychotherapie könne nicht nur zur besseren Ordnung der psychischen Vorgänge führen, sondern auch zu echten schöpferischen Impulsen. Die Idee einer primären Kreativität zur Bewältigung chaotischer Ängste und zerstörerischer Impulse können wir auch bei Wilfred Bion (1962, 1992) wiederfinden. Schon der Säugling, wahrscheinlich auch der Embryo, macht verwirrende emotionale und kognitive Erfahrungen, die psychisch strukturiert werden müssen. Durch die Interaktion mit der Mutter wird der Säugling in den Stand gesetzt, protomentale Gedanken in Material für unbewusstes und bewusstes Denken zu verwandeln. So entwickeln sich strukturierte Erfahrungen im Zusammentreffen angeborener Schemata mit geeigneten Sinneseindrücken. Dies ist für Bion das Grundmodell des Kohärenz stiftenden konstruktiven Denkens und der schöpferischen Tätigkeit. Auch im späteren Leben muss der Mensch kontinuierlich ungeordnete Erregungen und Sinneseindrücke ordnen und in kohärente mentale Strukturen überführen, um destruktiven Regungen zu begegnen.

Die elementare Notwendigkeit, chaotische psychische Prozesse figurativ zu gestalten, wird durch das Konzept der Übergangsobjekte des englischen Kinderarztes und Psychoanalytikers

Donald W. Winnicott verdeutlicht. Winnicott geht von der alltäglichen Beobachtung aus, dass ein oft ganz unscheinbares Spielzeug, ein weicher Lappen, ein Bettzipfel, eine Puppe oder ein Teddybär, für das kleine Kind einen unschätzbaren Wert besitzt. Dieser Gegenstand wird von dem Kind zu seinem Eigentum gemacht und erhält eine unverwechselbare Bedeutung. Wie für das kleine Kind ist auch für den Erwachsenen die Fähigkeit, Übergangsobjekte und einen Übergangsraum für das persönliche Erleben zu erschaffen, von elementarer Bedeutung: »Dieser intermediäre Erfahrungsbereich, der dem Säugling zwischen primärer Kreativität und objektiver, auf Realitätsprüfung beruhender Wahrnehmung gewährt wird, und nicht im Hinblick auf seine Zugehörigkeit zur inneren oder äußeren Realität in Frage gestellt wird, begründet den größeren Teil der Erfahrungen des Kindes und bleibt das Leben lang für außergewöhnliche Erfahrungen im Bereich der Kunst, der Religion, der Imagination und der schöpferischen wissenschaftlichen Arbeit erhalten« (Winnicott, 1971, S. 25).

Ein Übergangsobjekt stellt den Niederschlag einer Beziehung zwischen äußerer und innerer Realität dar, mit dem man spielen kann. Der psychisch Reifende wird zunehmend unabhängig vom konkreten Gegenstand. Um innere und äußere Realität zu vermitteln und um emotionale und kognitive Kohärenz zu erreichen, spielt er mit Gedanken, Vorstellungen und Phantasien. Diese zumeist figurativen Ordnungen stellen Verbindungen zwischen objektiver und subjektiver Realität, Unbewusstem und Bewusstem her. Wenn der Übergangsraum, in dem Emotionen und Kognitionen kohärent gestaltet werden, zumindest zeitweise nicht gestört wird, können sich Individuen in ein Spiel vertiefen, das Winnicott als lebensnotwendig ansieht: »Die Akzeptierung der Realität ist als Aufgabe nie ganz abgeschlossen, und kein Mensch ist frei von dem Druck, innere und äußere Realität miteinander in Beziehung setzen zu müssen [...] Die Befreiung von diesem Druck ist nur möglich durch einen nicht in Frage gestellten intermediären Erfahrungsbereich (Kunst, Religion usw.) [...] Dieser intermediäre

Bereich entwickelt sich direkt aus dem Spielbereich kleiner Kinder, die in ihr Spiel ›verloren‹ sind« (1971, S. 25). In einer gelungenen Psychoanalyse kann man erfahren, dass dem »Verlorensein« in Erinnerungen und Phantasien ein gestaltendes Moment innewohnt, das kohärentes Erleben ermöglicht.

Die unterschiedlichen psychoanalytischen Kreativitätstheorien und Vorstellungen über den Ursprung des Individuellen prägen ihre jeweilige therapeutische Praxis. Interessant ist im Horizont von Schöpfung und Zerstörung, Ordnung und Chaos, Konstruktion und Destruktion die Gegenüberstellung der Konzepte von Lacan und Winnicott. Letzterer beschäftigte sich mit dem seit frühester Kindheit nachweisbaren Streben nach Wohlbefinden, Kohärenz und dem wahren Selbst. Winnicotts Vorstellung von emotionalem Wachstum findet auch Entsprechungen in nichtpsychoanalytischen Therapierichtungen wie der Gesprächstherapie nach Rogers (1957) und der Positiven Psychologie (Csikszentmihalyi, 1996; Seligman, 2000). Lacan grenzt sich von solchen Konzepten des »Wohlbefindens« scharf ab. Das Subjekt sei keine natürliche Einheit, sondern sprachlich und kulturell bruchstückhaft konstituiert. Bei Winnicott dominiert hingegen die Vorstellung eines kohärenten »wahren Selbst«, das sich in sicheren und bestätigenden Bindungen am besten entfalten kann. Wenn in Lacan'schen Psychoanalysen der ursprüngliche Mangel und die existentielle Alteritätserfahrung reinszeniert wird, geht es in durch Winnicott inspirierten Behandlungen um einen ungestörten und von positiver Zuwendung getragenen Spielraum, in dem sich ein authentisches Selbst entwickeln kann. Winnicott scheut sich nicht, im Gegensatz zu Lacan, von psychischer Gesundheit zu sprechen, die eng mit der Entwicklung des kohärenten Selbst zusammenhängt.

Die Behandlungstechnik der Nachfolger von Winnicott und Lacan unterscheidet sich erheblich: Während Schüler Winnicotts der haltenden Umgebung sowie stabilen und liebevollen Bindungen eine bedeutsame Rolle zumessen, spielen bei Lacanianern existentiell frustrierende Erfahrungen eine bedeutende Rolle. Entscheidend ist für sie nicht, den Patienten zu trösten und ihn für frühere Traumata und Verluste zu entschädigen, sondern die existentielle Erfahrung des Unterworfenseins unter eine transgenerationale symbolische Ordnung zu vermitteln. Für Lacanianer sind Patienten nicht nur Opfer von Verlusten und Traumata, die sie zu bewältigen haben, sondern eines nicht zu behebenden Mangels, den sie ertragen müssen. Insofern sind auch Interpretationen mit Vorsicht zu gebrauchen, weil sie eine illusionäre Kohärenz herstellen, anstatt das chaotische und unbewusste Es sprechen zu lassen. Dennoch gibt es auch bei Lacan das Streben nach kohärenten Narrativen, etwa in dem Bemühen, die Lebensgeschichte zu rekonstruieren.

Der wesentlichste Unterschied dieser Protagonisten psychoanalytischen Denkens besteht im Hinblick auf die Einschätzung von Konstruktion und Dekonstruktion psychischer Wirklichkeit. Während Lacan dem Chaos unbewussten Sprechens in einer mild frustrierenden Atmosphäre Raum geben will, versucht Winnicott in einer bestätigenden »haltenden Umgebung« kohärente Narrative des Selbst zu ermöglichen. In diesem Sinne sieht auch Ogden (2009), einer der einflussreichsten zeitgenössischen Analytiker, die Psychoanalyse – wie das alltägliche Leben – als kontinuierlich zu entwickelnden, sich rekursiv auf Vergangenes beziehenden, kreativen Lernprozess an. Dabei ist der Traum eine zentrale psychische Aktivität, die gelebte emotionale und kognitive Erfahrung symbolisch ordnet. Ein unbewusstes, vorbewusstes und sogar bewusstes »dreaming up« führe zur Erschaffung persönlicher Kohärenz und Kontinuität. Ogden steht ganz in der Tradition von Winnicott, wenn er die kreative Selbstartikulation und die Erschaffung persönlicher symbolischer Bedeutungen als wesentliche Momente des psychoanalytischen Prozesses ansieht. Hier entwickeln sich Lernen aus Erfahrung und Veränderung aus dem Zusammenspiel zwischen den freien Assoziationen des Patienten und der »Reverie« des Analytikers (Bion, 1962). Beide erschaffen (*co-create*) kohärente Narrative, die strukturierte emotionale und kognitive Erfahrungen ermöglichen. Diese dienen der Entfaltung der immer durch chaotische Ängste und zerstörerische Impulse bedrohten lebendigen Ordnung des Selbst.

Das Wechselspiel von Schöpfung und Zerstörung, Ordnung und Chaos, Konstruktion und Destruktion, mit dem sich die moderne Psychoanalyse befasst, ist sowohl aus natur- als auch kulturwissenschaftlicher Perspektive schon 1920 von Freud in seinem wirkmächtigen Eros- und Todestrieb-Konzept bearbeitet worden, das nachfolgend geschildert werden soll.

Eros- und Todestrieb

Freud hat sich eingehend mit der Dialektik von Schöpfung und Zerstörung im individuellen und sozialen Leben auseinandergesetzt und daraus in seinem Eros- und Todestriebkonzept (1920) eine eigene natur-, sozial- und kulturwissenschaftliche Mythologie entwickelt. Von Ernst Federn, einem Schüler Freuds, wurde der Todestrieb Thanatos genannt. In Freuds wirkmächtiger Konzeption findet sich eine Verdichtung von kultur- und naturwissenschaftlichen Vorstellungen, die auch aus Sicht der modernen Kreativitätsforschung interessant ist.

Freud geht davon aus, dass sich schon elementare biologische Wesen in einem beständigen Prozess von Strukturaufbau und Strukturabbau befinden und in einem Kampf zwischen konstruktiven und destruktiven Kräften. Sowohl biologisch als auch kulturwissenschaftlich sei feststellbar, dass die individuelle und soziale Gravitation zu Chaos und Destruktion nur durch konstruktive erotische Kräfte zu bewältigen sei. In dieser Auffassung folgt er antiken Schöpfungsmythen und explizit der Philosophie Platons, der in seinem »Symposion« die Antriebe, die den Menschen zu Liebe und Gemeinschaftsbildung sowie zum Schönen, Wahren und Guten führen, unter Eros zusammenfasste. Freud hätte sich in seiner weiten Auffassung des Erotischen auch auf Hesiods »Theogonie« berufen können. In seinem Versuch, menschliche Motive und Intentionen wissenschaftlich zu erklären, bezeichnete Freud die erotischen Strebungen zunächst als Triebe im naturwissenschaftlichen Sinne, um in einer seiner letzten Schriften von »den Trieben als unserer Mythologie« (1940) zu sprechen. Er resümiert: »Nach langem Zögern und Schwanken haben wir uns entschlossen, nur zwei Grundtriebe anzunehmen, den Eros und den Destruktionstrieb. […] Das Ziel des ersteren ist es, immer größere Einheiten herzustellen und so zu erhalten, also Bindung, das Ziel des anderen, Zusammenhänge aufzulösen und so die Dinge zu zerstören. Beim Destruktionstrieb können wir daran denken, dass als sein letztes Ziel erscheint, das Lebende in den anorganischen Zustand zu überführen. Wir heißen ihn darum auch Todestrieb« (Freud, 1940, S. 70 f.).

In seiner dualen Theorie von konstruktiven und destruktiven Trieben erkennt Freud zwei kulturell überformte Prinzipien, die sowohl in Biologie als auch in Psychologie und sozialen Systemen wirksam sind. Er findet diese Theorie bereits in der vorsokratischen Philosophie bei Empedokles vorformuliert und wir können ergänzen, dass sie auch das neuzeitliche Denken prägen. Eine besonders umfassende Ausarbeitung der dialektischen Entwicklung zweier antithetisch wirkender Prinzipien fanden wir in der Philosophie Hegels und seiner Nachfolger. Wir haben aber auch gesehen, dass die moderne Biologie in lebenden Organismen eine Dialektik zwischen konstruktiven und destruktiven Prozessen entdeckt und in der psychologischen Kreativitätsforschung finden wir vielfältige Phänomene, die auf eine Dialektik zwischen Konstruktion und Destruktion, Struktur und Chaos hinweisen. Die Sozialwissenschaften sprechen von der Aktualität des Todestriebs, wenn sie sich mit dem enormen Destruktionspotential politischer Entwicklungen beschäftigen (Brumlik, 2009).

Freuds Eros- und Todestriebtheorie versucht, biologische Prozesse mit psychologischen Bedeutungen und kulturellen Entwicklungen in Einklang zu bringen. Seit 1920 stellte er sich immer wieder die Frage, was Menschen in kriegerische Auseinandersetzungen treibt, von denen sie nur individuelle und kollektive Vernichtung erwarten können. In der Schrift »Das Unbehagen in der Kultur« formuliert er die Schicksalsfrage der Menschheit, »ob und in welchem Maße es ihrer Kulturentwicklung gelingen wird, der Störung des Zusammenlebens durch den menschlichen Aggressions- und Selbstvernichtungstrieb Herr zu werden« (Freud, 1930, S. 506). Der gleichen Frage stellt er sich in seiner Schrift »Warum Krieg?« (1933), die aus einem vom Völkerbund wegen der drohenden Kriegsgefahren initiierten Gedankenaustausch mit Albert Einstein hervorging. Hier reflektiert Freud zunächst, dass gesellschaftliche Verhältnisse durch Herrschaft geordnet werden und Interessenkonflikte unter den Menschen durch die Anwendung von Gewalt entschieden werden. Wie bei den Tieren habe anfänglich die stärkere Körperkraft darüber entschieden, wem etwas gehöre und wessen Wille durchgesetzt werde. Mit der Einführung der Werkzeuge und Waffen habe die geistige Überlegenheit die Stelle der rohen Muskelkraft eingenommen. Durch die Vereinigung mehrerer Schwacher sei der Übergang von der Gewalt zur Rechtsordnung ermöglicht worden, die die größere Stärke eines Mächtigen wettmachen konnte. Die Gemeinschaftsordnung ist von Anfang an durch reale Unterschiede der Individuen kompliziert und es können gewaltsame Lösungen von Interessenkonflikten innerhalb und außerhalb der Gemeinschaft nicht gänzlich vermieden werden. Die Menschheitsgeschichte zeige eine unaufhörliche Reihe von Konflikten und Kriegen zwischen verschiedenen Gemeinwesen. Eine sichere, aber nicht sehr wahrscheinliche Verhütung von Kriegen sei nur möglich, wenn sich die Menschen einigten, eine Zentralgewalt im Sinne einer Weltordnung einzusetzen, welche ihr Zerstörungspotential eindämmen und die Welt vor dem Chaos retten könnte.

Eros- und Todestrieb, Konstruktion und Destruktion unterhielten zur physikalischen Polarität von Anziehung und Abstoßung eine »Urbeziehung«. Aus ihrem Zusammen- und Gegeneinanderwirken würden die Erscheinungen des Lebens hervorgehen. Deswegen habe es keinen Sinn, die aggressiven Neigungen der Menschen abschaffen zu wollen. Man könne gegen den Destruktionstrieb nur seinen Gegenspieler, den Eros, ins Feld führen: »Alles, was Gefühlsbindungen unter den Menschen herstellt, muss dem Krieg entgegenwirken. Diese Bindungen können von zweierlei Art sein. Erstens Beziehungen wie zu einem Liebespartner, wenn auch ohne sexuelle Ziele [...] Die andere Art von Gefühlsbindung ist die durch Identifizierung. Alles was Bedeutsam- und Gemeinsamkeiten unter den Menschen herstellt, ruft solche Gemeingefühle, Identifizierungen hervor. Auf ihnen ruht zum guten Teil der Aufbau der menschlichen Gesellschaft« (Freud, 1933, S. 23). Chaotischer Destruktivität lässt sich nach dieser Auffassung durch erotische und identifikatorische Ordnungen begegnen. Letztlich ist aus der Freud'schen Theorie von Eros und Thanatos abzuleiten, dass sich jedes Individuum und jede Gesellschaft in einem labilen Gleichgewicht zwischen Schöpfung und Zerstörung, Ordnung und Chaos bewegt.

Diese Betonung des Kampfs zwischen konstruktiven und destruktiven Prinzipien ist mit modernen Versionen der Psychoanalyse vereinbar, insofern konstruktive Bindungserfahrungen und die Mentalisierung von destruktiven Affekten für die Entwicklung eines kohärenten Selbst als elementar angesehen werden (Fonagy und Target, 2003). Kinderpsychoanalytische Behandlungen und auch direkte Beobachtungen von Säuglingen zeigen, dass sie chaotischen Affekten ausgeliefert sind und zerstörerische Sensationen von innen und außen erleben. Diese Zustände wechseln sich ab mit mehr oder weniger langen Zeiten, in denen sie sich kohärent und zufrieden erleben. Die frühkindlichen Spannungszustände können sehr quälerisch sein und zu einer intensiven, noch nicht symbolisationsfähigen Wut führen. Melanie Klein und ihre Nachfolger sehen hierin eine Verstärkung primordialer Destruktivität, die letztlich angeboren sei. In einer gelungenen Entwicklung werden chaotische und destruktive Regungen in konstruktive Aktivitäten transformiert. Es scheint nicht verwunderlich zu sein, dass dieser lebenslange Weg zwischen konstruktiven und destruktiven Regungen, schöpferischen und zerstörerischen Tendenzen auch in Mythen, Religionen, Philosophien sowie wissenschaftlichen Vorstellungen zum Ausdruck kommt.

Psychiatrie: Genie, Melancholie und Wahnsinn

Seit Jahrtausenden wird Genialität mit Melancholie und Wahnsinn in Verbindung gebracht. Das wirkmächtigste Dokument zu diesem Thema sind die Aristoteles zugeschriebenen, aber von Theophrast (371–287) stammenden »Problemata physica XXX, 1«. In dieser Schrift wird eine Frage gestellt, die über zweitausend Jahre lang bis heute wissenschaftlich aktuell ist: »Warum erweisen sich alle außergewöhnlichen Männer in Philosophie oder Politik oder Dichtung oder in den Künsten als Melancholiker [...]« (Theophrast, 1962, S. 250). In dieser Frage wird ein Zusammenhang zwischen Melancholie und Genialität hergestellt, der jedoch sogleich durch den nächsten – oft vernachlässigten – Satz relativiert wird: »[...] und zwar ein Teil von ihnen so stark, dass sie sogar von krankhaften Erscheinungen, die von der schwarzen Galle ausgehen, ergriffen werden« (S. 250). Die Frage, ob die Neigung zu melancholischen Verstimmungen als Temperamentsvariante oder als eine Krankheit anzusehen ist und ob ein Zusammenhang dieser Verstimmungen mit außergewöhnlichen schöpferischen Leistungen besteht, wird bis heute kontrovers diskutiert. Theophrast entwickelt eine differenzierte Antwort, insofern er die Melancholie als Temperamentsvariante ansieht, die aber unter bestimmten Bedingungen in eine Krankheit umschlagen könne. Das melancholische Temperament könne dann zu krankhafter Schwermut oder bei starker Erregung zum Wahnsinn führen. Durch die Entordnung gewöhnlicher Erlebens- und Verhaltensweisen seien außergewöhnliche Leistungen möglich.

Aus der Perspektive des modernen strukturdynamischen Ansatzes der Psychopathologie (Janzarik, 1988) würde man die von Theophrast »Dyskrasie« – Ungleichgewicht der Körpersäfte – genannte Entordnung folgendermaßen beschreiben: Bei starker emotionaler Erregung oder einem Wechsel der Umgebungsbedingungen kann ein melancholisch veranlagter Mensch labilisiert werden und damit einhergehnd zu neuen und originellen Einfällen kommen. Überschreitet die Labilisierung und Entordnung des psychischen Feldes allerdings ein gewisses Maß, so kann eine schwere depressive Erkrankung mit affektiver Starre und kognitiver Einengung resultieren, die kreative Leistungen verunmöglicht. Die Entordnung kann so ausgeprägt werden, dass kognitve Strukturen gänzlich aufgelöst werden und es zu einem psychotischen Zusammenbruch kommt. Dieser wird als extrem ängstigend erlebt und kann in eine Weltuntergangsstimmung einmünden, die so unerträglich ist, dass Patienten Selbstmord begehen, um dem unerträglichen Gefühl zu entkommen, einem absoluten Chaos ausgeliefert zu sein.

Bevor dieser extreme Zustand eintritt, können viele Patienten das innere Chaos jedoch strukturieren. Dies kann im günstigen Fall durch kreative Tätigkeiten, im ungünstigen durch dysfunktionale Bewältigungsformen wie der Entwicklung einer depressiven Starre oder einer wahnhaften Symptomatik geschehen. Insofern wäre die melancholische Verfassung und das Außer-sich-Sein des Kreativen in der Vorstellungswelt von Platon, Aristoteles und Theophrast aus heutiger Sicht als eine unter dynamischem Aktualisierungsdruck stehende Labilisierung des psychischen Feldes anzusehen, die einerseits zu außergewöhnlichen Leistungen und andererseits zu Erkrankungen führen kann, die schöpferische Leistungen verhindern.

Insgesamt ist die Schrift des Theophrast sehr unsystematisch und es werden auf der symptomatischen und phänomenologischen Ebene verschiedenste Erscheinungen abnormen Verhaltens mit Melancholie und Wahnsinn in Zusammenhang gebracht, die keine Verbindung miteinander haben: »Schlagflüsse, Erstarrungen, Depressionen oder Angstzustände [...] übersteigerte Hochgefühle mit Gesang, Ekstasen, Aufbrechen von Wunden und anderes Derartiges [...] Gemütsbewegungen und Begierden« (S. 253).

Betrachtet man die »Problemata« unter dem Gesichtspunkt von heutigen wissenschaftlichen Diagnose-Manualen wie der »Internationalen Klassifikation psychischer Störungen« (ICD-10, Dilling et al., 2005) oder dem »Diagnostischen und statistischen Manual psychischer Störungen« (DSM-IV, Saß et al., 2003), so fällt auf, dass in der Schrift unsystematisch verschiedene Typen von Depressionen vermischt werden: erstens nicht krankhafte Neigungen zu schwermütigen Empfindungen, die mit besonderer Kreativität einhergehen können. Zweitens werden depressive Verstimmungen beschrieben, die mit subjektiven und objektiven Beschwerden verbunden sind, aber nicht das Ausmaß einer depressiven Episode erreichen. Hierbei spricht man heute von dysthymer Störung. Ausgeprägte depressive Episoden oder chronische Depressionen werden heute durch drei Hauptsymptome definiert: gedrückte und depressive Stimmung, Interessenverlust und Freudlosigkeit sowie Antriebsmangel und erhöhte Ermüdbarkeit. Bei leichten bis mittelschweren Depressionen müssen mindestens zwei dieser Symptome vorliegen, um von einer Depression zu sprechen, zur Diagnose einer schweren Depression müssen alle drei Hauptsymptome vorliegen. Als Zusatzsymptome hat man sich in den internationalen Klassifikationen auf folgende geeinigt: verminderte Konzentration und Aufmerksamkeit, vermindertes Selbstwertgefühl und Selbstvertrauen, Gefühl von Schuld und Wertlosigkeit, negative und pessimistische Zukunftsperspektiven, Suizidgedanken und -handlungen, Schlafstörungen, verminderter Appetit. Zur Diagnose von leichten bis mittelschweren Depressionen müssen zwei Zusatzsymptome vorliegen, bei mittelschweren drei bis vier und bei schweren depressiven Störungen vier oder mehr. Haupt- und Zusatzsymptome müssen zwei Wochen oder länger vorliegen oder außergewöhnlich schwer sein (s. DGPPN et al., 2009).

Manien werden heute durch eine gehobene Stimmung und Steigerung des Antriebs charakterisiert. Die Stimmung kann zwischen sorgloser Heiterkeit und unkontrollierbarer Erregung schwanken. Die Überaktivität ist meist mit vermindertem Schlafbedürfnis, Rededrang und starker Ablenkbarkeit sowie mit dem Verlust üblicher sozialer Hemmungen verbunden. Oft finden sich Größenideen, die sich zum Wahn steigern können. Zur Diagnose wird gefordert, dass die Episode wenigstens eine Woche dauert und die berufliche und soziale Funktionsfähigkeit schwer beeinträchtigt. Wenn die Größenideen in einen Wahn einmünden, der synthym und parathym sein kann, spricht man von Manie mit psychotischen Symptomen. Im Vergleich mit dem heutigen »state of the art« werden in den »Problemata« Schwermut, melancholisches Temperament, dysthyme, depressive, manische, wahnhafte und auch verschiedenste körperliche Störungen unsystematisch miteinander vermischt.

Auch die Beziehung psychischer Störungen zur Kreativität scheint man heute klarer zu sehen. Empirische Studien haben gezeigt, dass außergewöhnlich Kreative nicht häufiger psychisch krank sind als die Durchschnittsbevölkerung (s. Runco und Richards, 1997). Allerdings existieren Ausnahmen, in erster Linie die Dichter (poetic writers), worauf schon hingewiesen wurde. Bei ihnen finden sich in den aktuellen Studien dreimal so häufig depressive Störungen und Suizide wie beim Durchschnitt der Bevölkerung. Auch biographische Studien, zum Beispiel zu Johann Wolfgang von Goethe, konnten zeigen, dass poetische Kreativität im Zusammenhang mit depressiven Verstimmungen entstehen kann. Leichte bis mittelschwere depressive Verstimmungen können mit einer Zunahme existentieller und künstlerischer Sensibilität einhergehen und zu außergewöhnlichen Leistungen führen (Holm-Hadulla, 2009; Holm-Hadulla et al., 2010). Dies ist strukturdynamisch auch nicht verwunderlich: Dichter liefern sich Gefühlszuständen und Erfahrungen aus, die oft an die Grenze des Erträglichen gehen. Sie riskieren ein emotionales und kognitives Chaos, das sie überfordern kann. Wenn es ihnen allerdings gelingt, das Chaos poetisch zu gestalten, erreichen sie eine Seinsfülle und eine ästhetische Kohärenz, die der Stabilität der alltäglichen Lebenswelt überlegen ist.

In der Antike war das Denkbild eines harmonischen Mischungsverhältnisses von Körpersäften, der »Eukrasia«, sehr einflussreich. Man mag sich an diese Lehre erinnert fühlen, wenn Neurobiologen von harmonischen Mischungsverhältnissen der Neurotransmitter Dopamin, Serotonin und Noradrenalin sprechen, die sich immer wieder neu kalibrieren. Das Denkbild der Eukrasia war besonders eindrücklich in Freuds Theorie der Trieblegierung wirksam, die besagt, dass die gute Mischung von erotischen und aggressiven Trieben für emotionale und kognitive Kohärenz unerlässlich ist. In der Schrift »Über die Natur des Menschen«, die Hippokrates oder seinem Schwiegersohn Polibos zugeschrieben wird, heißt es: »Man ist ganz gesund, wenn sich sowohl einzelne dieser Eigenschaften zueinander als auch alle zusammen in einem harmonischen Gleichgewicht befinden, vor allem, wenn sie sich verbinden« (Klibanski et al., 1964/1992, S. 47).

In der an die Vorstellungen des Alten Griechenlands anschließenden Medizin wird die Melancholie zunehmend als Krankheit angesehen, zum Beispiel bei Galen. Auch die Verbindung der Melancholie mit dem Schöpferischen tritt in den folgenden Jahrhunderten in den Hintergrund. Bei Kirchenvätern wie Augustinus ist sie ein Ausdruck der grundlegenden Entzweiung des Menschen mit Gott und sich selbst, eine Auffassung, die sich später auch bei Martin Luther findet. Erneuert wird die Vorstellung eines engen Zusammenhangs von Melancholie und Genialität von Dante Alighieri, der Saturn als ein Gestirn auffasst, das für Verstimmungen, aber auch für erhabene geistige Kontemplation steht. Boccaccio charakterisierte Dante selbst als »malinconico e pensoso« (Klibanski et al., 1964/1992). In der Renaissance wird die Vorstellung vom melancholischen Dichter- und Denkertum von Marsilio Ficino systematisiert. Er widmet dem Thema 1498 eine Monographie, in der er die Vorstellung vom genialen Melancholiker ausarbeitet. Ficino, der sich »Philosophus Platonicus, Medicus et Theologus« nannte, fühlte sich selbst als Melancholiker und war unter dem Zeichen des Saturn geboren. Er betrachtete die Melancholie jedoch trotz ihrer Nähe zur Genialität als ein trauriges Schicksal. Die tiefsinnigsten Denker hätten am meisten unter der Melancholie zu leiden, weil sie sich so sehr dem Übersinnlichen zuwendeten. Diese Abwendung von den irdischen Reizen und Erregungen sei einerseits mit besonderen Einsichten verbunden, führe aber andererseits zu krankhaften Zuständen, die man medizinisch behandeln müsse. Letztlich seien alle »studiosi« durch ihre Absonderung von den menschlichen Dingen gefährdet.

Ficinos psychische und somatische Behandlungsweisen der Melancholie erscheinen erstaunlich modern. Die Strukturierung des Alltagslebens, die gegen die chaotische Verstrickung in diffuse Grübeleien schützen soll, spielt eine hervorragende Rolle: Vermeidung von Unmäßigkeit, vernunftgemäße Tageseinteilung, geeignete Wohnung und Ernährung, körperliche Bewegung. Des Weiteren sind kulturelle, besonders musikalische Aktivitäten von großer Bedeutung. Er empfiehlt auch psychotherapeutische Mittel im engeren Sinne, wie die bewusste Steuerung der Phantasie- und Denktätigkeit, die moderne kognitive Therapieverfahren vorwegnehmen. Dazu gehören ein »entsprechender Empfang und Verarbeitung innerer Vorstellungen, stimmige Gedankengänge und die ruhige Kontemplation des Geistes« (zit. n. Klibanski et al., 1964/1992, S. 389). Der Melancholiker, der von Trauer, Angst und Depression befallen wird, könne sich dadurch retten, dass er seine Intellektualität bewusst annimmt und sie zur Selbstbehandlung nutzt.

Das Doppelgesicht der Melancholie wird auch in der Reformationszeit beschrieben. Martin Luther betrachtet den melancholischen Zustand als abnorm, sündig und böse. Demgegenüber sieht Jakob Böhme gerade wegen der drohenden Gefahr der Verderbnis in der Melancholie einen besonderen Zugang zum Heil. Auch Rousseau ist ambivalent: Die »süße Melancholie« ist eine Freundin der Lust und die »schwarze Melancholie« eine Krankheit.

Im Beginn des 19. Jahrhunderts findet Hegel (1807) eine interessante Formulierung für die melancholische Spannung in der »Phänomenologie des Geistes«. Er bezeichnet sie mit dem Begriff des »unglücklichen Bewusstseins«, das die Selbstentzweiung des Menschen zwischen einem unerfüllten Hier und einem unerreichten Dort charakterisiert. Aus dieser Spannung könne eine Aktivität entstehen, die die Gegensätze in einer höheren Einheit aufhebt. Schelling (1800) erachtet »die tiefe unzerstörliche Melancholie alles Lebens« als Grundbestimmung des Menschseins. In der Romantik, zum Beispiel bei Eichendorff, werden die melancholische Sehnsucht und Todesnähe zu einer Grundfigur erfüllter Existenz. Goethe grenzt melancholische Attitüden von depressiven Störungen differenziert ab (s. Holm-Hadulla, 2009). Kreative Tätigkeit dient bei ihm der Bewältigung des melancholischen Chaos inkohärenter Gefühle und Gedanken: »Und wenn der Mensch in seiner Qual verstummt/ Gab mir ein Gott zu sagen, was ich leide!«

Gegen Ende des 19. Jahrhunderts, in einer Zeit bedeutender medizinischer Fortschritte, entstehen phänomenologische Beschreibungen von Melancholie und Manie, die den heutigen schon sehr nahe kommen. Hervorzuheben ist besonders das Werk von Emil Kraepelin (1899), der in der berühmten 6. Auflage seines psychiatrischen Lehrbuchs die Dichotomie der endogenen Psychosen – Schizophrenie und manisch-depressives Irresein – beschrieb, die über ein Jahrhundert wirkmächtig sein sollte. Diese medizinischen Darstellungen sind vorgezeichnet in literarischen Werken, zum Beispiel bei Georg Büchner, der in dem Drama »Woyzeck« die Phänomenologie der Melancholie im Hauptmann personifiziert und die Entwicklung einer schizophrenen Störung anhand der Woyzeck-Gestalt differenziert darstellt. Der Arzt und Dichter Büchner lässt in »Woyzeck« auch schon ein biopsychosoziales Entstehungsmodell psychischer Störungen anklingen. Seine Beschreibungen der schizophrenen Weltveränderung in der Erzählung »Lenz« sind in ihrer phänomenologischen Genauigkeit und Intuition unüberboten.

Einen ambitionierten Schritt, das Verständnis der Melancholie zu erweitern, stellt Freuds Arbeit »Trauer und Melancholie« aus dem Jahre 1917 dar. Wie die normale Trauer sei die Melancholie häufig eine Reaktion auf den Verlust eines geliebten realen oder ideellen Objekts. Im Gegensatz zum Trauernden sei dem Melancholiker der Verlust unbewusst und er zeige eine Verarmung des Ichgefühls, die beim Trauernden nicht vorhanden sei: »Bei der Trauer ist die Welt arm und leer geworden, bei der Melancholie ist es das Ich selbst« (Freud, 1917, S. 431). Freud bezieht sich in seiner Schrift offensichtlich auf schwere depressive Erkrankungen und sieht deswegen keine Verbindung mit kreativen Leistungen. Im Gegenteil, die Melancholie stellt eine »psychologisch höchst merkwürdige Überwindung des Triebes, der alles Lebende am Leben festzuhalten zwingt«, dar (Freud, 1917, S. 432). Sie ist ein Zustand, der sich dem gestaltenden menschlichen Tun entgegenstellt.

Im 20. Jahrhundert versuchte die klinische Psychopathologie im Rückgriff auf die phänomenologische Philosophie Husserls und schließlich durch die Daseinsanalyse Heideggers einen Schlüssel zur Melancholie zu finden und philosophische Konzepte für die Heilkunde nutzbar zu machen (s. Tellenbach, 1961; Dörr, 2011). Es wurden existenzphilosophische Aspekte der Melancholie beschrieben, die eine wesentliche Erweiterung des bestehenden Wissens darstellten. Aufgrund ihrer Komplexität wurden diese Konzepte zum melancholischen In-der-Welt-Sein zugunsten statistisch operationalisierbarer Klassifikationen aufgegeben, was zu einem Verlust eines differenzierten Verständnisses des Melancholischen geführt hat. Andererseits führte die empirische Operationalisierung zu klaren, auch international akzeptierten Beschreibungen, die für Forschung und Behandlungspraxis bedeutsam sind. Dabei werden aber wesentliche Phänomene, die nicht durch Fragebögen und statistische Operationalisierung erfassbar sind, vernachlässigt. Dazu gehört zum Beispiel das typisch depressive Gefühl, aus den mitmenschlichen Bezügen herauszufallen. Nicht nur das Selbst wird in der Depression als verändert erlebt, sondern das gesamte Dasein. Der Depressive fühlt sich existentiell eingeengt (Inkludenz), sein Zeiterleben verändert sich (Remanenz), aber auch seine Umwelt hat ihren Glanz verloren. Die Einengung und der Verlust des *élan vital* können so stark werden, dass der Depressive nichts mehr fühlt und – am extremsten im nihilistischen Wahn – überzeugt ist, dass er gar nicht mehr existiert (Tellenbach, 1961). Depressive erleben oft einen Verlust der Empfänglichkeit für ästhetische Reize, sie empfinden die gewohnte Musik weniger intensiv, die Farben verlieren ihre Ausdruckskraft. Ansonsten anregende Beziehungen werden uninteressant und leer. Die »gestaltete Ordnung« der Innen- und Außenwelt geht verloren. Es kommt zu einer elementaren psychosomatischen Entordnung und die oft geschilderten körperlichen Symptome wirken wie Erklärungs- und Ordnungsversuche einer existentiellen Entordnung. Das Kohärenzerleben kann soweit verloren gehen, dass es zu einem psychotischen Zusammenbruch kommt. Man spricht dann von depressiven oder manischen Psychosen, die Übergänge zu schizophrenen Psychosen zeigen können.

Zu einem tieferen Verständnis der melancholischen Entordnung und ihrer Beziehung zur Kreativität ist eine Synthese neurobiologischer, psychologischer, soziologischer und kulturwissenschaftlicher Perspektiven notwendig. Aus biologischer Perspektive haben wir gesehen, dass das Wechselspiel von Strukturaufbau und -abbau ein Charakteristikum lebender Systeme ist. Evolutionsbiologisch könnten melancholische Verstimmung und Rückzug – ähnlich der Angst – als wichtiges Signal für Bedrohungen angesehen werden. Auch die Antriebsstörung kann in besonderen Situationen einen Überlebensvorteil bedeuten (s. Akiskal und Akiskal, 2007). Manche depressiven Verstimmungen werden als biopsychosozialer Protest gegen eine anthropologische Überforderung durch Beschleunigung, Reizüberflutung und Stress aufgefasst (s. Lepenies, 1998). Aus der melancholischen Entordnung erwachsen jedoch auch oft hervorragende Leistungen. Moderne Studien zeigen dementsprechend, dass Dichter häufiger unter depressiven Störungen leiden als die Durchschnittsbevölkerung (Goodwin und Jamison, 1990). Jamison (1994) untersuchte alle bekannten britischen und irischen Dichter zwischen 1705 und 1805 und fand, dass bei über der Hälfte Hinweise auf Stimmungsstörungen vorlagen. Diese und ähnliche Befunde muss man jedoch einschränken: Die Depression darf nicht zu schwer sein. Insbesondere wenn die Antriebsstörung zu ausgeprägt ist und die Produktivität stark beeinträchtigt ist oder wenn Wahnsymptome sowie massiver Alkohol- und Drogenmissbrauch auftreten, wird die Kreativität schwer beeinträchtigt (s. Runco und Richards, 1997). Einen guten Eindruck von der kulturellen Vielfalt des Melancholieproblems geben Blamberger (1985), Borchmeyer (1988) und Lepenies (1998).

Die gewonnenen Einsichten vom Wechselspiel von Schöpfung und Zerstörung, Ordnung und Chaos, Kreativität und Melancholie sollen im Folgenden anhand zweier Persönlichkeiten konkretisiert werden. Der ersten, Johann Wolfgang von Goethe, gelang es, die Dialektik von Schöpfung und Zerstörung sowohl lebenspraktisch als auch in seinem Werk kreativ zu bewältigen. Die zweite Person, die wir näher betrachten wollen, Jim Morrison, verzehrte sich im Kampf von konstruktiven und destruktiven Kräften.

Teil II: Die kreative Transformation der Dialektik von Schöpfung und Zerstörung

In diesem Kapitel werden die im ersten Teil gewonnenen Perspektiven einer dialektischen Kreativitätstheorie auf zwei Fälle angewandt. Dabei geht es um die Frage, wie es möglich ist, die Spannung zwischen schöpferischen und zerstörerischen Kräften in kreative Aktivitäten zu tranformieren. Der »Fall« Goethe wird uns zeigen, dass schöpferische Tätigkeit aus Leidenserfahrungen entspringt und gleichzeitig ihrer Bewältigung und Gestaltung dient. Dabei scheint die psychische Labilisierung, die oft mit emotionalem und kognitivem Kohärenzverlust einhergeht, eine Vorbedingung der poetischen Kreativität zu sein. Über die individuelle Bedeutung der kreativen Transformation destruktiver Emotionen und Kognitionen sowie traumatisierender Lebensereignisse hinausgehend finden wir bei Goethe eine bis heute bedeutende Auseinandersetzung mit den zerstörerischen Aspekten politischen und ökonomischen Schöpferdrangs.

Melancholische Verzweiflung und poetische Versuche, sie zu transformieren, werden auch im Leben und Werk der Pop-Ikone Jim Morrison sichtbar. Allerdings geht Morrison in der Auslotung psychischer Grenzerfahrungen einen anderen Weg als Goethe: Er versucht sein Leiden an sich und der Welt nicht nur künstlerisch zu transformieren, sondern die Realität seiner Lebensgeschichte in seinen Selbstinszenierungen hinter sich zu lassen. Er sucht eine »ganz andere« Realität, zu der er in Leben und Werk »durchbrechen« will. Dabei liefert er sich einem bodenlosen Chaos aus, das er durch Texte und Musik nicht ausreichend gestalten kann. Sein Mangel an Kohärenz und die damit verbundenen Verstimmungen werden so ausgeprägt, dass er sich scheinbar nur durch Alkohol und Drogen stabilisieren kann und sich in einem Teufelskreis von Sehnsucht und Verzweiflung, Gestaltungsdrang und Destruktivität, drogenindizierten Gefühlen und innerer Leere selbst zerstört.

Goethe: Melancholie und Selbsterschaffung

In seinem »Faust« hat Goethe sein lebenslanges Ringen mit schöpferischen und zerstörerischen Kräften auf einzigartige Weise verdichtet. In der literarischen Figur des Faust werden in allgemeingültiger Weise die Chancen und Risiken des kreativen Strebens zwischen Konstruktion und Destruktion, Ordnung und Chaos fassbar. In der »Faust«-Tragödie werden vielfältige Momente des Schöpferischen dargestellt, die für die Kreativitätsforschung von herausragender Bedeutung sind. Der »Faust« eignet sich, kulturelle, psychologische und biologische Kreativitätskonzepte zusammenzufassen.

Zu Beginn der »Faust«-Tragödie stellt Goethe unterschiedliche religiöse und mythische Vorstellungen des Schöpferischen dar. Im »Prolog im Himmel« wird das menschliche Schöpfertum durch ein antagonistisches Prinzip, das im Teufel verkörpert wird, begünstigt:

> Des Menschen Tätigkeit kann allzu leicht erschlaffen,
> Er liebt sich bald die unbedingte Ruh;
> Drum geb' ich gern ihm den Gesellen zu,
> Der reizt und wirkt und muß als Teufel schaffen.
> (Vs. 340–343)

Wie nach dem biblischen Sündenfall findet kreative Tätigkeit im Spannungsfeld guter und böser Mächte statt. Dabei hebt Goethe das schöpferische Moment der bösen Mächte hervor. Diese werden in Mephistopheles personifiziert, der sich einführt als ein »Teil von jener Kraft,/ Die stets das Böse will und stets das Gute schafft« (Vs. 1335–1336). Aus der Dialektik von Schöpfung und Zerstörung, hellen und dunklen Mächten, entsteht Bewegung und Fortschritt:

> Ich bin der Teil der Finsternis, die sich das Licht gebar,
> Das stolze Licht, das nun der Mutter Nacht
> Den alten Rang, den Raum ihr streitig macht [...]
> (Vs. 1350–1352)

Im Unterschied zur Bibel, wo Gott das Chaos mit der Scheidung von Tag und Nacht zu ordnen beginnt und das Nichts mit seinem Licht erhellt, ist im »Faust« die »Mutter Nacht«, »die sich das Licht gebar«, ursprünglich. Nach diesem Ursprung beginnt ein Kampf zwischen dunklen mütterlichen und hellen väterlichen Mächten, die »nun der Mutter Nacht den alten Rang« streitig machen. Dass im Hintergrund dieser Verse Goethes Farbenlehre angesprochen wird, kann hier nur am Rande erwähnt werden. Man kann vermuten, dass in Goethes Vorstellungen die von Hesiod aufgezeichneten griechischen Vorstellungen nachklingen, wo zuerst das Chaos war und dann die Erdmutter Gaia entstand. Ferner ging aus dem Chaos die dunkle Nacht hervor, der die Himmelshelle entstammte. Ursprünglich sind es nicht die hellen Mächte, sondern das Dunkel und die Erdmutter Gaia, die die Helligkeit und den »sternreichen« Urvater Uranos hervorbringen.

Die in Mephistopheles personifizierten dunklen schöpferischen Mächte sind aber auch zerstörerisch:

> Ich bin der Geist, der stets verneint!
> Und das mit Recht; denn alles, was entsteht,
> Ist wert, daß es zugrunde geht;
> (Vs. 1338–1340)

Die Macht der destruktiven Aspekte Mephistos' ist aber nicht ausreichend, um eine vollkommene Zerstörung zu bewirken:

> Was sich dem Nichts entgegenstellt,
> Das Etwas, diese plumpe Welt,
> So viel als ich schon unternommen,
> Ich wusste nicht ihr beizukommen [...]
> (Vs. 1363–1366)

Goethe scheint eine ursprüngliche schöpferische Kraft im Blick zu haben, der die lebensfeindlichen Kräfte letztlich nichts anhaben können. Sie treiben Mephisto zur Verzweiflung: »Und immer wieder zirkuliert ein neues, frisches Blut./ So geht es fort, man möchte rasend werden« (Vs. 1372–1373). Der Luft, dem Wasser und der Erde »entwinden tausend Keime sich« (Vs. 1375), deren Wachstum nicht verhindert werden kann. Dies erinnert an die altägyptische

Vorstellung vom Urschlamm, der alle Samen enthält und aus dem alles Leben entsteht. Die Menschen halten mit ihrem Tun und Streben diesen Prozess in Gang.

Der Kreative hat die Aufgabe, ein ewig waltendes schöpferisches Prinzip unter der Herrschaft des Eros und der »Liebe holden Schranken« durch bleibende Formen, »dauernde Gedanken«, zu »befestigen«:

> Das Werdende, das ewig wirkt und lebt,
> Umfass' euch mit der Liebe holden Schranken,
> Und was in schwankender Erscheinung schwebt,
> Befestiget mit dauernden Gedanken.
> (Vs. 346–349)

Nachdem Goethe im »Faust« mythische und religiöse Schöpfungsvorstellungen zusammengefasst hat, wendet er sich der Darstellung der psychologischen Motive der Kreativität zu. Er porträtiert in der Eingangsszene »Nacht« einen tief verzweifelten Gelehrten, dem in seinem Suchen und Streben »alle Freud' entrissen« ist. Sein Erkenntnisdrang ist erlahmt und sein Lebensmut gesunken. Er sehnt sich nach dem Tod: »O sähst du voller Mondenschein,/ Zum letzten Mal auf meine Pein« (Vs. 386–387). Er kann die Schöpfung in seinem unerklärlichen Schmerz, die ihm »alle Lebensregung hemmt«, nicht mehr erleben und an ihr teilnehmen. Sie erscheint ihm trostlos und leer, alles wird ihm fremd und unzugänglich.

> Welch Schauspiel! Aber ach! Ein Schauspiel nur!
> Wo fass' ich dich, unendliche Natur?
> Euch Brüste, wo? Ihr Quellen allen Lebens [...]
> (Vs. 454–456)

Faust, der hier für den suchenden und strebenden Menschen schlechthin steht, kann die Geheimnisse der Schöpfung nicht ergründen und verzweifelt. Er spürt, dass er das ewige Werden und Vergehen nicht begreifen kann und der alles bewegende Erdgeist, Goethes eigene mythische Schöpfung, unabhängig von den individuellen Menschen tätig ist:

> In Lebensfluten, im Tatensturm
> Wall' ich auf und ab,

> Webe hin und her!
> Geburt und Grab,
> Ein ewiges Meer,
> Ein wechselnd Weben,
> Ein glühend Leben,
> So schaff' ich am sausenden Webstuhl der Zeit
> Und wirke der Gottheit lebendiges Kleid.
> (Vs. 501–509)

In seiner Blindheit für das Schöpferische wird sich Faust Mephisto, dem »wunderlichen Sohn« des Chaos, anvertrauen. Vorher fühlt er sich jedoch im »Studierzimmer« seiner melancholischen Verzweiflung ausgeliefert. Goethe beschreibt hier die typischen Symptome einer schweren Depression, in der alle kreativen Impulse versiegt sind:

> Nur mit Entsetzen wach' ich morgens auf,
> Ich möchte bittre Tränen weinen,
> Den Tag zu sehn, der mir in seinem Lauf
> Nicht Einen Wunsch erfüllen wird, nicht Einen,
> Der selbst die Ahnung jeder Lust
> Mit eigensinnigem Krittel mindert,
> Die Schöpfung meiner regen Brust
> Mit tausend Lebensfratzen hindert.
> Auch muß ich, wenn die Nacht sich niedersenkt,
> Mich ängstlich auf das Lager strecken;
> Auch da wird kein Rat mir geschenkt,
> Mich werden wilde Träume schrecken.
> Der Gott, der mir im Busen wohnt,
> Kann tief mein Innerstes erregen;
> Der über meinen Kräften thront,
> Er kann nach außen nichts bewegen;
> Und so ist mir das Dasein eine Last,
> Der Tod erwünscht, das Leben mir verhaßt.
> (Vs. 1554–1571)

Goethe schildert ein für Depressionen typisches Morgentief, in dem die Leidenden den vor ihnen liegenden Tag wie eine kaum zu bewältigende Bürde erleben. Neben der Freudlosigkeit beschreiben die ersten Verse eine weitgreifende Hoffnungslosigkeit. Der »eigensinnige Krittel« fasst die wiederum sehr typische Grübelneigung depressiver Patienten zusammen. Auch der Schlaf ist keine Erlösung, sondern ganz im Gegenteil: In der Nacht werden die Ängste noch stärker. Als weiteres wichtiges Symptom ist der Antrieb vermindert und produktive Tätigkeiten sind gehemmt: »Der über allen meinen Kräften thront,/ er kann nach außen nichts bewegen.« Das poetische Selbst ist eingeschlossen in seine melancholische Reglosigkeit (Inkludenz) und kann am Fluss des Lebens nicht mehr teilnehmen (Remanenz). Es sieht im Tod eine Entlastung von seiner depressiven Verzweiflung.

Dass Goethe hier eine schwere Depression so realistisch schildern konnte, liegt auch darin begründet, dass er dysthyme Verstimmungen und depressive Episoden aus eigener Erfahrung kannte. Diese lassen sich relativ sicher von Trauer, Schwermut und »Dichtermelancholie« abgrenzen (s. Holm-Hadulla, 2009). Wir werden darauf zurückkommen.

In seiner Verzweiflung verflucht Faust alles, was ihm einstmals wichtig war: Den »süß bekannten Ton« kindlicher Gefühle, die »Blend- und Schmeichelkräfte« der Liebe und die »hohe Meinung« des Geistes von sich selbst (Vs. 1585 ff.). Des Weiteren verwünscht er alle heuchlerischen Träume, den Besitz und sogar Weib und Kind. Selbst die übergreifenden Werte Liebe, Hoffnung und Glauben verlieren ihre Bedeutung. Mephisto verspricht nun, Faust aus seiner Verzweiflungskrankheit zu befreien. Dies führt zu einer erstaunlichen Wendung in Fausts Befinden. Seine Stimmung verändert sich, er wird tollkühn und willigt mit zerstörerischer Rücksichtslosigkeit in den Pakt mit dem Teufel ein:

> Das Drüben kann mich wenig kümmern;
> Schlägst du erst diese Welt zu Trümmern,
> Die andre mag darnach entstehn. [...]
> Davon will ich nichts weiter hören,
> Ob man mich künftig haßt und liebt
> Und ob es auch in jenen Sphären
> Ein Oben und ein Unten gibt.
>   (Vs. 1660–1670)

Wie in einem hypomanischen Umschwung, der durch Beschleunigung, Rücksichtslosigkeit im Sinne des Nicht-mehr-Zurückschauens sowie der Freiheit von Schuldgefühlen und Sorge charakterisiert ist, setzt sich Faust über alle Bindungen und Skrupel hinweg und beginnt mit Mephistos Unterstützung ein neues Leben:

> Stürzen wir uns in das Rauschen der Zeit
> Ins Rollen der Begebenheit! [...]
> Nur rastlos betätigt sich der Mann [...]
> Uns so mein eigen Selbst erweitern,
> Und, wie sie selbst, am End' auch ich zerscheitern.
> (Vs. 1750–1775)

Anders als Prometheus in Goethes berühmter Hymne befreit sich Faust nicht nur von höheren Mächten, die viel Unglück über die Welt gebracht haben oder die es zumindest nicht verhinderten, sondern er scheint, um sich selbst zu verwirklichen, die Zerstörung von sich und andern geradezu herbeiführen zu wollen. Die Szenen »Auerbachs Keller« und »Hexenküche« sind in Hinblick auf die schöpferische Zerstörung oder die zerstörende Schöpfungstätigkeit nur Zwischenspiele auf dem Weg in die Katastrophe: In seiner rücksichtslosen Selbstverwirklichung stürzt er eine junge Frau ins Unglück und verursacht ihren Tod sowie den Tod der Mutter, des Bruders und ihres Kindes. Der aus den Mythen bekannte Angriff auf die eigenen Nachkommen wird hier zum psychologisch ausgeleuchteten Einzelschicksal.

Nach einer manischen Reise durch die schillernde Welt der »Walpurgisnacht« und der destruktiven Liebesbeziehung mit Gretchen sieht sich Faust mit Schuldgefühlen konfrontiert. Angesichts des Untergangs von Gretchen erwacht er aus seinem manischen Taumel und erlebt in der Szene »Trüber Tag/Feld« echte Schuldgefühle. Es schmerzt ihn, dass Gretchen in »unwiederbringlichem Elend« verloren ist, während er sich mit »abgeschmackten Zerstreuungen« unterhalten hat. Die destruktive Arroganz der Macht wird in dieser Szene von Mephisto vertreten. Er spottet »Sie ist die erste nicht« (Vs. 15) und verhöhnt Faust: »Wer war's, der sie ins Verderben stürzte« (Vs. 20). Die folgende Szene »Kerker« zeigt einen tief zerknirschten Faust und der »Menschheit ganzer Jammer fasst« ihn an. Er hört aus dem Kerker ein grauenhaftes Lied von einer Mutter, die ihr Kind umbringt, und einem Vater, der das Kind verspeist, was erneut an Kronos erinnert.

Letztlich wird Gretchen erlöst, während Faust sein schöpferisches Zerstörungswerk im zweiten Teil der Tragödie fortsetzen wird. Zusammenfassend sehen wir im ersten Teil der Tragödie einen Menschen porträtiert, der an seinem Wissensdrang und Schöpfertum scheitert und in eine schwere melancholische Phase gerät. Aus psychologischer Sicht ist er destruktiven inneren Kräften aufgeliefert und kann sich diesen nur entziehen, indem er sein Zerstörungspotential nach außen wendet.

Im zweiten Teil der Tragödie wacht Faust aus einer Art von Heilschlaf mit dem Gefühl auf, neu geboren zu sein. Er fühlt sich munter, tatendurstig und ermutigt, »immerfort zu streben«:

> Des Lebens Pulse schlagen frisch lebendig,
> Ätherische Dämmerung milde zu begrüßen;
> Du, Erde, warst auch diese Nacht beständig
> Und atmetest neu erquickt zu meinen Füßen,
> Beginnest schon, mit Lust mich zu umgeben,
> Zum höchsten Dasein immerfort zu streben.
> (Vs. 4679–4685)

Die vergangene Katastrophe scheint vergessen zu sein und Faust setzt sein Streben zum »höchsten Dasein« fort. Wie die Sonne sich morgens aus dem Dunkel erhebt und alles mit ihrem schöpferischen Licht belebt, fühlt sich Faust zu neuen Taten angespornt. Auf seiner Reise durch die Welt kommt Faust nun an den Hof eines mittelalterlichen Kaisers, dem er mit Mephistos' Hilfe den Reichtum »neuen Geldes« beschert. Die Einführung des Papiergeldes verleiht jedoch nur kurzfristig Reichtum und das nicht kapitalgedeckte Papier zerstört letztlich Individuum und Gesellschaft, weil es Entwicklung ohne natürliches Wachstum und menschliche Arbeit verspricht.

Die Szene »Finstere Galerie«, in der Goethe seine Schöpfungsvorstellungen verdichtet, ist aus psychologischer und psychoanalytischer Sicht die interessanteste. In dieser geheimnisvollen Szene behandelt Goethe auch seine eigenen Ängste angesichts der Kreativität im Spannungsfeld von Schöpfung und Zerstörung. Die »Finstere Galerie« hat wie alle anderen Szenen viele literaturwissenschaftliche Interpretationen gefunden. Auffallend ist, dass sie auf eine eigentümliche Weise vorsichtig mit ihr umgehen und, wie unten deutlich werden wird, die Tiefe ihrer Bedeutungen nicht ausschöpfen. Deswegen könnte eine psychoanalytische Betrachtung hilfreich sein.

Als der hochbetagte Goethe seinem Sekretär und Gesprächspartner Eckermann 1830 die »Finstere Galerie« vorlas, hielt dieser fest, dass ihm »so vieles rätselhaft« blieb, dass er »um einigen Aufschluss« bat. Goethe aber »hüllte sich in Geheimnisse, in dem er mich mit großen Augen anblickte und mir die Worte wiederholte: Die Mütter! Mütter! s' klingt so wunderlich! –« (FA 7/II, S. 466). Wahrscheinlich wollte Goethe kein künstliches Geheimnis aufbauen, sondern hat sich selbst in dunkle Bereiche vorgewagt, deren Bedeutungen ihm nicht ganz durchsichtig waren. Dass Goethe aus unbewussten Quellen etwas formulierte, dessen bewussten Sinn er nicht gänzlich erfasste, ist übrigens nichts Besonderes: An vielen Stellen hält er fest, dass er »mehr gegeben« habe, als ihm selbst deutlich wurde, und es dem Leser überlassen bleibe, dieses Mehr auch herauszulesen (s. Holm-Hadulla, 2009).

Bezüglich der Geheimnisse, die in der »Mütter-Szene« verborgen sind, war Goethe auch in seinen weiteren Ausführungen zurückhaltend. Im oben zitierten Gespräch mit Eckermann heißt es: »Ich kann Ihnen weiterhin nichts verraten, sagte er daraufhin, als dass ich bei *Plutarch* gefunden, dass im griechischen Altertum von Müttern als Gottheiten die Rede gewesen. Dies ist alles, was ich der Überlieferung verdanke, das Übrige ist meine eigene Erfindung. Ich gebe Ihnen das Manuskript mit nach Hause, studieren Sie alles wohl und sehen zu wie Sie zu Recht kommen« (FA 7/II, S. 466 f.).

Bevor wir uns den literaturwissenschaftlichen Interpretationen und anschließend einem psychoanalytischem Versuch widmen, sei der Inhalt der »Finsteren Galerie« kurz nacherzählt: Wir befinden uns in der kaiserlichen Pfalz in einem flurartigen Gang um einen Innenhof, der durch Säulen abgegrenzt wird. Hier liegt die »Galerie« im Unterschied zu den »Hell erleuchteten Sälen« im abendlichen Dunkel. Der Kaiser will, nachdem er sich »Im Lustgarten« vergnügt hat, nun Helena und Paris vor sich sehen. Wie in den altgriechischen Mythen sind diese sowohl als Inkarnationen von Schönheit, Sexualität und Fruchtbarkeit aufzufassen als auch als Gestalten, die Unheil und Vernichtung mit sich bringen. Faust hat dem Kaiser im Vertrauen auf die übersinnlichen Kräfte Mephistos zugesagt, Paris und Helena herbeizuzaubern. Mephisto weigert sich, in diese »düstern Gänge« des wahrhaft Schöpferischen einzudringen, sondern will bei »Spaß und Trug« im Lustgarten verweilen. Er weiß, dass es in der »Finsteren Galerie« nicht um Tricks und Zauberspiele geht, sondern um das wahrhaft Schöpferische. Er warnt Faust, in den »fremdesten Bereich« einzugreifen und zu meinen, dass wirkliche Schöpfungen sich so leicht erschaffen lassen wie das »Papiergespenst der Gulden« (Vs. 6193–6198).

Der einzige Weg, wahrhaftig schöpferisch zu sein, führt zu den Müttern, die als mythische Gestalten sowohl der Ober- als auch der Unterwelt aufgefasst werden. Sie sind Göttinnen, die »hehr in Einsamkeit« thronen und weder »Ort noch Zeit« haben. Bei ihrer Erwähnung schreckt Faust auf und Mephisto fragt, ob es ihn schaudere, worauf Faust antwortet: »Die Mütter! Mütter! – s' klingt so wunderlich!« (Vs. 6217). Mephisto möchte jeden Kontakt mit den Müttern vermeiden und auch Faust ist erfüllt von heiliger Scheu. Dennoch führt kein Weg an ihnen vorbei, um wirklich schöpferisch zu sein. Reale Menschen zeugen und große Dichtungen erschaffen kann nur gelingen, wenn man sich im Schaffensprozess der dunklen Welt unbewusster mütterlicher Phantasmen annähert. Man berührt damit jedoch eine Tabuzone, die eigentlich nicht betreten werden darf.

Es ist nicht nur ein gesellschaftliches Tabu, das den Weg zu den Müttern versperrt. Die Begegnung mit ihnen kann nur außerhalb der menschlichen Dimensionen von Raum und Zeit und der üblichen Ordnung der Dinge stattfinden:

> Nicht Schlösser sind, nicht Riegel wegzuschieben,
> Von Einsamkeiten wirst umhergetrieben.
> Hast du Begriff von Öd' und Einsamkeit?
> (Vs. 6225–6227)

Mephisto spricht von einer fremden Realität, die Faust nicht kennt und nicht kennen kann. Faust will nicht einsehen, dass diese andere Welt ihm unzugänglich sein soll: »Mußt' ich nicht mit der Welt verkehren?/ Das Leere lernen, Leeres lehren?« (Vs. 6231–6233). Er meint, durch seine Lebenserfahrung einerseits und die philosophische Beschäftigung mit dem Leeren, »nicht zu Betretenden« andererseits, das Menschenmögliche bereits getan zu haben. Mephisto bedeutet ihm jedoch, dass im Reich der Mütter menschliche Dimensionen wie Raum und Zeit gänzlich außer Kraft gesetzt sind:

> Nichts wirst du sehn in ewig leerer Ferne,
> Den Schritt nicht hören, den du tust,
> Nichts Festes finden, wo du ruhst.
> (Vs. 6246–6248)

Faust will sich trotz der Warnungen Mephistos der unheimlichen Welt der Mütter nähern. Ihn schaudert zwar, doch lässt er dadurch nicht von seinem schöpferischen Drang ab. Der Germanist Erich Trunz meint, dass Goethe die Künstler und Naturforscher im Auge habe und in dieser Hinsicht der Gang zu den Müttern bedeute, die »Urbilder des Lebens« zu schauen (HA 3, S. 549). Diese nachvollziehbare Interpretation lässt jedoch einen wesentlichen Umstand unberücksichtigt: In der »Finsteren Galerie« gelingt es Faust tatsächlich, mit dem Schlüssel, der zu den Müttern führt, den glühenden Dreifuß als Symbol des Weiblichen zu berühren, was am Ende der Szene »Hell erleuchtete Säle« zu einer Explosion führt. Mit anderen Worten, es handelt sich nicht nur um einen schöpferischen Vorgang in der Phantasie, sondern wird von Goethe auf eine eigentümliche Weise an der Grenze zur Realität komponiert.

Auch Beutler sieht die Mütter-Szene gänzlich im Symbolischen und Naturphilosophischen: »Goethe hat aufgrund seines naturphilosophischen Denkens die Überzeugung gewonnen, dass alles Wachsen und Werden nach Urbildern geschehe, die die Natur unbewusst im Innern, gleichsam im mütterlichen Schosse, hege und nach denen sie immer und immer wieder in unendlich abgewandelter Formen die Blume, den Baum, das Tier, den Menschen entstehen lässt. Diese Urbilder nannte Goethe die Ur-Erscheinungen, Urphänomene. Das Bild der Helena, das Faust am Kaiserhof beschwört, ist ein Urphänomen, das Urbild der Schönheit. Wenn Faust es dem Kaiser zeigen will, muss er es dem mütterlichen Schoß der Natur abgewinnen. Darum muss Faust zu den *Müttern*« (HA 3, S. 559). So richtig dies ist, es erklärt nicht, dass Faust mit seinem Schlüssel durch »Graus und Wog' und Welle« dringt und angesichts der Berührung des Dreifußes sagt: »Hier faß ich Fuß! Hier sind es Wirklichkeiten.« Goethe scheint auszudrücken, dass das Schöpferische tatsächlich im »Doppelreich« von Realität und Phantasie angelegt ist:

> FAUST.
> So fern sie war, wie kann sie näher sein.
> Ich rette sie, und sie ist doppelt mein.
> Gewagt! Ihr Mütter! Mütter müßt's gewähren
> Wer sie erkannt, der darf sie nicht entbehren.
> ASTROLOG.
> Was tust tu, Fauste! Fauste!- Mit Gewalt
> Faßt er sie an, schon trübt sich die Gestalt.
> Den Schlüssel kehrt er nach dem Jüngling zu,
> Berührt ihn! Weh uns, Wehe! Nu! im Nu!
> *Explosion, Faust liegt am Boden.*
> *Die Geister gehen in Dunst auf.*
> (Vs. 6556–6563)

Emrich kommentiert diese Stelle, dass der niederschmetternde Schlag, der Faust bei der Umarmung trifft, die Antwort auf den verwegenen Entschluss sei, »unmittelbar aus dem Bereich der Idee ohne Stufen der Reifung, Entwicklung und Ausformung die Blüte der Schönheit über dem Abgrund der Zeiten hinweg zu ergreifen« (HA 3, S. 555). Dem ist zuzustimmen, doch ist dies alles? Geht es nur um Ideen oder versucht Goethe, auch eine erotische Realität zur Sprache zu bringen? Kommerell scheint dies zu bejahen, wenn er nahelegt, dass Faust wie der Dichter der geschlechtlichen Anziehung erliegt, »die sich mit den Wirkungen der Kunst für alle Zeiten unauflöslich verbunden hat« (HA 3, S. 553).

Schöne stellt das Phantasmagorische der Szene in den Mittelpunkt seiner Interpretation und betont »das Grundmotiv des Künstlichen, trügerisch Scheinhaften, Fiktiven« (FA 7/11, S. 465). Paris und Helena seien Gespenster, die an die alten Faustbücher erinnern. Allerdings bleiben unter diesem Gesichtspunkt die Bedenken, die Mephisto äußert, unverständlich. Wie über Margarete hat er über Paris und Helena keine Gewalt und weiß nur, dass Faust selbst das Mittel in der Hand hat: Bei Margarete ist es die sexuelle Liebe in des »Liebchens Kammer«, und in der »Finstern Galerie« ist es der Gang zu den Müttern.

In den zitierten literaturwissenschaftlichen Interpretationen bleibt offen, warum der Gang zu den Müttern und das anschließende Berühren der Geliebten mit dem Schlüssel, der sich vorher in der Hand zuckend zu phallischer Größe entwickelt hat, zu einer Explosion führt. Ist die Explosion in dieser Szene, an der Goethe Jahrzehnte arbeitete, nur als Theaterdonner zu verstehen? Der Gang zu den Müttern ins »Unbetretene, nicht zu Betretende« und zu den »Göttinnen, die hier in Einsamkeit thronen«, erscheint mir zu bedeutend, um ihn nur in eine Sphäre des Theaterspuks zu entrücken. Ausgehend von Fausts Doppelrolle als Magier und Liebhaber gewinnt die Mütter-Szene eine psychologisch höchst interessante Bedeutung. Bei allen »Ironiesignalen«, auf die Schöne hinweist, geht es doch um die Dramatik archaischer Konflikte. Der Gang zu den Müttern ist auch ein Weg ins Unbewusste, um die schöpferischen Potenzen des Selbst freizulegen. Auch wenn dieser Gang, wie Schöne einwendet, wie mit dem Projektionsapparat einer Laterna Magica entworfen wird, hat er doch einen Inhalt und eine Bedeutung. Faust fällt »aus der Rolle« und dies besagt, dass aus seinen Phantasiebildern reale Anziehung wird. Er spricht zu Helena:

> Du bist's, der ich die Regung aller Kraft,
> Den Inbegriff der Leidenschaft,
> Dir Neigung, Lieb', Anbetung, Wahnsinn zolle.
> (Vs. 6498–6500)

Er überschreitet die Grenze von Phantasie und Kunstwerk und sucht das reale Erlebnis. Was es damit auf sich hat, soll nun durch eine psychoanalytische Interpretation erhellt werden.

Psychoanalytische Gesichtspunkte zur »Finsteren Galerie«

Dass die »Finstere Galerie« kein einfaches Zauberspiel ist, zeigt schon der erste Vers. Mephisto fragt Faust: »Was ziehst du mich in diese düstern Gänge?« Auch ihn überfällt eine Zurückhaltung angesichts des unheimlichen Gangs zu den Müttern, die bei einem Zauberspiel ganz unerklärlich wäre. Er möchte Faust lieber im »bunten Hofgedränge« begleiten, wo es genug »Gelegenheit zu Spaß und Trug« gebe. Die Erschaffung von Paris und Helena ist einerseits ein – dichterisches – Phantasiespiel und rührt andererseits an die Wurzeln der schöpferischen Realität: Die Szene endet ja letztlich in dem Moment, als Faust mit dem Schlüssel auf den Dreifuß zugeht und es zu einer Explosion kommt. Das unheimliche Schaudern legt den Eindruck nahe, dass es sich in der »Finsteren Galerie« nicht nur um eine spielerische Allegorie des Schöpferischen, sondern auch um die realen Aspekte von Kreativität, Sexualität und Destruktivität handelt.

Mephisto beschreibt eine undenkbare Erfahrung, die nicht erinnert werden kann und dennoch existent ist. »Kein Weg! Ins Unbetretene […] Von Einsamkeiten wirst umhergetrieben […] Nichts wirst du sehn in ewig leerer Ferne […] Nichts Festes finden, wo du ruhst.« Dies lässt entwicklungspsychologisch an sensomotorische Erlebnisse der vorgeburtlichen Zeit und der ersten Lebensmonate des Menschen denken. Neurobiologische und psychologische Befunde legen nahe, dass intrauterine Eindrücke wie Temperatur-, Bewegungs- und Geräuschempfindungen neuronal gespeichert werden, ohne dass sie je bewusst erinnert werden können. Auch Gefühle von Unruhe, Erregung und Schmerz hinterlassen aller Wahrscheinlichkeit nach unbewusste Erinnerungsspuren. Möglicherweise wird in der »Finsteren Galerie« diese Dimension der menschlichen Erfahrung – neben vielen anderen – berührt. Eine eigentümlich gestaltlose Welt wird musikalisch evoziert, die heimlich und unheimlich zugleich ist. Vielleicht dürfen wir uns vorstellen, dass die vorgeburtliche Welt von protopathischen Empfindungen eines harmonischen Getragenseins, die aber auch durch bedrohliche Schwankungen labilisiert werden, bestimmt wird. Diese Empfindungen klingen möglicherweise in späteren Gefühlen von Heimischsein und Unheimlichkeit nach.

Freud hat das Unheimliche als »jene Art des Schreckhaften, welche auf das Altbekannte, Längstvertraute zurückgeht«, aufgefasst (1919, S. 231). Er beruft sich auf hebräische, griechische und lateinische Quellen sowie auf Schelling, der festhielt, dass unheimlich alles sei,»was ein Geheimnis, im Verborgenen bleiben sollte und hervorgetreten ist« (Freud, 1919, S. 236). Aus psychoanalytischer Perspektive ist das Unheimliche »wirklich nichts Neues oder Fremdes, sondern etwas dem Seelenleben von alters her Vertrautes, das ihm nur durch den Prozess der Verdrängung entfremdet worden ist« (Freud, 1919, S. 254).

Diese Aspekte des Unheimlichen scheinen in der Mütter-Szene von besonderer Bedeutung zu sein: Psychoanalytisch wurde eine unheimliche Angst, aber auch Lust angesichts der Phantasie von der Regression in den Mutterleib oft beschrieben (Klein, 1957). Ich will hier in Bezug auf die Mütter-Szene nur festhalten, dass Faust das unheimliche Reich der Mütter gleichzeitig anzieht und abstößt. Seine Ambivalenz führt jedoch nicht zu einer psychischen Hemmung, sondern regt ihn an, aktiv zu werden. Wie gelingt es ihm, sich einer unheimlichen Regression auszusetzen, ohne von ihr bedroht und vernichtet zu werden? Wie kann er seine Regressionsängste aushalten und bewältigen? Die Antwort lautet: durch Sexualität und Kreativität. Diese Doppelbedeutung hat der magische Schlüssel, der ihm von Mephisto überreicht wird, das »kleine Ding«, das in seiner Hand wächst und »leuchtet, blitzt!«. Man könnte zwar auch an einen alchimistischen Zauberstab denken, aber angesichts des Kontextes von Sexualität, Mutterschaft und Schöpfertum liegt es nahe – als eine Bedeutungsdimension unter anderen –, an das männliche Genital zu denken. Sexualität und Kreativität werden an dieser Stelle als zwei Seiten der gleichen Medaille aufgefasst. In Bezug auf die Mütter rührt diese Vorstellung jedoch an ein existielles Tabu: »Der Schlüssel wird die rechte Stelle wittern,/ Folg ihm hinab, er führt dich zu den Müttern« – hier trifft das faustische Streben auf eine eherne Grenze und Faust erschrickt. Traditionell psychoanalytisch würde man im Sinne Freuds an das Inzesttabu denken, das Faust von den Müttern ausschließt. Dieses Tabu schützt vor der Regression in den Mutterleib und der Vernichtung. Der Mensch muss auf den archaischen Regressionswunsch verzichten und seine Regressionsneigung sexuell und kreativ transformieren. In der »Finsteren Galerie« wird dieser Prozess folgendermaßen beschrieben: Faust wird durch den Schauder und das Unheimliche nicht gelähmt, sondern zu einer sexuellen und kreativen Suche animiert. Die sexuelle Vereinigung und das dichterische Werk sind Schlüssel, mit denen man die Vernichtung durch die Regression in die mütterliche Welt verhindern kann: »den Schlüssel schwinge, halte sie vom Leibe!«. Faust fasst den Schlüssel fest, fühlt seine Größe und Stärke und seine »Brust erweitert« sich »zum großen Werke« der Liebe und der Dichtung.

Dass die psychoanalytische Interpretation der sexuellen und kreativen Bewältigung archaischer Ängste vom Goethe'schen Text unterstützt wird, mag Folgendes erhellen: Es ist kaum denkbar, dass Goethe beim Schlüssel nicht an ein phallisches Symbol gedacht hat. Ein Dichter, der er in den »Paralipomena« die folgenden Verse schreibt, kann das »kleine Ding«, das in Fausts Hand »wächst, leuchtet, blitzt« und nach der Vereinigung mit dem weiblichen Dreifuß zu einer Explosion führt, nicht ohne sexuelle Assoziation geschrieben haben:

> Euch gibt es zwei Dinge
> So herrlich und groß
> Das glänzende Gold
> Und der weibliche Schoß …
> Für euch sind zwei Dinge
> Von köstlichem Glanz:
> Das leuchtende Gold
> Und ein glänzender Schwanz.
>   (FA 7/II, S. 747 f.).

Aufgrund dieser Verse ist es naheliegend zu vermuten, dass Goethe, wie bei der wundersamen Geldvermehrung am kaiserlichen Hofe ökonomische Realitäten, in der »Finsteren Galerie« sexuelle Realitäten im Blick gehabt hat. Zwar ist der Dreifuß ein altes Sinnbild der Prophetie, über dem die Pythia ekstatisch ihre Weissagungen verkündet. Er ist aber auch ein Sexualsymbol, das zur »Gestaltung, Umgestaltung,/ Des ewigen Sinnes ewige Unterhaltung« gehört. Erst nach Vereinigung des Dreifußes mit dem Schlüssel kann er »Held und Heldin aus der Nacht« hervorrufen (Vs. 6298). Hier wird einerseits der schöpferische Prozess beschrieben, der die Tiefen der menschlichen Existenz anrührt. Der Dreifuß wird zum Gefäß, in dem die Dichter wie Mütter menschliche Gestalten erschaffen. Die Kunst ist das magische Mittel, um sich der weiblichen Schöpferkraft anzunähern und gleichzeitig die Bedrohung durch das Reich der Mütter zu bewältigen. Andererseits gewinnt aber auch durch die reale sexuelle Vereinigung das verschlingende Reich der Mütter helle Kontur. In der sexuellen Begegnung wie im kreativen Akt überwindet das Individuum seine Ängste vor dem Schöpferischen. Vielleicht trägt dies wesentlich zur sexuellen und kreativen Lust bei. Sexualität und Kreativität führen zu einer Legierung von konstruktiven und destruktiven Kräften und versöhnen mit den schmerzlichen Aspekten von Geburt und Tod, Schöpfung und Zerstörung. Dies ist auch ein wesentlicher Aspekt des Schlusschors des »Faust«, in dem das »ewig Weibliche«, das Vergängliche, Unzulängliche und Unbeschreibliche zur schöpferischen Tat hinanzieht.

Schöpfung und Zerstörung in »Faust II«

Bevor die »Faust«-Tragödie an den genannten Endpunkt gelangt, wird es noch zu mehreren schöpferischen Zerstörungen kommen. Im »Laboratorium« wird ein Homunculus aus der Retorte geschaffen, der jedoch nicht lebensfähig ist. Die misslungene Schöpfung erweist sich als Hybris, doch dies lässt Faust nicht resignieren, sondern ermutigt ihn, weiterzugehen und nach der höchsten Krönung seines Schöpfertums zu trachten: der Liebe zur göttlichen Helena. Die »Klassische Walpurgisnacht«, die eine

Vielzahl naturphilosophischer Themen behandelt, ist in dieser Hinsicht ein Durchgangsstadium zu Helena: »So herrsche denn Eros, der alles begonnen!« (Vs. 8479).

Der Weg zur schöpferischen Erfüllung ist aber wiederum durchsetzt mit destruktiven Erfahrungen. Auch Helena befindet sich in einem Wechselbad aus dunklen Ängsten und hellen Hoffnungen, die mit dem Schöpferischen verbunden sind:

> Doch das Entsetzen, das dem Schoß der alten Nacht,
> Vom Urbeginn entsteigend ...
> Doch nein! gewichen bin ich her an's Licht, und sollt
> Ihr weiter mich nicht treiben, Mächte, wer ihr seid.
> (Vs. 8657–8659)

Helena weiß unbewusst, dass sie als Botin und Inkarnation der Aphrodite wie alle Kinder von Uranos und Kronos Unheil mit sich bringt. Die »grausen Nachtgeburten« werden zwar von apollinischen Mächten weggedrängt, bleiben jedoch unterschwellig wirksam. Die poetisch-erotische Begegnung mit Faust dauert nicht lang. Phorkyas als Ausdruck destruktiver Mächte stört das Paar:

> Buchstabiert in Liebes-Fibeln,
> Tändelnd grübelt nur am Liebeln,
> Müßig liebelt fort im Grübeln,
> Doch dazu ist keine Zeit.
> Fühlt ihr nicht ein dumpfes Wettern?
> Hört nur die Trompete schmettern,
> Das Verderben ist nicht weit.
> (Vs. 9419–9425)

Poesie und Erotik erweisen sich als nicht hinreichend mächtig, eine dauerhafte schöpferische Beziehung herzustellen. Faust rüstet sich zum Kampf, denn »Nur der verdient die Gunst der Frauen,/ der kräftig sie zu schützen weiß« (Vs. 9444–9445). Es kommt jedoch sogleich zu einer Gegenbewegung, und das erotisch-poetische Ideal einer glückenden Vereinigung wird erneut beschworen. Faust schildert die Vereinigung antiker Schönheit und Harmonie mit moderner Zufriedenheit und Gesundheit:

> Hier ist das Wohlbehagen erblich,
> Die Wange heitert wie der Mund,

Ein jeder ist an seinem Platz unsterblich:
Sie sind zufrieden und gesund.
(Vs. 9550–9554)

Die natürliche Heiterkeit der poetischen und erotischen Kreativität materialisiert sich in Euphorion, dem Kind Helenas und Fausts. Doch was geschieht? Das schöne Kind entwickelt sich zu einem expansiven Jüngling, der sich destruktiven Mächten ausliefert und ausruft:

Träumt ihr den Friedenstag?
Träume wer träumen mag.
Krieg ist Losungswort.
Sieg! Und so klingt es fort.
(Vs. 9835–9839)

In adoleszentärer Grenzenlosigkeit »frei unbegrenzten Mut's,/ Verschwendrisch des eigenen Bluts« stürzt er sich in sein Unglück. Wie Ikarus kommt er zu Tode, und seine verzweifelte Stimme ertönt aus der Tiefe: »Laß mich im düstern Reich,/ Mutter nicht allein« (Vs. 9905–9906). Die schöpferische Freude Helenas und Fausts an Euphorion währte nur kurz und ihr folgte »sogleich grimmige Pein«. Auch Helena fühlt sich wieder von dunklen Mächten angezogen und folgt ihrem Sohn in die Unterwelt.

Dem Dichter bleibt es, den Verlust zu betrauern und in einer geistigen Sphäre zu verklären. Dadurch werden die Schrecknisse transformiert und der Tod, hier als Ausdruck des Destruktiven, letztlich überwunden. An dieser Stelle kommt Goethes eigene Vorstellung über ein Leben nach dem Tod ins Spiel. Er glaubte fest an eine dem Leben innewohnende Kraft, die nach Vollendung strebt und den irdischen Körper überdauert. Das Schöpferische bleibt jedoch auch in der lebendigen Natur wirksam und »regt sich fort in allen«. So endet auch die Arkadien-Szene mit einem Fest, in dem die kreative Tätigkeit wie im antiken Dionysos-Kult mit Gesang, Tanz und Rausch gefeiert wird. Dieses Freudenfest schlägt jedoch bald um und neue destruktive Konflikte kündigen sich an. Zum Abschluss der Szene zeigt sich Phorkyas und erinnert an das Böse und Zerstörerische, das sich im nächsten Akt nicht auf der poetisch-erotischen Ebene, sondern wiederum auf der politisch-ökonomischen zeigt. Im »Hochgebirg« strebt Faust nach wirtschaftlicher und politischer Macht: »Herrschaft gewinn ich, Eigentum!/ Die Tat ist alles, nichts der Ruhm« (Vs. 10187–10189).

Man kann diese Hinwendung zu Politik und Ökonomie auch als Reaktion auf sein erotisches Scheitern ansehen. Es gelang ihm nicht, eine Frau für sich zu gewinnen und Kinder aufzuziehen. Er widmet sich erneut seinem politisch-ökonomischen Machtstreben, in dem Schöpfung und Zerstörung eng beieinanderliegen. Er will die Natur, die »zwecklose Kraft, unbändiger Elemente«, beherrschen. Das Wasser als schöpferisches Element bringt Faust mit seiner natürlichen Wellenbewegung des Kommens und Gehens zur Verzweiflung. Er will dies bekämpfen und sein Streben nach Herrschaft über Natur und Ökonomie führt ihn dazu, in einen neuen Krieg einzugreifen. Letztlich wird ihm durch eine Kriegslist und einen Pakt mit rücksichtslosen Helfern ein Landstück zuteil, das er weiter ausdehnen möchte. Sein rücksichtsloser und unersättlicher Expansionsdrang führt dazu, dass Philemon und Baucis als Personifikationen von Güte, traditionellen Werten und Erinnerungskultur umgebracht werden. Sein schöpferischer Drang und seine politisch-ökonomische Rücksichtslosigkeit machen ihm alles, was an langsame, natürliche und zivilisierte Entwicklung erinnert, verhasst:

> Das verfluchte hier!
> Das eben leidig lastet mir ...
> Die Alten droben sollen weichen,
> Die Linden wünscht ich mir zum Sitz,
> Die wenig Bäume, nicht mein eigen,
> Verderben mir den Welt-Besitz ...
> Wie schaff ich mir es vom Gemüte!
> Das Glöcklein läutet und ich wüte ...
> So geht und schafft sie mir zur Seite!
> (Vs. 11233–11275)

Der Türmer Lynkeus besingt die Zerstörung der Welt, dessen »glückliche Augen« gerade noch von ihr erfüllt waren:

> Welch ein gräuliches Entsetzen
> Droht mir aus der finstern Welt! [...]

Was sich sonst dem Blick empfohlen,
Mit Jahrhunderten ist hin ...
(Vs. 11306–11337)

Zuletzt zeigt Faust Skrupel angesichts seines Zerstörungswerks und er wird von Sorge erfüllt. Am Ende seiner Lebensreise erblindet er und kann sich dennoch nicht von seinen megalomanen Herrschaftsplänen verabschieden. Während sein Grab geschaufelt wird, spricht er davon, wie er Lebensräume für viele Millionen schaffen werde. Trotz seines Zerstörungswerks bejaht Faust im letzten Augenblick seinen schöpferischen Expansionsdrang: »Nur der verdient sich Freiheit wie das Leben,/ Der täglich sie erobern muß« (Vs. 11575–11576).

Zusammenfassend findet sich im »Faust« der Kampf zwischen Schöpfung und Zerstörung, Kosmos und Chaos auf eine besondere Weise verdichtet. In der Tragödie werden die Grenzen menschlicher Kreativität reflektiert und es wird vor den Konsequenzen einer ungebändigten und rücksichtslosen Natur- und Kulturbeherrschung gewarnt. Wie auf der politischen und ökonomischen Ebene findet sich im »Faust« auch auf der psychologischen Ebene die Dialektik von konstruktiven und destruktiven Prinzipien ausgearbeitet. Es werden die selbstzerstörerischen Aspekte menschlicher Kreativität dargestellt, aber auch Wege aufgezeigt, wie destruktive Seiten des Schöpferischen bewältigt werden können. Ich werde darauf im Teil III dieses Buchs zurückkommen. An dieser Stelle möchte ich aus psychobiographischer Sicht darstellen, wie Goethe selbst seine innere Zerrissenheit zwischen konstruktiven und destruktiven Impulsen kreativ bewältigen konnte.

Psychobiographische Aspekte von Goethes »Faust«

Goethe beschreibt die psychologischen und autobiographischen Aspekte der »Faust«-Tragödie im Dezember 1831 folgendermaßen: »Von meinem ›Faust‹ ist viel und wenig zu sagen [...] Und durch eine geheime psychologische Wendung, welche vielleicht studiert zu werden verdient, glaube ich mich zu einer Art von Produktion erhoben zu haben, welche bei völligem Bewusstsein dasjenige hervorbrachte, was ich jetzt noch selbst billige, ohne vielleicht jemals in diesem Flusse wieder schwimmen zu können, ja, was Aristoteles und andere Prosaisten einer Art von Wahnsinn zuschreiben würden« (HA 3, S. 461).

Offensichtlich spricht er hier von unbewussten Prozessen, die in der künstlerischen Produktion bewusste Gestalt annehmen und dann auch wieder dem unbewussten oder impliziten Denken überlassen werden. Dies ist eine der wesentlichen Gesundheitsstrategien Goethes, die er seit seiner Kindheit und Jugend praktizierte: Er fasste bedrängende Emotionen und quälende Erfahrungen in Worte und verlieh ihnen dadurch eine gewisse Kohärenz, die ihm einen Halt im Chaos widerstreitender Gefühle und Gedanken vermittelte. Dies bezieht sich nicht nur auf traumatisierende Erfahrungen wie seine komplikationsreiche Geburt, das Sterben von fünf nachgeborenen Geschwistern, vielfältige Liebesenttäuschungen und Kränkungen, sondern auch auf Aspekte seiner eigenen Person, die ihm widerlich und abstoßend vorkamen (s. Holm-Hadulla, 2009).

Schon als junger Mann verarbeitete er eigenes Fehlverhalten und damit verbundene Schuldgefühle in seinen Dichtungen, zum Beispiel in der »schlechten Figur« des Weislingen, der eine Folge von Goethes eigenen »reuigen Betrachtungen« angesichts seines fluchtartigen Verlassens von Friederike Brion gewesen ist. Das »Erinnern, Wiederholen und Durcharbeiten«, so betitelte Freud 1914 eine seiner wichtigsten behandlungstechnischen Schriften, war auch für Goethe zeitlebens ein Therapeutikum. In psychotherapeutischen Behandlungen können chaotische Erregungen und diffuse mentale Prozesse durch Erzählungen zu kohärenten Formen werden. Dies hat häufig einen heilsamen Effekt. Es ist bereits dargestellt worden, dass diese Erkenntnis auch von den modernen Neurowissenschaften unterstützt wird: Das biologische Kohärenz- und Selbstorganisationsprinzip führt immer wieder zu kohärenten neuronalen Verbindungen von Erlebnissen, Erinnerungen und dazugehörigen Affekten, die eine salutogenetische Wirkung haben. Dies hatte Freud schon 1923 mit seinem berühmten therapeutischen Ideal »Wo Es war, soll Ich werden« im Blick.

Das Erinnern, Wiederholen und Durcharbeiten ist zumeist von einer unterstützenden Umgebung abhängig. Therapeutinnen und Therapeuten verhalten sich in dieser Hinsicht wie Geburtshelfer – Mäeutiker im Sinne von Sokrates –, die die Entbindung psychischer Gestaltungen unterstützen. Goethe hat sich immer wieder Beziehungen gesucht, zum Beispiel zu Auguste von Stolberg und Charlotte von Stein, in denen er seine Konflikte erinnern, wiederholen und durcharbeiten konnte (s. Holm-Hadulla, 2009).

Aber auch in seinen Werken ist Goethe nach diesen Prizipien verfahren, zum Beispiel im »Urfaust«. Das Wesentliche dieses Frühwerks war vor seiner Abreise nach Weimar im Herbst 1775 zu Papier gebracht und dokumentiert die Bedeutung des erinnernden Erlebens und durcharbeitenden Schreibens für Goethe. Der »Faust« begleitete ihn fast sechzig Jahre lang bis zu seinem Lebensende. Im Juli 1831, acht Monate vor seinem Tod, hält er in einem Brief fest: »Wundersam bleibt es immer, wie sich der von allem absondernde, teils revolutionäre, teils einsiedlerische Egoismus durch die lebendigen Tätigkeiten aller Art hindurchzieht [...] Ich wußte schon lange her, was, ja sogar, wie ich's wollte, und trug es als ein inneres Märchen seit so vielen Jahren mit mir herum [...] Wenn es noch Probleme genug enthält [...] so wird es gewiß denjenigen erfreuen, der sich auf Miene, Wink und leise Hindeutung versteht. Er wird sogar mehr finden, als ich geben konnte« (HA 3, S. 459).

Das »innere Märchen«, das Goethe mit sich herumtrug, erfüllte eine lebenswichtige Funktion und verlieh ihm ein Gefühl von Kontinuität und Kohärenz. Die Entwicklung seines »poetischen Selbst« entsprang aber nicht nur dem »einsiedlerischen Egoismus«, sondern auch aus dem Bedürfnis, gesehen und beantwortet zu werden. Deswegen ist der Leser, Zuhörer und Zuschauer so wichtig, der ein volles Recht darauf hat, »mehr zu finden«, als der

Autor »geben konnte«. In diesem »Mehr« entwickelt sich eine Kommunikation mit dem Autor, die durchaus im Sinne Goethes war. Vieles kann und soll der Leser erschließen, was dem Autor selbst unbewusst blieb.

Von früher Kindheit an fand der Dichter im Wiedererleben, phantasiereichen Inszenieren und dichterischen Gestalten einen »Übergangsraum«, in dem er seine innere und äußere Realität gestalten konnte. Dabei hatte er sich, wie jedes Kind, auch mit Schrecknissen auseinanderzusetzen. Für Goethe war die frühe intellektuelle Verarbeitung ein wesentliches Mittel, traumatisierende Erfahrungen zu bewältigen. Seit seinem zehnten Lebensjahr, in dem sein siebenjähriger Bruder Hermann Jakob starb, verfügen wir über Dokumente, wie Goethe durch Denk- und Phantasietätigkeit sowie literarische Aktivitäten versuchte, schmerzliche und ängstigende Erfahrungen zu bewältigen.

Eine kurze Zusammenfassung meiner im Hinblick auf die Entwicklung von Goethes Kreativität entworfenen Psychobiographie aus dem Jahre 2009 soll verdeutlichen, wie es Goethe möglich wurde, aus schmerzlichen Erlebnissen, Enttäuschungen und Versagungen kreative Energien zu gewinnen. Wie erwähnt war Goethe seit frühester Kindheit äußeren und inneren Bedrohungen ausgesetzt und hat diese mit schöpferischen Anstrengungen bekämpft. Nicht nur in seinen zahlreichen explizit biographischen Schriften, sondern auch in seinen Werken – von »Die Leiden des jungen Werthers« und »Torquato Tasso« bis hin zum »Wilhelm Meister«-Projekt und zur Faust-Tragödie – klingen schwere Verstimmungen und Vernichtungsängste sowie ihre kreative Bewältigung an. Das bedeutet nicht, dass Goethes Kreativität aus psychologischen Konstellationen gänzlich zu erklären wäre. Psychische Verletzungen und Gefährdungen finden aber durchgängig Resonanz in seinem Werk, und Goethe lädt an vielen Stellen selbst dazu ein, psychologische Faktoren einzubeziehen, um sein Werk zu verstehen. Was Goethe für die moderne Kreativitätsforschung so einzigartig macht, ist in Folgendem begründet: Soweit ich sehe, ist es in der Kulturgeschichte nicht vorgekommen, dass ein

Mensch sich mit seiner psychischen Befindlichkeit so lange und so detailliert auseinandergesetzt hat wie Goethe. Seine autobiographischen Schriften umfassen in der Weimarer Ausgabe über fünfzig umfangreiche Bände, und an Hunderten von Textstellen gibt er die autobiographische Natur seiner Werke zu erkennen. Wenn er Faust in den Mund legt: »Den Göttern gleich' ich nicht! Zu tief ist es gefühlt;/ Dem Wurme gleich' ich, der den Staub durchwühlt« (Vs. 632–653), so knüpft er unmittelbar an eigene Erfahrungen an: In seiner Leipziger Studienkrise schreibt er an seine Schwester, dass ihm sein Selbstwertgefühl abhanden komme und schickt ihr ein kleines Gedicht über mein »mangelndes Selbstbewusstsein«, in dem er sich als »Wurm im Staube« beschreibt, der den Adler der Poesie in unerreichbarer Höhe betrachtet.

Als 25-Jähriger hält Goethe fest: »Der Werther bin ich« und später, dass er den Werther wie »ein Pelikan mit seinem eigenen Blute gefüttert habe«. Zu Selbsttötungsabsichten berichtet er einem Freund, »dass diese Leidenschaft mein eigens Herz durchraste, darüber gibt wohl niemand als Werther Auskunft«. Angesichts des Schauspiels »Torquato Tasso« betont er: »Das ist Fleisch von meinem Fleisch und Bein von meinem Bein.« Selbstverständlich sind in Goethes Werken vielfältige andere Themen und Motive enthalten und er porträtiert sich und andere in Verdichtung mit vielfältigen Gestalten seiner Lebenswelt und seiner Phantasie. So werden niemals schlichte Identifikationen sichtbar, sondern Selbstaspekte dargestellt, die Stimmungen und Vorstellungen künstlerisch ausarbeiten. Dies verhüllt aber nicht deren psychologische Wahrheit, sondern im Gegenteil, sie werden dadurch erschlossen. Mit anderen Worten: Eine psychologische Deutung von Kunstwerken mag grundsätzlich problematisch sein. Bei Goethe ist es anders, denn er lädt explizit dazu ein, liefert das Material und ermuntert den Leser, seine eigenen psychologischen Schlüsse zu ziehen.

Goethe litt in seinem langen Leben unter erheblichen Stimmungsschwankungen, die mitunter mit Selbstmordgedanken und -absichten einhergingen. Aus Sicht der modernen psychopathologischen Diagnostik hatte er leichte chronische Verstimmungen,

Dysthymie genannt, und gelegentliche depressive Episoden. Diese lassen sich relativ sicher von Trauer, Schwermut und einer poetischen Attitüde im Sinne der »Dichtermelancholie« abgrenzen (Holm-Hadulla, 2009; Holm-Hadulla et al., 2010). Goethe verfügte angesichts dieser Störungen über eine besondere Fähigkeit, seine Leiden und Konflikte für seine kreative Entwicklung zu nutzen. Die häufig selbstquälerische Beschäftigung mit unangenehmen Erlebnissen und ihre sprachliche Gestaltung war für ihn ein wichtiges selbsttherapeutisches Prinzip. Er schreibt angesichts seiner Leipziger Studienkrise, aus der sich eine lange depressive Phase entwickelte: »Und so begann diejenige Richtung, von der ich mein ganzes Leben über nicht abweichen konnte, nämlich dasjenige, was mich erfreute oder quälte, oder sonst beschäftigte, in ein Bild, ein Gedicht zu verwandeln und darüber mit mir selbst abzuschließen, um sowohl meine Begriffe von den äußeren Dingen zu berichtigen, als mich im Innern deshalb zu beruhigen. Die Gabe hierzu war wohl niemand nötiger als mir, den seine Natur immer fort aus einem Extreme in das andere warf« (HA 9, S. 283).

Das beständige Ringen um die Lebendigkeit des eigenen Selbst war ein Leitmotiv in Goethes gesamtem Leben. Daraus entwickelte er eine allgemeingültige Theorie der Kreativität, in der der Kampf von konstruktiven mit destruktiven Regungen eine hervorrragende Rolle spielt. Diesen kann man schon in der Beziehung zu seiner Mutter erkennen, die nicht so ungetrübt war, wie es den ersten Anschein hat, wenn man an den berühmten Vers denkt, dass er »vom Mütterchen die Frohnatur« und die »Lust zu fabulieren« habe. Goethes Mutter wurde bald nach seiner Geburt erneut schwanger und gebar fünfzehn Monate nach Goethe seine Schwester Cornelia, der sie sich nun zuwandte. Weitere fünf Schwangerschaften und Geburten belasteten seine Mutter schwer, insbesondere weil diese fünf weiteren Kinder in frühem Alter starben. Diese Verluste hinterließen in Goethe Spuren in Form von Ängsten vor Weiblichkeit und den »Müttern«. Allerdings führten diese Ängste auch zu kreativen Bewältigungsversuchen. Die innere Beziehung zu seiner Mutter blieb zwar zeitlebens erhalten und auch durch seine Werke fühlten sich beide miteinander verbunden, doch vermied er als erwachsener Mann einen näheren Kontakt zu seiner Mutter und war erleichtert, wenn sich andere Personen um sie kümmerten.

Besonders in der Gretchen-Tragödie setzte sich Goethe mit den vernichtenden Aspekten der Beziehung von Mutter und Kind auseinander. Nach der Geburt ihres Kindes tötet Gretchen die Frucht ihrer Liebe zu Faust, und an vielen weiteren Stellen beschäftigt sich Goethe mit zerstörerischen Aspekten der Mutter-Kind-Beziehung. In »Die Leiden des jungen Werthers« vereinigt sich der Protagonist durch seinen Freitod mit der »Allmutter Natur«, nachdem er sie vorher als »ein ewig verschlingendes, ewig wiederkäuendes Ungeheuer« (HA 6, S. 53) erlebt hat. In der ersten Fassung des »Götz von Berlichingen« sagt Weislingen zu Adelheid: »Das ist Weibergunst. Erst brütet sie mit Mutterwärme unsere liebsten Hoffnungen an; dann, gleich einer unbeständigen Henne, verläßt sie das Nest und übergibt ihre schon keimende Nachkommenschaft dem Tod und der Verwesung« (HA 4, S. 537). Goethe beschäftigte sich bis zu späten Schriften mit der Ambivalenz zwischen schöpferischen und zerstörerischen Aspekten der Mutter-Kind-Beziehung. Auf die erotische und kreative Bewältigung der Ambivalenz von schöpferischen und zerstörerischen Aspekten der »Mütter« sind wir oben eingegangen.

Goethes Vater und spätere väterliche Freunde waren für seine kreative Entwicklung von großer Bedeutung, insofern sie ihn psychisch stabilisierten und unterstützten. Auch seine Schwester Cornelia beförderte seine schöpferische Entwicklung. Mit ihr verband Goethe von früher Kindheit an ein inniges Verhältnis, sie übten sich gemeinsam im Auswendiglernen von Liedern, Gedichten und Schauspielstücken. Dies bescherte ihm einen reichen Schatz von literarischen Formen, die eine große Bedeutung für seine Mentalisierung von desorganisierenden Affekten und Erfahrungen gewannen. Mentalisieren bedeutet in diesem Zusammenhang, sich gestaltend auf die inneren Zustände in sich selbst und im Anderen zu beziehen. In seiner Mentalisierungsarbeit entwickelte Goethe ein »poetisches Selbst« und konnte damit zerstörerischen Emotionen und Kognitionen Kohärenz zu verleihen. Der Begriff des »poetischen Selbst« dient dazu, in Ergänzung zu dem geläufigen literaturwissenschaftlichen Terminus des »lyrischen Ich«, den psychologischen und psychoanalytischen Akzent meiner Interpretation zu betonen. Das »Selbst« bezeichnet den strukturellen Niederschlag von Befindlichkeiten und Erfahrungen, der nicht nur bewusste, sondern auch unbewusste kognitive und emotionale Prozesse sowie körperliche Erlebnisse, die nur als Stimmung oder Körpergefühl bewusst werden können, umfasst. Es enthält auch die Spuren der Beziehungserfahrungen eines Individuums und ist damit intersubjektiv konstituiert. Es eignet sich als vermittelnder Begriff von philosophischen, soziologischen, psychologischen und neurobiologischen Forschungen. Wir haben bereits darauf hingewiesen, dass Kohärenz des Selbst ein wesentliches Moment psychischer Gesundheit ist. Zum Kohärenzerleben gehört, dass das Selbst sich in seiner Tätigkeit reflektiert und bestätigt fühlt. »Poetisch« ist ein Selbst zu nennen, das sich im Sinne der griechischen Auffassung von *poiesis* – »machen, gestalten, schöpferisch tätig sein« – in einem kreativen Prozess der Selbstverwirklichung befindet.

Goethes Dichtungen erfüllen für ihn aus psychologischer Sicht die Funktion, ein kohärentes und wirksames Selbst poetisch zu erzeugen. Die Dichtung macht zunächst ungestaltete Sinneseindrücke, körperliche Empfindungen, bewusste und unbewusste Beziehungserfahrungen erlebbar und damit erst wirklich. In der poetischen Gestaltung vergegenständlicht sich das Selbst und wird damit zu dem, was es zunächst nur potentiell war. Zur vollen Entfaltung gelangt das poetische Selbst, wenn es von anderen wahrgenommen, beantwortet und anerkannt wird. Wir können an vielen Stellen sehen, dass die poetische Selbstverwirklichung Goethe über Lebenskrisen und einige depressive Episoden hinweghalf. In seinen Werken, Briefen und Gesprächen fand er Ausdruck für seine Verzweiflung und konnte sie dadurch überwinden. An Auguste von Stolberg schrieb er in einer tiefen Krise: »Umsonst mein

Kopf ist überspannt [...] O wenn ich ietzt nicht dramas schriebe ich ging zu Grund« (FA 28, S. 436).

Den »Werther«, durch dessen Komposition sich Goethe »mehr als durch jede andere aus einem stürmischen Elemente gerettet« hatte und sich »wie nach einer Generalbeichte, wieder froh und frei, und zu einem neuen Leben berechtigt« fühlte (HA 9, S. 588), bearbeitete er wie die meisten seiner anderen großen Werke immer wieder und schrieb beispielsweise acht Jahre nach der Erstveröffentlichung des Briefromans: »Meinen ›Werther‹ hab ich durchgegangen und lasse ihn wieder in's Manuskript schreiben; er kehrt in seiner Mutter Leib zurück; Du sollst ihn nach seiner Wiedergeburt sehen« (HA 6, S. 534). Weitere sechs Jahre später heißt es in einem Brief: »Ich korrigiere am ›Werther‹ und finde immer, daß der Verfasser übel getan hat, sich nicht nach geendigter Schrift zu erschießen« (HA 6, S. 534). Fünfzig Jahre nach der Niederschrift des Werkes erinnerte sich Goethe in einem Gespräch mit Eckermann an sein Alter Ego, es wird ihm »unheimlich dabei« und er fürchtet, »den pathologischen Zustand wieder durchzuempfinden, aus dem es hervorging« (HA 6, S. 540). »Werther«, »Tasso« und »Faust« waren besonders eindrucksvolle Verdichtungen seiner Mentalisierungsarbeit, die Goethe bis zu seinem Tod begleiteten.

Aber auch seine administrativen und wissenschaftlichen Arbeiten dienten Goethe der Bewältigung desorganisierender und destruierender Regungen. Körperliche, psychische und gesellige Alltagsrituale stabilisierten seinen biologischen und kreativen Rhythmus. Der Wechsel von Tag und Nacht, Anspannung und Entspannung, diszipliniertem Arbeiten und freiem Phantasieren, wacher Konzentration und träumerischer Distraktion waren Arbeits- und Lebenselixiere für Goethe. Die Beachtung biopsychosozialer Rhythmen war nicht nur für Goethes kreative Entwicklung bedeutsam, sondern hat auch allgemein gültige Aspekte. Das Kapitel »Lebensberatung und Psychotherapie« kommt darauf zurück.

In meinem Buch »Leidenschaft: Goethes Weg zur Kreativität« habe ich 2009 eingehend beschrieben, dass Goethe immer wieder

Beziehungen suchte, die ausgesprochen psychotherapeutischen Charakters waren. Er teilte zum Beispiel seinem Studienfreund Behrisch, der Ordensfrau Auguste von Stolberg und der platonisch geliebten Charlotte von Stein seine chaotischen Erregungen und Empfindungen mit und führte mit ihrer Unterstützung eine besondere Art poetischer Selbsttherapie durch. In Zuständen von Verzweiflung und Zerrissenheit konnte er durch die Kommunikation mit diesen Personen das Chaos seiner Gefühle ordnen und gestalten.

Auch die praktische Arbeit als Staatsmann und die späteren wissenschaftlichen Tätigkeiten stabilisierten Goethe. In den ersten zehn Weimarer Jahren führten sie zu Ausgeglichenheit und Wohlbefinden, ganz im Einklang mit modernen wissenschaftlichen Untersuchungen, die zeigen, dass Politiker und Wissenschaftler psychisch stabiler sind als Dichter (Runco und Richards, 1997). Allerdings belastete es Goethe gegen Ende des ersten Weimarer Jahrzehnts zunehmend, dass er durch psychische Stabilität und Wohlbefinden »von seinen poetischen Quellen« abgeschnitten wurde. Er suchte geradezu ein größeres Maß an emotionaler und kognitiver Inkohärenz, um in seiner psychischer Labilisierung wieder zu seinen poetischen Quellen zu gelangen, als er im September 1786 auf seine berühmte Reise nach Italien aufbrach. Seine Briefe aus Italien belegen diesen poetischen Kohärenzverlust. Nach seiner Ankunft in Rom schreibt er zum Beispiel an Charlotte von Stein: »Meine Liebe! Meine Liebe! Ich bitte dich nur fußfällig, flehentlich, erleichtere mir meine Rückkehr zu dir, daß ich nicht in der weiten Welt verbannt bleibe. Verzeih mir großmütig was ich gegen dich gefehlt und richte mich auf [...] Verzeih mir ich kämpfte selbst mit Tod und Leben und keine Zunge spricht aus was in mir vorging« (HA Briefe 2, S. 33 f.). In dieser Ablösungskrise erwachte eine neue Schaffenskraft, und unterstützt von den neuen Freundschaften, die er in Rom einging, gelang es ihm, von Charlotte unabhängiger zu werden. Er benötigte die Krise, um seine »Existenz ganzer zu machen« und »als ein neuer Mensch zurückkommen und mir und meinen Freunden zu größerer Freude leben« (HA

Briefe 2, S. 18). Er wird später in der »Italienischen Reise« von einer »wahren Wiedergeburt« sprechen, die ihn »von innen heraus umgearbeitet« hat und »immer fort wirkt« (HA Briefe, S. 150). Es sollten aber noch viele Krisen kommen und ebenso viele Neugeburten (s. Holm-Hadulla, 2009).

Die Neugeburten, die Goethe immer wieder erlebte, waren jedoch alles andere als leicht und heiter. Sie waren nur möglich durch intensive innere Arbeit: »Es bleibt wohl dabei, meine Lieben, dass ich ein Mensch bin, der von der Mühe lebt. Diese Tage habe ich wieder mehr gearbeitet als genossen [...] Ich mag nun von gar nichts mehr wissen, als etwas hervorzubringen und meinen Sinn recht zu üben. Ich liege an dieser Krankheit von Jugend auf krank, und gebe Gott, daß sie sich einmal auflöse« (HA 11, S. 396 ff.). Neben seinen Kohärenz stiftenden kreativen und praktischen Tätigkeiten sowie freundschaftlichen Beziehungen half Goethe in traurigen Zeiten sein disziplinierter Lebensstil. Grundsätzlich sah er eine beständige Aktivität als notwendig an, einen depressiven und destruktiven Unterton seiner Existenz zu bewältigen. Allerdings hat diese Arbeit gegen Vernichtung und Chaos Dichtungen ermöglicht, die uns bis heute begeistern.

Jim Morrison: Sucht und Selbstzerstörung

In meinem Buch »Kreativität – Konzept und Lebensstil« (Holm-Hadulla, 2010) habe ich anhand bedeutender Persönlichkeiten geschildert, wie persönliche Krisen und Entsagungen in schöpferische Leistungen transformiert werden können. Hier will ich am Beispiel einer kreativen Pop-Ikone die Gründe zeigen, warum dies nicht immer gelingt und schöpferische Menschen an ihrer Kreativität und Destruktivität zugrunde gehen können. Dabei werde ich die im ersten Teil dieses Buchs entwickelten kulturwissenschaftlichen, psychologischen und biologischen Perspektiven konkretisieren.

An die mythischen Personifikationen psychologischer Konstellationen Iokaste, Laios und Ödipus erinnert Jim Morrison im längsten und eindrucksvollsten Song seiner ersten Langspielplatte »The End«. Er endet mit den folgenden Versen, die wie alle hier zitierten Texte von Jim Morrison und »The Doors« dem von Danny Sugerman 1992 herausgegebenen Buch »Jim Morison & The Doors« entnommen sind. Meine eigenen Übertragungen orientieren sich an den in diesem Buch enthaltenen Übersetzungen von Heinz Gerstenmeyer:

> Der Mörder erwachte vor Sonnenaufgang
> Er zog seine Stiefel an
> Er nahm ein Gesicht aus der Ahnengalerie
> Und ging weiter den Flur entlang
>
> Er ging in das Zimmer, wo seine Schwester lebte
> Und dann schaute er bei seinem Bruder herein
> Und er kam zu einer Tür
> Und er blickte in das Zimmer
> Vater?
> Ja, mein Sohn?
> Ich will dich töten!
> Mutter, Ich will dich …

In einem Sprechgesang erzählt hier der Sänger vom Bösen, das in Gestalt des Mörders in seine Familie einbricht. Dieser scheint sich einer alten Tradition von Destruktivität anzuschließen wenn er sagt, dass er »ein Gesicht aus der Ahnengalerie« nimmt. Wir wissen nicht, ob der Autor an Ödipus und andere mythische Gestalten dachte oder nur eine allgemeine Metapher für das tradierte Böse gefunden hat. Der besungene Mörder befindet sich mit einer Schwester und einem Bruder in den gleichen biographischen Konstellationen wie Jim Morrison. Nachdem er, wie bei einem Abschiedsbesuch, noch einmal einen Blick in die Zimmer von Schwester und Bruder geworfen hat, geht er, begleitet von suggestiven Tönen, die Halle herunter wie in eine Unterwelt. Hier kommt er zur Tür des Vaters und teilt ihm mit, dass er ihn töten will. Der daraufhin geäußerte Wunsch, mit der Mutter sexuell zu verkehren, löst sich in einem dunklen und archaischen Schrei auf.

Auf den ersten Blick erscheint das Thema der Vatertötung im ödipalen Zusammenhang mit dem Begehren nach der Mutter zu stehen. Ich werde jedoch versuchen zu zeigen, dass der Verlust der Balance von Ordnung und Chaos, Kreativität und Destruktivität, Lebenstrieb und Zerstörungswut ursprünglicher ist. Der Song beginnt nämlich mit dem vollständigen Untergang der persönlichen Welt, auf den das poetische Selbst mit einem ödipalen Protest reagiert. Bevor dies anhand von »The End« und anderen Songs näher begründet werden kann, sollen die autobiographischen Aspekte der Texte von Jim Morrison dargestellt werden.

Jim Morrison inszenierte sich, in Wechselwirkung mit seiner Umgebung, mit ungewöhnlich selbstzerstörerischer Energie zu einer Pop-Ikone und quasimythischen Figur, die das Lebensgefühl einer Generation zwischen grenzenlosem Hedonismus und tiefer Verzweiflung verkörperte. Dieses Lebensgefühl war bestimmt von der kreativen Sehnsucht nach einer besseren Welt und bedroht von monströsen Zerstörungspotentialen, wie zum Bespiel den Atomwaffen. In seinen Texten und seinem Leben versuchte Jim Morrison der Bedrohung durch Gewalt und Chaos, Lieblosigkeit und Verachtung, mittels Grenzüberschreitungen und Luststreben zu entfliehen. Er stilisierte sich zu einem melancholischen Helden, der schweren Verstimmungen und Selbstzweifeln ausgesetzt und von wunderbaren Inspirationen beseelt war.

Sein kurzes Leben war seit der Adoleszenz geprägt von einer schöpferischen Suche nach Selbstverwirklichung, an der er schließlich scheiterte. Er lieferte sich zerstörerischen Kräften aus und labilisierte seine biologischen, psychischen und sozialen Ordnungsstrukturen soweit, dass er den Kontakt mit seinem Körper, seinem psychischen Selbst und seiner sozialen Umwelt verlor und daran zugrunde ging. Auf dem Höhepunkt seiner Karriere wurde er in einer berühmten Fotoserie als »junger Löwe« dargestellt und gleichzeitig als »gekreuzigter Jesus Christus« medial inszeniert. Wenige Monate nach seinem Aufstieg begann er, sich geradezu systematisch mit Alkohol und Drogen zugrunde zu richten.

Jim Morrisons Lebensgeschichte

Der bis heute als einer der größten Rockmusiker aller Zeiten bewunderte James Douglas Morrison wurde am 8. Dezember 1943 in dem kleinen Ort Melbourne in Florida geboren. Amerika befand sich inmitten des Zweiten Weltkriegs und sein Vater George Stephen diente in der U.S. Navy, wo er es bis zum Admiral bringen sollte, der ein Flugzeugträgergeschwader kommandierte. In der Zeit um Jims Geburt war er zum Flugtraining nach Florida abkommandiert und kurz nach der Geburt seines ersten Sohnes wurde er in den Kampf um die von Japan besetzten Inseln im Pazifik geschickt. Er war damit Teilnehmer jenes blutigen Kriegs, der zu Hiroshima und Nagasaki führen sollte. George Stephen Morrison erscheint auf Fotografien und in Schilderungen von Bekannten als kleiner, aber energischer und zäher Mann. Er lernte seine Frau 1941 kennen, als er auf Hawaii stationiert war.

Clara Morrison galt als warm, grazil und nachdenklich. Sie war in den ersten Jahren Jims wichtigste Bezugsperson. Von Nachbarn aus Los Altos wird sie als attraktiv und immer beschäftigt beschrieben. Ihren Sohn bestrafte sie zumeist durch Liebesentzug und Beschämung. Das Einflößen von Scham- und Schuldgefühlen sowie persönliche Entwertung wurden als hervorragende Disziplinierungsmittel angesehen und Jim schien dies als extrem kränkend zu erleben. Clara Morrison stellte sich in den Schatten ihres Mannes und betrachtete die Erfüllung der Konventionen als höchsten Wert. Für die kreativen, eigenbrötlerischen und rebellischen Seiten ihres Sohnes schien sie wenig Verständnis zu haben. So lehnte sie, nachdem Jim sich von seinen Eltern losgesagt hatte und seine ersten poetischen und musikalischen Erfolge feierte, zaghafte Wiederannäherungsversuche ihres Sohnes ab, weil er die Bedingung, sich vor dem Treffen die Haare schneiden zu lassen, nicht erfüllen wollte (Riordan und Prochnicky, 1991).

Jim Morrisons zweiter Vorname Douglas wurde nach General MacArthur gewählt und die Eltern schienen schon frühzeitig eine militärische Karriere für ihn vorzusehen. Während des Kriegs lebten Jim und seine Mutter in Clearwater bei den Eltern des Vaters. Er wird in dieser Zeit als munteres und empfindsames Kind beschrieben. Seine Schwester Anne wurde 1947 in einer Zeit geboren, in der die Familie vier Mal umziehen musste, nachdem der Vater Mitte 1946 aus dem Krieg zurückgekehrt war. Morrison berichtete mehrfach von einem einschneidenden Kindheitserlebnis, das er auch in seinen poetischen Texten verarbeitete und als »wichtigsten Moment« in seinem Leben bezeichnete: Während einer Autofahrt mit seiner Familie zog ein schweres Gewitter auf. Sein Vater weckte ihn, um ihm die mächtigen und erschreckenden Wolken zu zeigen, woraufhin sie Zeugen eines furchtbaren Autounfalls wurden. Ein Lastwagen mit indianischen Arbeitern war mit einem anderen Auto zusammengestoßen und auf der Autobahn lagen verblutende Indianer. Jim Morrison schrieb später, dass es das erste Mal war, dass er mit dem Tod in Berührung gekommen sei, und dass dieses Ereignis ihn sein Leben lang begleiten sollte. In seinem Song »Dawn's Highway« gibt er seiner immer wiederkehrenden Erinnerung an dieses Ereignis folgende Worte:

Straße der Dämmerung

Indianer, blutend verstreut auf der Straße der Dämmerung
Geister dringen in die wie eine Eierschale zerbrechliche Seele des Kindes
ein.

Ich und meine – ah – Mutter und mein Vater – und eine
Großmutter und ein Großvater – fuhren in der Dämmerung
durch die Wüste, als ein Lastwagen, vollbesetzt mit indianischen
Arbeitern, mit einem anderen Auto zusammenstieß, oder nur – Ich
weiß nicht was geschah – aber da lagen die Indianer über die ganze
Autobahn verstreut und verbluteten.
Unser Wagen fuhr an die Seite und hielt an. Es war das erste Mal,
dass ich Angst empfand. Ich muss ungefähr vier Jahre alt gewesen
sein – ein Kind, das wie eine Blume ist, sein Kopf schwankt im Wind,
Mensch.
Wenn ich darüber nachdenke und zurückblicke, stellt sich das Gefühl
ein, dass die Seelen oder die Geister dieser vielleicht ein oder zwei
toten Indianer umherrannten,
vollkommen verwirrt waren und geradewegs in meine Seele
eindrangen. Und da sind sie immer noch.
Indianer, blutend verstreut auf der Straße der Dämmerung

Geister dringen in die wie eine Eierschale zerbrechliche Seele des Kindes
ein.

Blut in den Straßen der Stadt New Haven
Blut verfärbt die Dächer und Palmen von Venice
Blut in meiner Liebe in diesem schrecklichen Sommer
Blutrote Sonne des phantastischen Los Angeles
Blut schreit ihr Gehirn, während sie ihr die Finger abhacken
Blut wird geboren bei der Geburt der Nation
Blut ist die Rose des geheimnisvollen Bundes
Blut steigt, es verfolgt mich
Indianer, Indianer wofür bist du gestorben?
Indianer sagt, überhaupt nichts.

Es scheint von untergeordneter Bedeutung zu sein, ob der Unfall tatsächlich in der geschilderten Form stattfand. Für Jim Morrison war er von hoher psychischer Realität und stellte wahrscheinlich eine Verdichtung von erschreckenden Erfahrungen und frühkindlichen Ängsten dar. Psychoanalytisch ist es naheliegend, dass diese Ängste und ihre Bewältigungsversuche zu kreativen Aktivitäten führten. Sie bestanden zunächst in einer reichen Phantasietätigkeit und später in poetischen Versuchen, Schrecken und Verzweiflung in Gedichte zu transformieren. Darüber hinausgehend identifizierte sich Morrison auf seine ganz eigene Weise mit den Opfern und glaubte später, vom Geist eines indianischen Schamanen besessen zu sein. Seine poetischen und identifikatorischen Bewältigungsversuche von Ängsten und Depressionen waren jedoch nicht ausreichend und deswegen begann Jim Morrison früh in seinem Leben, seine inneren Dämonen durch Alkohol und Drogen zum Schweigen zu bringen. Die ihn bedrängenden Erlebnisse klingen auf eindrucksvolle Weise in seinen Texten und der sie begleitenden Musik an und vermitteln dem Hörer eine Ahnung von der tiefen Verzweiflung, aber auch der ganz besonderen Schönheit, die entsteht, wenn man am Abgrund die zum Kunstwerk transformierte Leidenschaft spürt.

Die Psychoanalyse hat gute Gründe anzunehmen, dass Kindheitserinnerungen wie die oben geschilderten »überdeterminiert« sind, das heißt, es werden verschiedene Affekte und Vorstellungen figurativ verdichtet. Betrachtet man unter diesem Gesichtspunkt die geschilderte Szene, so wird deutlich, dass das Kind ein Ereignis als traumatisch erlebt, nicht nur, weil dieses Ereignis als solches schrecklich war, sondern weil das Kind sich innerpsychisch nicht dagegen schützen konnte. Die nicht ausreichenden psychischen Strukturen, die auch als Schutz vor Reizüberflutung dienen, fasst Morrison in das poetische Bild: »Geister dringen in die wie eine Eierschale zerbrechliche Seele des Kindes ein.« Anschließend wird die Anwesenheit von Eltern und Großeltern beschrieben, die das poetische Selbst aber nicht gegen die Intrusion der schrecklichen Erlebnisse in seine verletzbare Psyche schützen können. Die Psychoanalyse spricht von einem »Containing« und »Mentalisieren« potentiell traumatisierender Erfahrungen, zu der das kleine Kind die elterliche Aufnahmebereitschaft in einer Atmosphäre von Sicherheit und Ordnung benötigt. Gelingt dies nicht, verbleiben traumatisierende Ereignisse wie Fremdkörper im Seelenleben und machen sich zum Beispiel als Flashbacks bemerkbar oder treten als scheinbar grundlose Verstimmungen immer wieder auf.

Möglicherweise hängt die tiefe Abneigung Jim Morrisons gegen seinen Vater und auch seine Mutter mit diesen Konstellationen zusammen. Der Junge mag sich schon vor dem Unfall großer Einsamkeit und quälender Fremdheit ausgesetzt gefühlt haben. Aus psychoanalytischen Behandlungen ist bekannt, dass der abwesende Vater nicht nur als abwesend, sondern auch als aggressiv erlebt wird. Im Unbewussten erscheint er als Feind, der dem Kind eine sichere Umgebung vorenthält und ihm nicht hilft, seine chaotischen Affekten und fragmentierten Vorstellungen zu mentalisieren. Auch Jims Mutter scheint aus Gründen, die wir nicht kennen, kein ausreichendes Containing für desorganisierende Affekte und Vorstellungen des Kindes zur Verfügung gestellt zu haben, so dass Morrison ihnen in Form von destruktiven Verstimmungen ausgeliefert blieb. In seinen Dichtungen wird er später versuchen, diesen Verstimmungen Gestalt zu geben, zum Beispiel in »Strange Days«.

In »The End« wird er das hoffnungslose Ausgeliefertsein an Melancholie, Untergang und Tod besingen, das zu einem aggressiven Aufbäumen in der Vatertötung und im sexuellen Begehren nach der Mutter führt. Betrachtet man diese Verse aus dem Blickwinkel von Morrisons früher Kindheit und von »Geister dringen in die wie eine Eierschale zerbrechliche Seele des Kindes ein«, so wirkt sein ödipales Aufbegehren wie eine Reaktion auf frühe Vernichtungsängste. Theoriegeschichtlich bedeutet dies, dass nicht das ödipale Begehren nach der Mutter und die Kastrationsdrohung durch den Vater primär sind, sondern die Angst, im Chaos der Affekte und im Zusammenbruch mentaler Strukturen psychisch vernichtet zu werden. Plakativ formuliert wären demnach Uranos und Kronos primär und nicht Ödipus.

Seit 1948 trat etwas Ruhe in das Familienleben der Morrisons ein, weil der Vater nach Kalifornien abkommandiert wurde und man dort in Los Altos vier Jahre lang bleiben konnte. Als Jim Morrison sechs Jahre alt geworden war, wurde hier sein Bruder Andy geboren, und Jim begann seine Schullaufbahn. Er wird zu dieser Zeit als etwas phlegmatisch, scheu und zurückhaltend geschildert. Zu seinem Vater schien er weiterhin keine vertrauensvolle Beziehung entwickeln zu können und positive väterliche Autoritäten konnte er auch in der Schule nicht finden bzw. nicht akzeptieren. Der Vater wird in diesen Jahren als charmant in der Öffentlichkeit, aber rigide oder vernachlässigend in der Familie geschildert (Riordan und Prochnicky, 1991). Morrison konnte ihn nicht als Sicherheit vermittelnd oder beispielhaft erleben und ihm keine Liebe und Dankbarkeit, nicht einmal ein gewisses Maß an Achtung entgegenbringen. Seine spätere destruktive Disziplinlosigkeit mag hier ihre frühen Wurzeln haben. Dies ist ein interessanter Unterschied zu einem seiner Antipoden, Mick Jagger, dem Lead-Sänger der Rolling Stones, der eine sehr enge Beziehung zu seinem Vater hatte und auch noch in seiner wilden Adoleszenz den Kontakt mit ihm aufrechterhielt. Mick Jagger verbrachte viel Zeit mit seinem Vater, einem Sportlehrer, der gerne mit seinem Sohn verschiedenste Trainingseinheiten einlegte und an seiner Entwicklung sehr interessiert war. Wahrscheinlich führte die ausgeprägte Disziplin Mick Jaggers dazu, dass er höchst turbulente Jahre wie 1968, in dem er über 250 Konzerte weltweit mit allen Annehmlichkeiten und Unannehmlichkeiten des Bühnenlebens bestritt, ohne größere Schäden überlebte.

Als Jims Vater mehr Zeit hatte, sich um seinen Sohn zu kümmern, war es zu spät. Seine Erziehungsversuche führten nur zu Widerstand und Protest. Jim Morrison wurde ungezogen und schwierig und verärgerte seine Eltern häufig, was zu einem Teufelskreis gegenseitiger Ablehnung führte. Sein Verhalten gewann zunehmend antisoziale Züge, was man im Sinne Winnicotts (1989) als verzweifelten Ruf auffassen kann, gesehen und beachtet zu werden.

Jim Morrison fühlte sich auch seinen Geschwistern fern. Die Beziehung zu ihnen konnte ihn für die emotionale Kälte und Leere, die er mit seinen Eltern erlebte, nicht entschädigen. Oft betrachtete er ihre Anwesenheit mit Abneigung und Groll. Als Ältester übernahm er keinesfalls die Rolle des Überlegenen und Verantwortlichen, sondern blieb rebellisch. Sein Bruder Andy wurde ihm vorgezogen, vielleicht auch deswegen, weil er weniger schwierig war. Es könnte jedoch auch sein, dass Andy bessere Startchancen bei den Eltern hatte, weil er in einer Phase größerer Stabilität und Zuneigung zwischen den Eltern gezeugt, erwartet und geboren wurde. Möglicherweise war er den Eltern emotional und kognitiv vertrauter als der phantasiebegabte, aber auch ungewöhnlich wirkende Jim.

Andy Morrison erinnert sich in »No One Here Gets Out Alive« (Hopkins und Sugerman, 1980), dass Jim ihn heftig traktierte, mitunter auch quälte und es nicht ertragen konnte, wenn er seinen Tätigkeiten ungestört nachgehen wollte: »Ich weiß nicht, wie oft ich fernsehen wollte und Jim sich auf mein Gesicht setzte und furzte. Oder nach dem Trinken von Schokoladenmilch oder Orangensaft, das deinen Speichel so richtig klebrig macht, seine Knie auf meine Schultern setzte, sodass ich mich nicht bewegen konnte und der Speichel sich über meinem Gesicht verschmierte« (zit. n. Riordan und Prochnicky, 1991, S. 30). Dieses Verhalten verstärkte natürlich den Teufelskreis zwischen Jim Morrisons Leiden an mangelnder Liebe und Zuwendung, gegen das er sich durch aggressives Verhalten wehrte, Ablehnung seitens seiner Eltern und Geschwister und verstärkter Lieblosigkeit und Destruktivität seinerseits.

In den frühen 1950er Jahren kam es wieder zu einigen Umzügen, bevor Steve Morrison sich am Korea-Krieg beteiligte. Jim zog sich in dieser Zeit verstärkt zurück und begann viel zu lesen. Er entwickelte ein eigentümliches Interesse an Reptilien und nannte sich später Lizard King in Anspielung auf den Aphorismus 276 aus Nietzsches »Jenseits von Gut und Böse«: »Bei aller Art von Verletzung und Verlust ist die niedere und gröbere Seele besser daran als die vornehmere: die Gefahren der letzteren müssen größer sein, ihre Wahrscheinlichkeit, dass sie verunglückt und zugrunde geht, ist sogar bei der Vielfachheit ihrer Lebensbedingungen, ungeheuer. Bei einer Eidechse wächst ein Finger nach, der ihr verloren ging: nicht so beim Menschen.« In diesem Sinne schwankte Jim Morrison zwischen verletzlicher Offenheit und aggressiver Grobheit und entwickelte ein fragiles Selbst, das einerseits äußerst sensibel und poetisch war und andererseits rau und destruktiv, beides häufig in schnellem Wechsel und schwer für ihn selbst und seine Umwelt zu steuern. In seiner Verletzbarkeit bewunderte er die Widerstandsfähigkeit von Reptilien. Er bezeichnete sie als vollkommen anachronistische und eigenmächtige Wesen: In einem Interview äußerte er, dass, wenn eine Spezies die Chance hätte, den nächsten Weltkrieg oder die totale Vergiftung des Planeten zu überleben, dies die Reptilien wären (Riordan und Prochnicky, 1991, S. 30). Möglicherweise projizierte Jim Morrison in Eidechsen eine Vorstellung von Kohärenz und Widerstandsfähigkeit, deren Mangel er so quälend verspürte.

Die positive Seite der ständigen Umzüge war, dass Morrison lernte, schnell Kontakt zu Mitschülern zu finden, die negative, dass er sich daran gewöhnte, keine überdauernden Freundschaften einzugehen. So ist es nicht verwunderlich, dass er keine engen Beziehungen entwickelte, mit einer Ausnahme: seine Bücher. Sie vermittelten ihm Halt und ein gewisses Maß an Kohärenz- und Kontinuitätserleben. Dabei ist seine Faszination für Nietzsches Werke durchaus verständlich, denn auch in ihnen spricht, besonders in »Also sprach Zarathustra«, ein Buch, das Morrison sehr anzog, eine vereinsamte und verletzte Seele, die um ihr psychisches Überleben kämpft. Wie Nietzsche suchte Morrison seine emotionalen Verletzungen durch narzisstische Pseudo-Unabhängigkeit zu bewältigen. So äußerte er, nachdem er erste Berühmtheit erlangt hatte, in Interviews, dass seine Familiemitglieder tot seien. Dies entsprach nicht der faktischen, aber seiner psychischen Realität: Er wollte sich von der bedrückenden Vergangenheit befreien und brach deswegen alle familiären Verbindungen ab. Bekanntermaßen werden wir alle vom Verdrängten und Abgespaltenen eingeholt, und auch Jim Morrison blieb in Form seiner schwer greifbaren Verstimmungen seinen kindlichen Bedrückungen verhaftet.

In der Schulzeit war Morrison noch ambivalent an seine Eltern gebunden und erreichte aufgrund seiner hohen Intelligenz sehr gute Ergebnisse. Es kam ihm sogar in den Sinn, an der United States Naval Academy zu studieren und in die Fußstapfen des Vaters zu treten. Doch war das Verhältnis zum Vater verdorben und die beiden konnten sich nicht mit Achtung, Wertschätzung oder gar Liebe begegnen. Jim beschreibt eine Szene, nachdem sein Vater ihn zu einer Militärparade auf seinem Flugzeugträger mitgenommen und die ganze Besatzung vor ihnen salutiert hatte. Nach Hause zurückgekehrt, wurde sein Vater von der Mutter mit tiefer Verachtung kritisiert und zur Entsorgung des Mülls »verdonnert«.

Entwertung war ein großes Thema für Morrison. So fühlte er sich zum Beispiel in seiner Schulzeit als dicklicher Junge unattraktiv und wenig geachtet. Er zog sich zurück und fand in seinen Büchern Nahrung für Größenideen, die ihn über die alltägliche Realität hinwegtrösteten. Er störte in der Schule immer stärker und hatte fast durchgängig Disziplinprobleme. Dennoch zeigte er weiterhin gute Leistungen und entwickelte sich zu einem begierigen Leser anspruchsvoller Literatur. Er soll einmal gesagt haben, dass der Schlüssel zu Erziehung und Bildung das Lesen sei. Dies könne man ganz alleine tun und man finde alles, was man brauche, in den Büchern (Riordan und Prochnicky, 1991). Seine Helden waren keine Rock-'n'-Roll-Stars, Schauspieler oder Sportler, sondern William Blake, Charles Baudelaire, Arthur Rimbaud und Jack Kerouac, deren Werke er verschlang. Wie erwähnt gewann Nietzsche eine besondere Bedeutung. Hier fand er Konzepte für die Entwicklung einer ganz eigenen Weltsicht und Moral, die die Werte der Eltern und die lähmenden Bindungen ersetzen und ihm die Entwicklung eines authentischen Selbst ermöglichen sollten. Er begann Gedichte und ein Tagebuch zu schreiben, nachdem er Kafkas Tagebücher gelesen hatte, die ihn sehr beeindruckten. Manchmal übernahm er ganze Seiten aus Kafkas Aufzeichnungen und kombinierte diese mit eigenen Gedanken. Verdeckt von seinem rebellischen Verhalten schien er, ähnlich wie Kafka, seinen Vater wie eine ultimative Autorität zu erleben und sich selbst einerseits als unschuldiges Kind und andererseits als bösen Störenfried.

Jim Morrison war insgesamt ein gehemmter Junge und begründete später seine Scheu und Kontaktarmut mit dem rigiden

Katholizismus seiner Eltern. Bei ihnen herrschte ein Gottesbild, das weniger die verzeihende Liebe als die Verdammung der Bösen in den Mittelpunkt stellte. Sie fassten nach seiner Meinung die Religion als System von Bestrafungsritualen auf und bedrohten auch kleine individuelle Verfehlungen mit ewiger Verdammung. In der Pubertät wehrte er sich dementsprechend schroff gegen die von ihm als heuchlerisch erlebte Religiosität der Eltern. Er trug allerdings gerne ein Kreuz um den Hals.

Seinen Schulabschluss absolvierte Morrison 1961 an einer High School in Virginia und blieb der Abschiedsfeier fern. Sein Name wurde mehrfach aufgerufen und er erhielt das Diplom letztlich per Post. Seine Abwesenheit scheint eines seiner ersten öffentlichen Statements gewesen zu sein, mit denen er gegen die Konventionen rebellierte. Anschließend lebte er ab September 1961 bei den Großeltern väterlicherseits in Clearwater, Florida, und zeigte auch hier massive Disziplinprobleme. Seine nächtlichen Ausflüge, oft verbunden mit Trinkexzessen, überforderten seine Großeltern vollständig. Er selbst fühlte sich befreit von seinem militärischen Elternhaus und sah das Junior College in Florida als das geringere Übel an. Er konnte ungestört in den Tag hineinleben, die Schule fiel ihm leicht, er musste sich nie anstrengen und die Aussicht auf ein geregeltes Berufsleben schien ihm wenig attraktiv. Bemerkenswert angesichts dieser scheinbaren Indifferenz ist jedoch der Bericht vom Abschied von seiner Schulfreundin Tandy Martin: Am Abend vor seiner Abreise nach Florida rief er sie an und sie war überrascht, wie verzweifelt er darüber war, dass er sie nie wieder sehen würde.

Morrison entwickelte jetzt einen extravaganten Lebensstil, verstärkte seine philosophischen und psychologischen Interessen und ließ seinen zunehmend wilder werdenden Phantasien freien Lauf: Im College übernahm er ein Referat über Hieronymus Bosch und dachte sich eine Geschichte über dessen Geburt, Erziehung, Liebschaften und sogar einen Familienstammbaum aus. Sein Professor war begeistert und bewertete die Arbeit mit der Bestnote. Später erfuhr er, dass das ganze Referat ein Phantasieprodukt war. Deswegen überprüfte er einen detailliert recherchierten Essay von Jim

Morrison über einen primitiven afrikanischen Stamm und konsultierte sogar den Leiter der wissenschaftlichen Abteilung eines anderen Colleges, um sicherzugehen, dass er nicht wieder das Opfer von Morrisons überbordender Phantasie werden würde.

Gegen Ende seiner College-Zeit freundete sich Jim mit einer Kommilitonin an, die Tänzerin werden wollte und sich von Jims künstlerischen Seiten angezogen fühlte. Nach seinem Wechsel an die Florida State University im Frühjahr 1962 besuchte er sie wöchentlich und war von der weiten Landschaft begeistert, die für ihn exotisch und aufregend war. In dieser Zeit wurde Morrison von Norman O. Browns Buch »Life Against Death: The Psychoanalytic Meaning of History« tief beeindruckt. Brown schließt sich in diesem Buch Sigmund Freud an und meint, dass die menschlichen Triebe und Wünsche zum größten Teil unbewusst seien und allen Menschen ein Zerstörungspotential und ein Todestrieb innewohnten. Wie Freud war er überzeugt, dass wir Menschen entweder mit unseren unbewussten Instinkten und Trieben umgehen lernen oder unserem sicheren Untergang entgegengehen. Morrison versuchte Browns Konzepte praktisch anzuwenden und wollte seine Freunde dazu bewegen, einen Streik in einem Seminar als Experiment zu inszenieren, um die Brown'schen Thesen zu beweisen. Dieses Vorhaben scheiterte allerdings an der Ablehnung seiner Kommilitonen.

Gegen den entschiedenen Widerstand seiner Eltern zog Morrison Anfang 1964 nach Los Angeles, um seine Undergraduate-Studien an der Filmhochschule der University of California fortzusetzen. Kurze Zeit nach diesem Schritt enteignete Steve Morrison seinen Sohn und brach den Kontakt zu ihm ab. Auch Jim Morrison schien sich bis dahin innerlich vollständig von seinen Eltern und ihren Werten getrennt zuhaben. Sein Wechsel nach Kalifornien war für ihn der entscheidende Schritt zur »absoluten« Freiheit: »Break on through to the other side«, wie er wenig später dichten und singen sollte.

Morrison erlebte seine 2500-Meilen-Anhalter-Tour nach Kalifornien als erlösende Befreiung. Seine Euphorie klingt in den Versen von »The End« nach, die die Westküste Nordamerikas als das Ziel seiner Träume besingen: »The West is the best.« Viele Jugendliche waren damals ähnlich enthusiastisch in ihrer Sehnsucht nach alternativen Lebensformen, die sie mit »kalifornischem Träumen« verbanden. Im Februar 1964 schrieb sich Morrison für Film- und Theaterwissenschaften ein und belegte einen Kurs in Filmproduktion. Später kommentierte er diese Entscheidung: »Ich interessiere mich für den Film, weil er die Kunstform ist, die dem wirklichen Bewusstseinstrom sowohl im Traumleben als auch in der alltäglichen Wahrnehmung der Welt am nächsten kommt« (Riordan und Prochnicky, S. 53).

In einer Seminararbeit über die »Sexualneurosen der Massen« vertrat Morrison die These, dass die sexuelle Energie von Gruppen durch Musik transformiert werde und dadurch ein gemeinsames Bewusstsein entstehen könne. Auch seine Kommilitonen in der Filmakademie fühlten sich als Avantgarde und gemeinsam mit ihnen suchte Jim Morrison nach vielfältigen, die konventionellen Grenzen überschreitenden Erfahrungen. Allerdings sehnte er sich auch nach verbindlichen Beziehungen, zum Beispiel zu Mary Werbelow. Mary zog es jedoch vor, allein zu leben, und stellte ihre Karriere als Tänzerin über eine Beziehung zu Morrison. Dieser begann sich in dieser Zeit zu stilisieren und einen »Morrison-Look« zu entwickeln. Er las Plutarch und kopierte die von Plutarch beschriebene Attitüde Alexanders des Großen, den Kopf wie schlafend auf die linke Schulter zu legen und die geöffneten Augen in die unendliche Ferne schweifen zu lassen. Außerdem fragte er seinen Friseur, mit welcher Haartracht er Alexander ähnlich sehen könnte.

Aus der Perspektive der fünf Grundlagen von Kreativität – Begabung, Wissen/Können, Motivation, Persönlichkeitseigenschaften, Umgebungsbedingungen – lässt sich eine psychologische Zwischenbilanz ziehen: Jim Morrison war offensichtlich sehr begabt, besonders sprachlich, und konnte auch flüssig, assoziativ und divergent denken. In Bezug auf die zweite Grundlage der Kreativität – Wissen und Können – erwarb er sich, wie wir zum Beispiel an seiner Kafka- und Nietzsche-Lektüre sehen können, fundierte literarische und philosophische Kenntnisse. Drittens war er zum Schreiben ausgesprochen motiviert: Er war nicht nur ein leidenschaftlicher Leser, sondern versuchte sich früh an eigenen Gedichten. Ray Manzarek berichtet, dass Jim auf die Frage, was andere Menschen von ihm nach seinem Tod erinnern sollten, antwortete: »Worte, nur die Worte!« Sicherlich war Morrison nicht nur intrinsisch zum Schreiben motiviert, sondern auch außergewöhnlich neugierig und geprägt von einem starken Streben nach Anerkennung.

Seine Persönlichkeitseigenschaften führten jedoch zu Schwierigkeiten, originelle Ideen auch geduldig durchzuführen. Er war zwar eigenständig und unkonventionell, aber es fehlte ihm an Widerstandsfähigkeit, Frustrationstoleranz und Disziplin zum kontinuierlichen Arbeiten. Seine Umgebungsbedingungen waren beeinträchtigt durch unsichere Bindungen und fragile emotionale Beziehungen, die von Lieblosigkeit und Entwertung gekennzeichnet waren. Er erhielt zwar eine solide Schulausbildung und erwarb sich autodidaktisch fundierte literarische Kenntnisse. Die brüchigen Beziehungen zu den Eltern und Geschwistern fanden jedoch ein Abbild in einer brüchigen Selbstkonstitution, die sowohl Risiko als auch Chance war.

Wie so häufig in der Adoleszenz führte die lebensphasentypische Labilisierung des Selbst, mit ihrer triebhaften Energie und strukturellen Flexibilität, bei Jim Morrison zu einem künstlerischen Durchbruch mit eindrucksvollen Gedichten. Allerdings war er psychisch dermaßen labil, dass er depressive Stimmungen nicht ertragen und in künstlerische Arbeit transformieren konnte, sondern diese ausagieren musste. Er ließ sich von destruktiven massenmedialen Inszenierungen faszinieren, zum Beispiel denjenigen Adolf Hitlers (s. Stone, 1991). Aus psychoanalytischer Perspektive dienen dies unter anderem dazu, ein fragiles Selbst zu erregen und gleichzeitig zu stabilisieren.

Seine eigenen narzisstischen Selbstinszenierungen und die Manipulation seiner Gefühle und Vorstellungen durch Alkohol und Drogen führten dazu, dass Morrison den Boden unter den Füßen verlor und zu keiner ausreichend kohärenten Selbst- und Weltgestaltung finden konnte. Kränkungen, zum Beispiel durch Lehrer der Filmhochschule, die versuchten, ihm Grenzen aufzuzeigen und ihn zu konzentrierter Arbeit anzuhalten, konnte er narzisstisch kaum ertragen. Jeder Mensch steht vor der Aufgabe, angesichts von Kränkungen und Enttäuschungen sein narzisstisches Gleichgewicht zu bewahren, doch Jim Morrison reagierte extrem durch Entwertung von Autoritäten und mit Abbruch von Beziehungen – auch zu seiner eigenen Vergangenheit –, was zu einem zunehmend destruktiver werdenden Kohärenzverlust führte. Er erlebte sich als fremder, möglicherweise auch apokalyptischer Reiter – »a rider on the storm« –, der ohne ausreichende innere Nahrung und Stabilität – »a dog without a bone« – in seine Familie geboren und in eine Welt geworfen wurde, wo er nur ein flüchtiges Spiel als »actor on loan« aufführte:

> Reiter im Sturm
> In dieses Haus wurden wir geboren
> In diese Welt wurden wir geworfen
> Wie ein Hund ohne einen Knochen
> Wie ein ausgeliehener Schauspieler ...

Selbstverständlich waren Jim Morrisons Gefühle des Verlorenseins in einer fremden Welt kein Dauerzustand, sondern er konnte auch Zufriedenheit, Freude und Schönheit erleben. Besonders seine Spätadoleszenz erlebte er als Befreiung und er entdeckte in seiner Sexualität einen Bereich, in dem er sich lustvoll ausleben konnte. Auch fand das diffuse Chaos seiner Gefühle durch seine sexuellen Interessen eine gewisse Richtung und Ordnung. Hier fand er Zugang zu sich und zu anderen Menschen und erlebte sich – gelegentlich – ganz. Damit einhergehend kam es zu einem kreativen Durchbruch: Er begann, konzentrierter zu schreiben, und produzierte während der Zeit an der Filmhochschule in Los Angeles zwei Filme mit den Titeln »First Love« und »Obscura«. Allerdings beeinträchtigte er seine sexuelle wie seine kreative Potenz frühzeitig durch Alkohol und Drogen.

Nach seinem Abschluss an der Universität im Jahre 1965 führte er ein Boheme-Leben in Venice Beach, einem von Künstlern, Hippies und Aussteigern bevölkerten Stadtteil von Los Angeles. Hier traf er mit seinem Kommilitonen Ray Manzarek zusammen, der von den Gedichten Morrisons begeistert war und ihn zum Singen motivierte. Wenig später gründeten sie die Rockgruppe »The Doors«. Sie entnahmen diesen Namen Aldous Huxleys »The Doors of Perception« als Referenz an die Hoffnungen auf Bewusstseinserweiterung durch psychedelische Drogen. Huxley selbst hatte seinen Titel William Blakes (1757–1827) »The Marriage of Heaven and Hell« entliehen. Hier hatte Blake geschrieben: »If the doors of perception were cleansed everything would appear to man as it is, infinite« (Blake, 1995).

1965, im Jahr seines poetischen Durchbruchs und der ersten Bühnenauftritte in schäbigen Clubs, lernte Morrison Pamela Courson kennen und blieb mit ihr in einer »offenen« Beziehung bis zu seinem Tod zusammen. Sie teilten ihre physische Schönheit, und Pamela ließ sich durch Jims poetisches Wesen begeistern. Dies genügte jedoch nicht und die geliehene Vitalität von Alkohol und Drogen bestimmte ihr Leben. Alkohol und Drogenexzesse schienen für beide notwendig zu sein, um sich intensiv erleben zu können. Ihre Sehnsüchte nach starken Erlebnissen und Erweiterungen des Selbst entsprangen nicht nur schlichtem Hedonismus, sondern waren Ausdruck von tief empfundener Einsamkeit und Verzweiflung.

Morrison suchte in seinen Dichtungen nach Worten für seine Melancholie, die ihn als Grundgefühl begleitete und sich immer wieder periodisch verstärkte. Im Lied »Strange Days«, auf das ich weiter unten ausführlicher eingehen werde, beschreibt er, wie ihn schwer greifbare Verstimmungen überfallen und seine alltäglichen Freuden zerstören. In diesen Verstimmungen fühlte sich Jim Morrison, wie das poetische Selbst seiner Lieder, traumatischen Erinnerungen, Einsamkeit und Konfusion ausgeliefert und reagierte darauf mit Lebensflucht, Drogen und Alkohol. Letztere dienten dazu, dass Morrison seine Stimmung regulieren und etwas Ordnung bzw. Vergessen in das Chaos diffuser Verstimmungen bringen konnte, allerdings mit den bekannten fatalen Konsequenzen. Doch traf er in seinem Schmerz und seinen Fluchtbewegungen den Nerv seiner Generation, die in der kalifornischen Sonne und einer Stimmung von »love and peace« das Grauen des Vietnamkriegs und der apokalyptischen Bedrohungen durch die Atomwaffen zu bewältigen hatte.

Von Ray Manzarek inspiriert, setzte Morrison seine Texte zunehmend in eine Bühnenperformance um. Er war anfänglich extrem scheu und unsicher und suchte nach Modellen, um sich zu orientieren. Im Juni 1966 traten die »Doors« als Vorgruppe der Rockband »Them« auf und Jim fand in deren Lead-Sänger Van Morrison ein überzeugendes Beispiel charismatischer Bühnenpräsenz. Ray Manzarek schrieb in seinem Buch »Light my Fire«, dass Jim von Van Morrison wie verhext gewesen war und versuchte, dessen Bewegungen nachzuahmen. Es schien, als habe er hier ein kohärentes Modell für sein fragiles Selbst gefunden. Nachdem 1967 die Single »Light my Fire«, die Robbie Krieger geschrieben hatte, erschienen war und den ersten Platz der amerikanischen Charts erreicht hatte, begann ein steiler Aufstieg. Die »Doors« wurden binnen weniger Monate zu einer der populärsten Rockgruppen in den Vereinigten Staaten. Ihr erstes Album war ein Meisterstück und zeigte eine unverwechselbare Handschrift, sowohl musikalisch als auch in den Texten. Letztere berichten von der Sehnsucht nach Grenzüberschreitung, die Jim Morrisons Adoleszenz und seiner damaligen Seelenlage so sehr entsprachen. Als Beispiel verdient der Song »Break on Through« besondere Beachtung:

Brich durch

Du weißt, der Tag zerstört die Nacht
Die Nacht zerteilt den Tag
Wir versuchten zu fliehen
Wir versuchten uns zu verbergen
Brich zur anderen Seite durch …

Wir jagten hier unserem Vergnügen nach
Gruben dort nach unseren Schätzen

Aber kannst du dich noch erinnern
An die Zeiten, als wir weinten?
Brich zur anderen Seite durch …

Alle lieben meine Geliebte
Alle lieben meine Geliebte
Sie wird, sie wird
Sie wird high …

Ich fand in deinen Armen eine Insel
In deinen Augen ein Land
Arme die uns fesselten, Augen die logen
Brich zur anderen Seite durch
Brich zur anderen Seite durch
Brich durch

Woche für Woche standen wir auf der Bühne
Tag für Tag, Stunde um Stunde
Die Pforte ist eng, tief und weit
Brich zur anderen Seite durch
Brich zur anderen Seite durch
Brich durch, brich durch, brich durch, brich durch

In meiner hermeneutischen Interpretation, die das Vorverständnis des Interpreten systematisch einsetzt, sticht die Anspielung auf Schöpfungsmythen zu Beginn des Lieds sofort ins Auge: Gott trennte Tag und Nacht, und angesichts der Intensität der Schöpfung sucht das poetische Selbst zu fliehen und sich zu verbergen, doch es sehnt sich gleichzeitig nach einer ganz einzigartigen Erfahrung: »Brich zur anderen Seite durch.« Der noch (spät-)adoleszente Sänger hofft in seiner emotionalen Entgrenzung zu einem Erfüllungserlebnis zu gelangen, das ein anderer Dichter zweihundert Jahre früher seinen Werther folgendermaßen formulieren lässt: »Ein großes dämmerndes Ganze ruht vor unserer Seele, unsere Empfindung verschwimmt darin wie unser Auge, und wir sehnen uns, ach! unser ganzes Wesen hinzugeben, uns mit der Wonne eines einzigen großen Gefühls ausfüllen zu lassen« (Goethe, HA 6, S. 29).

Sehnsüchte nach Grenzüberschreitung und Verschmelzung können ein wesentlicher Antrieb zur Dichtung sein, sie leben von der Labilisierung des Selbst, aber sie gefährden es auch. Letztlich stellt die poetische Gestaltung eine Form dar, die das Chaos ungestalteter Affekte kreativ zu nutzen erlaubt. Im »Brich durch zur anderen Seite« spricht sich natürlich auch ein Aufbegehren gegen eine unerträgliche Realität und konventionelle Strukturen aus.

Wie der Mensch nach dem Sündenfall und der Adoleszent, der sich von den Konventionen befreien will, geht das poetische Selbst auf die Suche nach Lust und Glück: »Wir jagten hier unserem Vergnügen nach.« Es sucht nach Erlösung vom immer vergeblichen Begehren, das von einem »manque primordial«, einem ursprünglichen Mangel, gezeichnet ist. Die Erinnerung holt das sich von irdischen Bindungen befreiende Selbst ein: »Aber kannst du dich noch erinnern/ An die Zeiten, als wir weinten?« So ist das »Brich durch« auch ein Aufbegehren gegen Bindungen und eine Flucht vor Erinnerungen, Enttäuschungen und Verstimmungen. Die Psychoanalyse nennt dies manische Abwehr der depressiven Position. Mit depressiver Position ist hier ein durchaus gesunder Zustand von integrierter Trauer gemeint, in dem man realisiert, dass man selbst und die Welt aus guten und schlechten Anteilen zusammengesetzt ist. Dies ist natürlich schwer zu ertragen und die manische Überschreitung der konventionellen Grenzen ist nur allzu verständlich: »Alle lieben meine Geliebte/ [...] Sie wird high/ [...] Brich zur anderen Seite durch.«

Wie die Dichtung vermittelt auch die Liebe eine kreative Kohärenz angesichts der chaotischen Auflösung: »Ich fand in deinen Armen eine Insel,/ in deinen Augen ein Land.« Dies weckt jedoch bei dem poetischen Selbst, das sich nicht binden und Enttäuschungen ertragen kann, Misstrauen: Es will allen Einengungen, »Armen, die uns fesselten«, und Täuschungen, »Augen, die logen«, entfliehen. Das poetische Selbst kann der Aufgabe, sein emotionales Chaos zu ordnen, jedoch nicht entkommen, aber die kreative Gestaltung des Chaos ist eine schwierige Herausforderung, angefüllt mit Mühen und Hindernissen: »Die Pforte ist eng ...« Offensichtlich klingen hier neutestamentarische Verse aus Matthäus 7: 13–14 an: »Denn die Pforte ist weit, und der Weg ist breit, der zur

Verdammnis führt, und ihrer sind viele, die darauf wandeln. Und die Pforte ist eng, und der Weg ist schmal, der zum Leben führt, und wenige sind ihrer, die ihn finden.« Das poetische Selbst will sich damit nicht abfinden und setzt Enge, Tiefe und Weite in eins. »Die Pforte ist eng, tief und weit.«

Schon auf der ersten Langspielplatte waren nicht nur grenzüberschreitende und rebellische Töne vernehmbar, sondern auch eine tiefe Melancholie, verbunden mit Todessehnsüchten und unsublimierter Destruktivität, wie in dem das Album abschließenden Song »The End«. In seinem realen Leben befand sich Jim Morrison zur Zeit der Produktion der LP in einem Wechselbad von Gefühlen und Einstellungen zur Welt. Er suchte nach unbedingter Freiheit, Lösung von belastenden Bindungen und narzisstisch spiegelnder Bewunderung. Andererseits machten sich jedoch auch Bindungswünsche und Sehnsüchte nach stabilen Beziehungen bemerkbar. Diese wurden zum Beispiel in seinen langjährigen Beziehungen zu Pamela Courson und den Mitgliedern der »Doors« sichtbar, die er nie fallen ließ, obwohl er andere Angebote hatte. Er blieb jedoch mit seinen Eltern und Geschwistern unversöhnt. Vor einem Konzert in San Francisco im Jahre 1968 soll Jims Mutter letztmalig versucht haben, Kontakt mit ihm herzustellen, was er jedoch ablehnte.

Jim Morrisons Taumel zwischen Kosmos und Chaos sowie Sehnsucht nach erleuchteter Präsenz angesichts dunklen Grauens ist in Oliver Stones Film »The Doors« (1991) eindrucksvoll dargestellt. Seine melancholische Verzweiflung wird jedoch noch deutlicher in seiner Lyrik sichtbar. Der Titelsong seines zweiten Albums enthüllt die dunklen und chaotischen Seiten seiner Suche nach Kohärenz:

Seltsame Tage

Seltsam unheimliche Tage haben uns gefunden
Seltsame Tage haben uns zur Strecke gebracht
Sie werden unsere Alltagsfreuden zerstören
Wir müssen weiterspielen oder eine neue Stadt finden

Seltsame Augen füllen seltsame Räume
Stimmen werden ihr müdes Ende ankündigen
Die Wirtin grinst

> Ihre Gäste schlafen nach ihren Sünden
> Hört mich von Sünden reden
> Und ihr wisst, das ist es
>
> Seltsame Tage haben uns gefunden
> Und durch ihre seltsamen Stunden
> Wandeln wir allein
> Verwirrte Körper
> Missbrauchte Erinnerungen
>
> So fliehen wir aus dem Tag
> In eine seltsame Nacht aus Stein

Oben wurde geschildert, wie in den ersten beiden Versen des Songs das poetische Selbst von melancholischer Verzweiflung überfallen wird. Diese ist im ersten Album noch von Aufbegehren und Sexualität übertönt worden. Das Überspielen seiner Verzweiflung ist jetzt dem poetischen Selbst jedoch nicht mehr möglich und auch der Rückzug in die alltäglichen Freuden des Lebens ist verstellt. Erneut scheint sich eine mythische Sehnsucht nach einer neuen Ordnung zu regen: »Wir müssen weiterspielen oder eine neue Stadt finden.« Hier klingt die mythologische Vorstellung eines »Neuen Babylon« als Hoffnungsträger auf eine bessere innere und äußere Welt an. Doch seine augenblickliche Lebenswelt ist dem poetischen Selbst fremd geworden: »Seltsame Augen füllen seltsame Räume.« Wahrscheinlich spielen hier auch Drogeneinflüsse eine Rolle, doch schmälert dies nicht die Bedeutung eines bedrohlichen Entfremdungsgefühls: »Stimmen werden ihr müdes Ende ankündigen/ Die Wirtin grinst.« Im Schlaf wird das Selbst von Schuldgefühlen überfallen, die es schon lange überwunden zu haben schien: »Ihre Gäste schlafen nach ihren Sünden/ Hört mich von Sünden reden/ Und ihr wisst, das ist es.« In der melancholischen Entfremdung erlebt das poetische Selbst, wie es einsam umherirrt, sich auch körperlich verwirrt fühlt und traumatischen Erinnerungen ausgeliefert ist. »Und durch ihre seltsamen Stunden/ Wandeln wir allein/ Verwirrte Körper/ Missbrauchte Erinnerungen.« Die Fluchtwege in grenzüberschreitende Exzesse sind verstellt, es droht die Erstarrung: »So fliehen wir aus dem Tag/ in eine seltsame Nacht aus Stein.«

Alkohol und Drogen, von denen Jim Morrison zunehmend abhängig wurde, konnten seine Stimmungen immer weniger regulieren und noch weniger waren sie geeignet, seine Kreativität anzuregen. Ganz im Gegenteil: Der Dichter Jim Morrison verstummte zusehends. Trunkenheit und Melancholie führten nicht zu außergewöhnlichen Leistungen, die manche gern mit diesen Zuständen verbinden. Eine schöne Apologie des Rausches und der Ekstase, die eine andere Wirklichkeitssicht ermöglichen sollen, finden wir in Goethes »Werther«: »Leidenschaft! Trunkenheit! Wahnsinn! Ihr steht so gelassen, so ohne Teilnehmung da, ihr sittlichen Menschen, scheltet den Trinker, verabscheut den Unsinnigen, geht vorbei wie der Priester und dankt Gott wie der Pharisäer, dass er euch nicht gemacht hat wie einen von diesen. Ich bin mehr als einmal trunken gewesen und meine Leidenschaften waren nie weit vom Wahnsinn, und beides reut mich nicht: denn ich habe in meinem Maße begreifen gelernt, wie man alle außergewöhnlichen Menschen, die etwas Großes, etwas Unmöglichscheinendes wirkten, von jeher für Trunkene und Wahnsinnige ausschreien mußte« (Goethe, HA 6, S. 47). Auch Jim Morrison war gefangen von jenem antiken Mythos und seiner Wiederauflage im »Sturm und Drang«, dass Trunkenheit und Grenzenlosigkeit besondere erotische und poetische Kräfte wecken könnten. Er wurde jedoch, wie viele vor und viele nach ihm, eingeholt von seinen traumatischen Erinnerungen, die er nicht ausreichend zu integrieren vermochte, und von chaotischen Affekten, die er nicht hinreichend in psychisch kohärente Strukturen einbinden konnte.

1968 brachten die »Doors« ihr drittes Album heraus: »Waiting for the Sun.« Die Musik wurde gefälliger, aber auch blasser, und die Texte banaler. Man gewinnt den Eindruck, dass Jim Morrison an dunkler Leuchtkraft verlor und sein poetisches Talent, wahrscheinlich mitbedingt durch Alkohol und Drogen, zusehends versiegte. Dies wird ganz offensichtlich in der vierten LP, »The Soft Parade«, die 1969 veröffentlicht wurde. Auch auf der Bühne und zu Studioaufnahmen erschien Morrison kaum noch nüchtern, verspätete sich oft, so dass die Band Instrumentalversionen spielte oder Ray Manzarek den Gesangspart übernehmen musste.

So schnell wie Jim Morrisons Stern erglänzte, so schnell erlosch er. Sein Alkohol- und Drogenmissbrauch wurden so massiv, dass er bald auch äußerlich davon gezeichnet war. Er wurde übergewichtig, vernachlässigte Kleidung und Körperpflege und ließ sich einen Bart wachsen, der sein Gesicht entstellte. Aus dem verführerischen Beau wurde ein aufgedunsener Trinker. In seinen Auftritten wurde er immer aggressiver und entzündete, zum Beispiel 1969 in Miami, einen Aufruhr. Er wurde wegen »indecent exposure« und »public profanity« gerichtlich verurteilt. Seine obszönen Inszenierungen schienen vergebliche Versuche zu sein, durch Sexualisierung seine verlorengehende Affektkontrolle und psychische Inkohärenz zu kompensieren. Immer häufiger mussten die geplanten Konzerte abgesagt werden. 1969 erschien noch eine weitere LP, »Morrison Hotel«, und nach langer Unterbrechung fand die Gruppe im Oktober 1970 zur Aufnahme ihrer letzten LP »L.A. Woman« zusammen.

»So taumel' ich von Begierde zu Genuss/ Und im Genuss verschmacht ich nach Begierde«, diese Verse aus Goethes »Faust« hätte auch Jim Morrison sinngemäß dichten können. Doch waren bedauerlicherweise seine poetischen Mittel bzw. seine kreative Disziplin nicht ausreichend, um seine melancholische Entgrenzung kreativ zu ordnen. Auch seine Umgebung war nicht genügend hilfreich, seinem schöpferischen Talent durch angemessene Strukturen den notwendigen Rahmen zu verschaffen. Treffen mit anderen Pop-Ikonen wie Andy Warhol konnten ihn nicht wirklich berühren und waren für ihn meist nur unter Drogen zu ertragen. Versuche, sich durch Beziehungen zu stabilisieren, wie zur Kritikerin und Autorin Patricia Kennealy im Jahre 1970, mit der er vor einem Presbyter eine Ehe schloss, schlugen fehl. Sex mit Fans und Groupies hinterließen Leeregefühle und konnten seine Verzweiflung nicht mildern. Eine Vielzahl kürzerer Beziehungen mit berühmten Frauen wie der Sängerin Nico von »The Velvet Underground«, Grace Slick von »Jefferson Airplane« und Gloria Stavers, der Herausgeberin eines Magazins, sowie angeblich eine sexuelle Begegnung mit Janis Joplin konnten seine zunehmende Desintegration nicht beheben und ermöglichten kein ausreichendes Kohärenzgefühl. Bis zu seinem Tod waren zwanzig Vaterschaftsklagen anhängig. Allerdings wurden, bis auf einen Fall, der sich als Betrugsversuch herausstellte, keine Ansprüche auf sein Vermögen erhoben (s. Riordan und Prochnicky, 1991).

Die Exzesse bei seinen Auftritten nahmen zu, weil es ihm immer weniger gelang, seine Inspirationen und Grenzüberschreitungen in Kunstwerke zu transformieren. Er konnte sich nicht mehr in seinen Gedichten vergegenständlichen, seine Beziehungen bescherten weder Kohärenz noch Kontinuität und er musste immer stärker andere und sich selbst verletzen, um sich zu spüren. Einen gewissen Halt im Chaos seiner Empfindungen, Ideen und Selbstinszenierungen stellte seine langjährige Geliebte Pamela Courson dar. Er lernte sie kennen, bevor er berühmt wurde. Ihr gefielen seine Gedichte und sie versuchte, ihn zum Schreiben zu motivieren. Trotz ihres Anspruchs einer offenen Beziehung, was bedeutete, dass andere Sexualpartner erlaubt waren, kam es häufig zu Eifersuchtsszenen. Heftigen Auseinandersetzungen folgten tränenreiche Versöhnungen, öffentlich ausgetragene Streitigkeiten waren an der Tagesordnung und mündeten in Ausbrüchen von Courson, die etwa so endeten: »Töte mich, tu's doch« (Stone, 1991). Morrison drohte hingegen öfters mit Selbstmord, ging mit seinen Drogen an die Grenzen des physisch Überlebbaren und unternahm riskante Autofahrten: »Ich bin der König der Eidechsen, ich kann mir alles erlauben.«

Jim Morrison versuchte die Themen der von ihm geschätzten Autoren auszuleben. Insbesondere die Zerstörung konventioneller Werte und der Wunsch nach dionysischer Entgrenzung hatten es ihm angetan. Nietzsche mag am wichtigsten gewesen sein, aber auch die dunkle Trunkenheit in den Werken William Blakes, Charles Baudelaires, Arthur Rimbauds und der Autoren der Beat Generation wie Jack Kerouac übten einen großen Einfluss auf ihn aus. Der französische Romancier Louis-Ferdinand Céline faszinierte Morrison und sein Roman »Reise ans Ende der Nacht«, der die düstern Seiten menschlicher Existenz schildert, klingt wie

Blakes »Auguries of Innocence« im Song »End of the Night« nach. Hier versucht Morrison allerdings eine künstlerische Umwandlung von Düsternis und Verzweiflung in Glanz und Schönheit:

> Ende der Nacht
>
> Nimm den Highway zum Ende der Nacht
> Ende der Nacht, Ende der Nacht
>
> Geh auf die Reise zur strahlenden Mitternacht
> Ende der Nacht, Ende der Nacht
>
> Reich der Wonne, Reich des Lichts
> Manche sind zur süßen Freude geschaffen
> Manche sind zur süßen Freude geschaffen
> Manche sind zur endlosen Nacht geschaffen
> Ende der Nacht, Ende der Nacht …

Das poetische Selbst nimmt Leser, Hörer und Zuschauer mit in eine Welt glänzender Faszination. Unterstützt von rhythmischen Klängen und psychedelischen Riffs öffnet sich eine andere Welt, die Welt der glänzenden Nacht: »Das Reich der Wonne« lässt an die antike Insel der Seligen denken, an Inseln von Licht und »süßer Freude«, die nur den Eingeweihten zugänglich sind. Morrisons »endlose Nacht süßer Freude« erinnert an das Ende von Nietzsches »Trunkenem Lied«: »Doch alle Lust will Ewigkeit – Will tiefe, tiefe Ewigkeit.«

In der Realität wurden Morrisons Hoffnungen auf Erfüllung im dunklen Glanz nächtlichen Vergnügens immer unrealistischer. Waren seine Auftritte anfänglich inspiriert von Antonin Artauds Theaterkonzepten, Julian Becks Living Theatre und Charles Mackays Werk »Extraordinary Popular Delusions and the Madness of Crowds«, so entgleisen sie immer mehr in ein delirierendes Chaos. Auch die ihn so anziehenden Mythen der indianischen Ureinwohner Amerikas stellten keine Narrative mehr da, die ihm eine gewisse Kohärenz hätten geben können. Bestandteile dieser Erzählungen erscheinen immer wieder in seiner Lyrik als Eidechsen, Schlangen, Wüsten und »ancient lakes«. Er interpretierte schamanische »Geistertänze« auf der Bühne und in seinen Dichtungen, zum Beispiel in »The Ghost Song«. Doch seine künstlerischen Anleihen und Transformationen waren nicht hinreichend kohärent, um ihn gegen desorganisierende innere Prozesse schützen zu können.

Im Jahre 1970 nahmen Morrisons aggressive Ausbrüche merklich zu und er schien nur noch selten nüchtern zu sein. In Konzertmitschnitten sind seine destruktive Melancholie und Verzweiflung unübersehbar. Eine psychotherapeutische Behandlung, die ihm kulturell eigentlich nicht fern lag, konnte er wahrscheinlich aus narzisstischen Gründen nicht eingehen. Er hatte den Rubikon überschritten und das Eingeständnis, hilfsbedürftig zu sein, hätte sein ohnedies äußerst labiles Selbstwertgefühl überfordert. Im März 1971 ergriff er die Flucht aus seinem desorganisierten Leben und floh nach Paris. Berichte von Freundinnen und Freunden schildern ihn als »sehr depressiv« und »vereinsamt«. Angeblich plante er die Rückkehr in die USA und vertrieb sich die Zeit mit langen Spaziergängen durch die Stadt und unmäßigem Alkohol- und wahrscheinlich auch Drogenkonsum. Es war ihm jetzt gänzlich unmöglich geworden, in der künstlerischen Gestaltung von Texten und Melodien ein Mindestmaß von Kohärenzerleben zu finden. Er starb am 3. Juli 1971 im Alter von 27 Jahren und wurde von Pamela Courson tot in seiner Badewanne aufgefunden. Eine Autopsie wurde nicht durchgeführt, daher blieben Fragen zur Todesursache offen. Pamela Courson berichtete nach ihrer Rückkehr in die USA, dass Jim Morrison an einer Überdosis Heroin gestorben sei. Pamela starb drei Jahre später ebenfalls an einer Überdosis Heroin und gleichfalls mit 27 Jahren. Auch sie ging im Kampf zwischen schöpferischen und zerstörerischen Impulsen unter.

Die eindrucksvollste Verdichtung von Jim Morrisons Kreativität zwischen Ordnung und Chaos, Leidenschaft und Melancholie, konstruktiver Gestaltung und destruktiver Entgrenzung findet sich in dem bereits angesprochenen Lied »The End«:

Das Ende
Dies ist das Ende, schöner Freund
Dies ist das Ende, mein einziger Freund, das Ende
Von unseren ausgefeilten Plänen, das Ende

Von allem, was zu Stande gekommen ist, das Ende
Keine Sicherheit oder Überraschung; das Ende
Nie wieder werde ich in deine Augen schauen

Kannst du dir vorstellen was sein wird?
So grenzenlos und frei
Verzweifelt angewiesen auf eines Fremden Hand
In einem verzweifelten Land.

Verloren in einer römischen Wildnis des Leidens
Und alle Kinder sind wahnsinnig
Alle Kinder sind wahnsinnig
Im Warten auf den Sommerregen, Ja
Am Rande der Stadt lauert Gefahr
Nimm den Kings Highway
Unheimlich böse Szenen in der Goldmine

Nimm den Highway nach Westen Geliebte

Reite die Schlange
Reite die Schlange
Zum See
Dem uralten See, Geliebte.
Die Schlange ist lang
Sieben Meilen.
Reite die Schlange
Sie ist alt
Und seine Haut ist kalt

Der Westen ist das Beste
Der Westen ist das Beste
Komm her und wir werden den Rest tun
Es ruft uns der blaue Bus
Es ruft uns der blaue Bus
Wohin bringst du uns, Fahrer?

Der Mörder erwachte vor Sonnenaufgang
Er zog seine Stiefel an
Er nahm ein Gesicht aus der Ahnengalerie
Und ging weiter den Flur entlang
Er ging in das Zimmer, wo seine Schwester wohnte
Und dann schaute er bei seinem Bruder herein
Und dann ging er weiter den Flur hinunter
Und er kam zu einer Tür
Und er schaute in das Zimmer hinein
Vater?
Ja, mein Sohn?

Ich will dich töten
Mutter, Ich will dich f ...

Komm, Geliebte, gib uns eine Chance
Komm, Geliebte, gib uns eine Chance
Komm, Geliebte, gib uns eine Chance
Und triff mich hinter dem blauen Bus ...

Das ist das Ende
Schöner Freund
Das ist das Ende
Mein einziger Freund, das Ende

Es schmerzt, dich freizugeben
Aber du wirst mir niemals folgen
Das Ende des Lachens und der sanften Lügen
Das Ende der Nächte, in denen wir versuchten zu sterben
Das ist das Ende.

Das poetische Selbst spricht zu einem schönen Freund – »beautiful friend«. Spontan evoziert es ein ersehntes Gegenüber und einen Selbstaspekt. Beide scheinen nicht mehr zu antworten oder zumindest fürchtet das poetische Selbst die Resonanzlosigkeit. »My only friend« mag das narzisstische Eingeschlossensein bedeuten und dass sonstige Bezugspersonen das poetische Selbst nicht mehr erreichen. Die Zukunft ist verschlossen – »the end of our elaborate plans«. Die Welt zerbricht und das Chaos beginnt seine Regentschaft – »the end of everything that stands«. Dies betrifft sowohl die Außen- als auch die Innenwelt. Die Strukturen werden dermaßen labilisiert, dass sich das Selbst als kohärente Struktur auflöst.

Auch die gewohnten Bezüge des Lebens lösen sich auf – »No safety or surprise« – und die Hoffnung auf die Rückkehr in eine gemeinsame Welt weicht: »I'll never look into your eyes again.« Die Vision einer grenzenlosen und freien Welt – »Can you picture what will be? So limitless and free« – führt in eine verzweifelte Einsamkeit. Der Verlust von natürlicher Selbstverständlichkeit, geordneten Strukturen und Werten aktiviert das Bedürfnis nach einer helfenden Hand in einer Welt der Verzweiflung: »Desperately in need of some stranger's hand, in a desperate land.« Wird hier die Frage nach Gott bzw. nach seinem Gegenspieler, der später in Gestalt der Schlange auftaucht, präludiert? Bedeutet »Lost in a Roman wilderness of pain« einen archaischen Schmerz, der nicht durch eine göttlich-christliche Hoffnung geordnet und gemildert wird? Jedenfalls artikuliert das poetische Selbst einen primordialen Schmerz, in dem es verloren ist.

Dieser Schmerz führt zur Auflösung der Ich-Grenzen und zum Wahnsinn: »All the children are insane.« Erinnerungen an frühkindliche Ängste und Entbergungsgefühle tauchen auf, angelehnt an frühe Traumata und die Sehnsucht, in der Natur aufgehoben zu sein: »Waiting for the summer rain.« Man fühlt sich erinnert an Morrisons Faible für indianische Riten und ihre Naturverbundenheit. Die zivilisatorischen Genüsse sind verführerisch, wie zum Beispiel in den Songs »L.A. Woman«, »City of Light« und »Twentieth Century Fox« besungen, aber auch gefährlich: »There's danger on the edge of town.« Es begegnen Bedrohungen in den Abgründen der eigenen Erinnerungen – »weird scenes inside the gold mine« – und des Schürfens in der Mutter Erde. Dagegen hilft nur flüchtig die taumelnde Suche nach Lust und Unterhaltung: »Ride the highway west, baby.«

Die Oberfläche ist höchst brüchig, und das Selbst gerät unversehens in archaische Tiefen: »Ride the snake to the lake, the ancient lake, baby.« Morrison, der sich »Lizard King« nannte, um etwas Unzerstörbares angesichts der um sich greifenden Destruktivität festzuhalten, wählt das mythische Bild der Schlange. In der Mythologie ist sie nicht nur Symbol des Bösen, sondern auch des Unzerstörbaren. Sie führt in Abgründe, auch in Abgründe der Lust, und ist damit auch schöpferisch. So rührt auch die sexuelle Lust, wenn sie wirklich den Namen Lust verdient, an tiefste Schichten des Erlebens – »the ancient lake« – mit denen Frau und Mann im Orgasmus in Berührung kommen.

Lust evoziert eine Veränderung von Raum und Zeit, »will Ewigkeit, nur Ewigkeit«, wie Nietzsche sagt, und führt in Abgründe archaischen Erlebens: »The snake is long; seven miles. He's old and his skin is cold.« Diesen kraftvollen Abgründen, die faszinieren, aber nur für mehr oder weniger kurze Augenblicke der poetischen Illumination zu ertragen sind, entzieht sich das poetische Selbst durch einen – ironischen – Gegenwartsbezug: »The West is the best.« Aber auch hier begegnet das Magische und Unheimliche: »The blue bus is calling us. Driver, where you taken' us?« Im Ritt der kraftvollen Schlange regt sich möglicherweise eine Sehnsucht nach einer magischen Verbindung von Vergangenheit, Gegenwart und Zukunft, wie sie Morrison in rituellen indianischen Tänzen inszeniert fand. Die Lust und das Schöpferische sind aber so verwirrend, dass sie in ein Chaos führen, welches das poetische Selbst nur durch Gewalt ordnen kann: »Father, I want to kill you, Mother, I want to fuck you.« Dies scheint ein ödipaler Strukturierungsversuch der primordialen Depression, Vernichtungsangst und Destruktivität zu sein.

Doch das poetische Selbst will leben und sucht nach der Befreiung aus seinen Verstrickungen durch Kommunikation und Aktivität: »Come on, baby, take a chance with us« bedeutet die Wendung ins Leben. Das Selbst sucht sich durch Sexualität und durch die Gestaltung seiner Welt, insbesondere durch Poesie und Musik, aus den Schrecknissen von mythischer Gewalt und Destruktivität zu befreien. Allerdings gelingt dies nur für den Augenblick der sexuellen Erfüllung und künstlerischen Inspiration. Es stellt sich sogleich wieder das Ende von Freude, »Lachen und sanften Lügen« ein: »This is the end.« Erträglich wird diese apokalyptische Stimmung und Vorstellungswelt durch die Gestaltung in Dichtung und Musik. Wir wollen im Folgenden einen näheren Blick auf deren Bedeutung werfen.

Die Bedeutung von Musik und Dichtung in Leben und Werk Jim Morrisons

Wie zu allen Zeiten, in jeder Kultur und wie für die meisten Menschen war Musik von elementarer Bedeutung für Jim Morrison. Allerdings fand er in seinen Texten ein besseres Daseinsgefühl und er schätzte deren Wert höher ein als seine Musik. Dennoch kämpfte Jim Morrison wie der mythische Orpheus auch durch seinen Gesang mit den Mächten der Unterwelt. Die Hoffnung der orphischen Lehre, die Menschen durch Einweihung in die Mysterien der Dichtung und Musik von ihren destruktiven Seiten ihrer Natur zu erlösen, teilte wohl auch Jim Morrison.

Wir wollen uns hier nur auf den Aspekt der Funktion von Gesang und Dichtung beziehen, chaotische Gefühle und Gedanken durch Gestaltgebung kohärent zu strukturieren und damit zerstörerischen Kräften entgegenzuwirken. Dazu ist es hilfreich, den Song »When the Music is Over« etwas eingehender zu betrachten. Die ersten beiden Verse lauten: »Wenn die Musik endet/ Lösch die Lichter aus.« Diese Verse werden zweimal wiederholt und von suggestiven Rhythmen und Riffs untermalt. Der Hörer wird in eine melancholische Stimmung des Verlöschens versetzt. Unter mythologischen Gesichtspunkten ruft Morrison nicht die Musen an, die zur Inspiration verhelfen könnten, sondern beschwört eine Untergangsstimmung. In dieser Evokation vermitteln Morrisons Stimme und die Musik der »Doors« ein Gefühl von Nähe und Menschlichkeit, das die meisten Menschen mit Musik verbinden und das ihnen Betrübnisse und Schrecknisse erträglich macht. Im Song der »Doors« wird nun besungen, dass die Musik der wichtigste, ja einzige Freund in einer sonst unheimlichen Welt ist: »Die Musik ist dein einziger Freund/ Bis ans Ende, ans Ende, ans Ende.«

Gesang und Musik ermöglichen Grenzerfahrungen, den »Tanz auf dem Feuer«, ohne im Chaos von Gewalt und Zerstörung zu versinken. Für Morrison ist die künstlerische Gestaltung jedoch nicht ausreichend, er will eine andere Realität und inszeniert sich auf der Bühne und im Leben als gefährlicher Zerstörer. Er beleidigt sein Publikum und gefährdet es zum Beispiel durch das Schleudern eines eisernen Mikrophons auch physisch. Seine destruktiven Impulse richten sich jedoch am stärksten auf sich selbst. In »When the Music is Over« besingt er einen radikalen Hoffnungsverlust und den Wunsch, dass man das poetische Selbst der Unterwelt übergeben soll. Es gibt die Hoffnung auf Erlösung durch Musik und Dichtung auf und glaubt nicht wie Orpheus, dass die Kunst die Trauer erträglich macht. Orpheus gewinnt aus seiner Trauer die musikalische und dichterische Inspiration, das poetische Selbst von »When the Music is Over« jedoch verliert den Kontakt, kann die Musik nicht mehr als inneren Begleiter wahrnehmen und versinkt im »großen Schlaf«. Dann will es jedoch dem Untergang entkommen und sucht in der Liebe seine Lebendigkeit wiederzufinden: »Komm zurück, Geliebte/ Zurück in meine Arme.« Es versucht der Depressivität und Destruktivität zu entrinnen: »Wir werden des Herumhängens müde/ Des Wartens mit hängenden Köpfen« und dabei hilft die Musik: »Ich höre einen sehr sanften Klang ...«

Jeder wird beim Hören dieser musikalisch sehr berückenden Passage, die der warme Bariton Jim Morrisons dem Zuhörer zuspielt, seine eigenen Erinnerungen und Empfindungen entwickeln. Die Musik verschafft hier die – möglicherweise lebenswichtige – Illusion der Vereinigung mit Schönheit, Natürlichkeit und Humanität. Der Klang in Jim Morrisons Lied kommt »sehr nahe, doch sehr fern/ sehr sanft, doch sehr klar«. Nach dieser sehnsüchtigen und hoffnungsvollen Passage überfällt das poetische Selbst der Schmerz über die Destruktivität der Menschen, die in ihrer zerstörerischen Kreativität die Erde misshandeln:

> Was haben sie der Erde angetan?
> Was haben sie nur unserer schönen Schwester angetan?
> Sie haben sie verwüstet, geplündert, zerrissen und zerfleischt
> Sie haben sie am Rande der Dämmerung mit ihren Messern erdolcht
> Sie haben sie ans Holz gebunden und vernichtet ...

Wenn man an Jim Morrisons häufige Assoziationen an die Bibel und an seine gelegentliche Identifikation mit Jesus Christus denkt, erscheint es nicht zu kühn, in diesen Versen neben der Anklage der menschlichen Zerstörung von Natur und Welt auch eine poetische Identifikation mit der leidenden Schöpfung, und möglicherweise auch ihrer Erlösung durch den Opfertod, zu hören. Im Hintergrund klingt eine leise Hoffnung an: Musik und Gesang. Das Lied setzt sich, untermalt von ergreifenden Rhythmen und Tönen, fort: »Ich höre einen sehr sanften Klang/ Mit deinem Ohr auf dem Boden.« Hier wird der ursprüngliche Bezug zur Mutter

Erde im Sinne indianischer Achtsamkeit für die Natur und unser Eingebundensein in sie beschworen. Das poetische Selbst protestiert gegen ihre Zerstörung, der Song wird lauter und Jim Morrison ruft: »Wir wollen die Welt ... – Jetzt!« Dieser Vers wird wiederholt und dann endet er in einem fragenden »Jetzt?« – und der Antwort: »Jetzt!« Das Lied wird anschließend wieder sanfter intoniert und der Text setzt sich folgendermaßen fort:

> Persische Nacht! Geliebte
> Sieh das Licht! Geliebte
> Rette uns!
> Jesus!
> Rette uns!

Das Lied klingt aus mit der Wiederholung der ersten beiden Strophen und entlässt den Hörer nachdenklich, getröstet, auf schöne Weise verwirrt, so, als hätte etwas Schreckliches für einen Augenblick eine kohärente und damit erfüllte Gestalt gewonnen.

Die Erfahrung, dass die Musik das Chaos ordnet und das Leiden erträglich macht, ist von Dichtern immer wieder besungen worden. Beispielhaft soll hier Rainer Maria Rilke erwähnt werden, der wie Jim Morrison unter selbstdestruktiven Impulsen und schweren depressiven Verstimmungen litt (s. Dörr, 2011). Rilke bezieht sich in den letzten Versen der ersten Duineser Elegie auf die Macht der Musik, die die Leere in Schwingung bringt und uns »hinreißt und tröstet und hilft«. Musik ist für Rilke deswegen so notwendig, weil wir jenseits der äußeren Zerstörung auch im Inneren zerstörerischen Kräften und einer existentiellen Trauer ausgeliefert sind. Anders als Jim Morrison, der der primordialen Melancholie des Seins durch hedonistische und narzisstische Selbstdarstellung zu entfliehen suchte, sah Rilke die Trauer als notwendig an, um ein Werk zu erschaffen: »Aber wir [...], denen aus Trauer so oft seliger Fortschritt entspringt – : könnten wir sein ohne sie?« Musik und Dichtung geben bei Rilke dem ursprünglichen Mangel, ursprünglichen Verlusten und Ängsten sowie zerstörerischen Impulsen eine Gestalt. Sie sind Medien, in einer fremden und destruktiven Welt heimisch zu werden. Sie verbinden mit den Anderen, sind aber auch vergänglich. Mick Jagger singt in »No Expectations«: »Unsere Liebe ist wie das Wasser/ Das auf einen Stein fällt/ Unsere Liebe ist wie unsere Musik/ Sie ist hier, und dann – ist sie vergangen.« Andererseits erzeugen Musik und Dichtung ein Gefühl schöpferischer Ewigkeit und ein Gemeinschaftsgefühl, das den Augenblick überdauert.

Evolutionsbiologisch war der Gesang wegen seiner gemeinschaftsbildenden Funktion sicherlich ein Überlebensvorteil. Neurobiologisch führt er zu neuronaler Synchronizität und Kohärenz, die ein wesentliches Korrelat von psychischem Wohlbefinden und Gesundheit darstellen. Entwicklungspsychologisch dürfte die mütterliche Stimme, und später die Stimme des Vaters, nach den intrauterinen kinästhetischen und rhythmischen Erlebnissen und den olfaktorischen Wahrnehmungen ein wesentlicher Begleiter während des gesamten Lebens sein. Diese sinnlichen Erfahrungen vermitteln, wenn sie neuronal gespeichert und psychisch repräsentiert werden, ein Kohärenzgefühl, von dem schon viel gesprochen wurde und das lebensnotwendig zu sein scheint. Manche Menschen finden einen besonderen Zugang zu ihrer Vergangenheit, wenn sie mit den Gesängen ihrer Kindheit in Berührung kommen und die frühen Stimmen als nah und tröstend erleben.

Dichtung und Musik sind möglicherweise die wichtigsten Medien, um die zerstörerischen Anteile von Natur und Kultur zu transformieren. Sie sind aber nicht nur in der Lage, konstruktive Gefühle, Gedanken und Handlungen zu bewirken, sondern auch destruktive Regungen manipulativ auszunutzen (s. z. B. Adorno, 1970). Letztlich müssen Dichtung und Musik auch einen Wahrheitsanspruch einlösen, der allerdings schwer zu begreifen ist. Unter psychologischem Gesichtspunkt sind Dichtung und Musik dann wahr, das heißt im Wittgenstein'schen Sinne brauchbar, wenn sie destruktive Regungen transformieren. Um dies näher zu beleuchten, sei noch einmal der Vergleich von Jim Morrison mit Rainer Maria Rilke bemüht.

Rilke hatte wie Morrison eine schwierige Kindheit und auch er wurde in seinem So-Sein nicht angenommen (s. Dörr, 2011). Seine

Mutter war mit ihrem Leben in Prag stets unzufrieden. Wahrscheinlich verursachte der Tod der erstgeborenen Tochter im Alter von vier Monaten, kurz bevor sie mit Rainer Maria schwanger werden sollte, unüberwindbare Zerwürfnisse mit ihrem Ehegatten. Auf jeden Fall weigerte sich seine Mutter zu akzeptieren, dass ihr zweites Kind ein Junge war. Sie kleidete und behandelte ihn bis zu seinem sechsten Lebensjahr wie ein Mädchen. Der Vater war wie bei Morrison ein schattenhafter großer Abwesender. Die Ehe der Eltern brach schließlich auseinander, als der Dichter gerade neun Jahre alt geworden war.

Die Beziehung Rilkes zu seiner Mutter war sehr kompliziert und voll von Widersprüchen. Einerseits kritisierte er sie bissig und schrieb mit fast dreißig Jahren, dass er jede Begegnung mit ihr als ist eine Art Rückfall erlebe. Er verspürte lebenslang eine Ambivalenz zwischen quälerischer Sehnsucht und verzweifelter Abneigung und seine Dichtungen durchzieht die Schilderung eines frühen Selbstverlustes, der von den Eltern nicht aufgefangen werden konnte.

Rilke litt wie Jim Morrison unter schweren Verstimmungen. Allerdings lehnte er Drogen und Selbstzerstörung ab, weil er meinte, dass das Leiden zur Berufung des Künstlers gehöre und nur aus dessen Transformation große Werke entstehen könnten. Letztlich waren für ihn Dichtung und Musik Medien, die in erster Linie nicht dem Begehren und dem Werben dienten, sondern dem Überleben. In den »Sonetten an Orpheus« heißt es: »Gesang, wie du ihn lehrst, ist nicht Begehr,/ nicht Werbung um ein endlich noch Erreichtes;/ Gesang ist Dasein.« Musik und Dichtung stellen eine Verbindung zu Vergangenheit und Zukunft her und sind für Rilke die wichtigsten Bindeglieder zwischen Natur und Geist. Die Stimme verkörpert den eigenen Lebenshauch und die Liebe zum Anderen. Dies war auch eine Sehnsucht Jim Morrisons, doch konnte die Macht des Schöpferischen ihn nicht vor destruktiven inneren und äußeren Prozessen bewahren und das Zerstörerische in seiner Innen- und Außenwelt zur Kunst nicht ausreichend transformieren. Möglicherweise hatte er es in einem Punkt schwerer als Rilke, der wie Morrison unter der zerstörerischen Ausbeutung der Natur litt: »Alles Erworbne bedroht die Maschine.« Rilke hatte noch die Hoffnung, dass durch menschliche Demut und Respekt der Erdball zu retten sei: »Aber noch ist uns das Dasein verzaubert; an hundert Stellen ist es noch Ursprung.« Jim Morrison hatte diese Hoffnung nicht mehr, möglicherweise auch wegen der weiter fortgeschrittenen Zerstörung der Erde und ihrer Atmosphäre als zu Rilkes Zeiten. Ihm blieb nach einer kurzen Phase poetischer Inspiration nur die Möglichkeit, zerstörerisches Schöpfertum zu inszenieren, anstatt es zu transformieren. Damit wurde er zu einer Ikone selbstzerstörerischen Aufbegehrens gegen individuelle Melancholie, soziale Kälte und ökologische Destruktion.

Zusammenfassung von Jim Morrisons Kampf zwischen Schöpfung und Zerstörung

Aus der Perspektive der Kreativitätsmythen betrachtet, war Jim Morrisons Leben und Werk ein Kampf zwischen Schöpfung und Zerstörung, Ordnung und Chaos, Konstruktion und Destruktion, den er zu früh verloren hat. Er öffnete sich archaischen Welten des Schöpferischen, die von Leidenschaft und Gewalt geprägt sind, und trachtete eine konventionelle Ordnung kreativ zu zerstören, die er als entleert und destruktiv erlebte. Mythische Gestalten wie Schlangen und Echsen verkörperten in seinen Dichtungen Formen des kreativen Überlebens. Gefühle »erleuchteter Präsenz« fand er in poetischen Momenten. Sie waren jedoch instabil und konnten ihn gegen (selbst-)destruktive Kräfte nicht ausreichend schützen. Konstruktion und Destruktion befanden sich in keinem ausgewogenen Verhältnis und er geriet häufig in Zustände von Triebentmischung und Kohärenzverlust. Seine Sensibilität für den Einklang von Natur und Kultur, den er in indianischen Ritualen verkörpert fand, war nicht stark genug, um ihn psychisch zu stabilisieren.

Die Dialektik von Logos und Chaos waren philosophische Koordinaten, die auch sein Denken bestimmten. Es überwogen jedoch die destruktiven Seiten des Wechselspiels von Ordnung und Chaos und seine kreative Gestaltungsgarbeit konnte seine melancholische Zerrissenheit nicht ausreichend transformieren. Allerdings näherte er sich Abgründen, die Menschen in ihrem Alltag üblicherweise vermeiden, und erschuf in diesen Grenzerfahrungen bleibende Kunstwerke.

Psychobiologisch war Jim Morrisons Entwicklung im Wechselspiel von Strukturaufbau und -abbau insofern kompliziert, als er schon in der Kindheit natürliche Lebensrhythmen vernachlässigte: Als Kind hatte er zu wenig Bewegung, seine persönlichen Beziehungen waren schwierig und er fand nicht die Anerkennung, die er gebraucht hätte. In der Adoleszenz – in der bei jedem Jugendlichen erhebliche neurobiologische Umbauprozesse mit den entsprechenden emotionalen und kognitiven Turbulenzen auftreten – löste er seine persönlichen Bindungen. Dies führte einerseits zu einer bemerkenswerten kreativen Entwicklung, andererseits war sein Kohärenzverlust aber so ausgeprägt, dass elementare physische, psychische und soziale Rhythmen und Strukturen beeinträchtigt wurden. Deswegen versuchte er sein körperliches Befinden und seine Stimmungen extern durch Drogen zu steuern, was seine psychosomatische Dysbalance noch verstärkte. In einem Teufelskreis von nicht mehr produktiver Inkohärenz und Versuchen, mit immer höheren Dosen von Alkohol und Drogen seine Emotionen zu manipulieren und damit ein gewisses Maß an Kohärenz herzustellen, verlor er seine schöpferische Kraft und zerstörte sich auch körperlich.

Aus denkpsychologischer Sicht war Jim Morrison sicherlich hochbegabt. Er verfügte auch über ein für seine Zeit und seine Peergroup außergewöhnliches literarisches Wissen und Können. Ausgeprägt war der Bereich, den man in der Psychologie intrinsische Motivation nennt: Er las mit Begeisterung, war höchst neugierig und suchte früh nach eigenen Worten für die Schrecknisse und Schönheiten seiner Erlebnisse. Im Hinblick auf seine Persönlichkeitseigenschaften fallen Originalität und Unkonventionalität auf. Allerdings war er wenig tolerant gegenüber Frustrationen und wenig widerstandfähig, wenn er auf Hindernisse traf. Seine Umgebungsbedingungen waren förderlich und hinderlich in einem: Seine Eltern ermöglichten ihm oberflächlich eine gute Ausbildung, doch das emotionale Binnenklima in der Familie war schwierig, in vielen Aspekten auch destruktiv.

Unter psychoanalytischer Perspektive betrachtet, versuchte Jim Morrison seine Triebe und Verstimmungen in seiner Kunst zu sublimieren. Er verarbeitete traumatische Erlebnisse in Gedichten und Liedern, doch konnte er die erlittenen destruktiven Erfahrungen nicht soweit transformieren, dass sie hätten erträglich werden können. Er lieferte sich dem »ursprünglichen Mangel« aus, erreichte aber nur eine unzureichend stabile »depressive Position«, in der er konstruktive und destruktive Regungen nicht ausreichend kohärent gestalten konnte. Er litt unter Fragmentierungen seines Selbst und seine narzisstischen Konflikte führten zu einem destruktiven Oszillieren zwischen Minderwertigkeitsgefühlen und Größenideen. Getragen von der Idolatrie seiner Zeit entwickelte er ein grandioses Selbstbild, das sich schrittweise von seiner alltäglichen Realität und biologischen Struktur löste. Er konnte die Grenzen seiner Psyche und Physis nicht akzeptieren, weil dies die narzisstische Grandiosität, die ihm eine gewisse Kohärenz verlieh, labilisiert hätte. Im Spiegel seiner medialen Inszenierungen fand er zu einem nur scheinbar kohärenten imaginären Selbst und verlor gleichzeitig sein wahres Selbst zunehmend aus den Augen.

Aus psychiatrischer Sicht lässt sich eine Verbindung von strukturdynamischer Labilisierung in der Adoleszenz und seinem kreativem Durchbruch erkennen, der zu einem originellen Selbstausdruck führte. Nur bei laienhafter Überdehnung psychiatrischer Kategorien könnte man hier von etwas Krankhaftem sprechen und Anschluss an die Diskussion von Genie und Wahnsinn finden. Ganz im Gegenteil: Jim Morrisons Kreativität war ein biologisch, psychologisch und kulturell höchst sinnvoller Ausdruck der Suche nach einem kohärenten Selbst, das traumatische Erfahrungen und desorganisierende Stimmungen in strukturierte Narrative verwandeln kann. Seine transformierende Kreativität war allerdings nicht hinreichend wirksam, um seine traumatischen Erfahrungen und die strukturelle Labilität, die sein Schöpfertum gleichzeitig begünstigten und gefährdeten, zu bewältigen. Bei dynamischen Labilisierungen des psychischen Feldes konnte er nicht hinreichend stabil bleiben, um konzentriert künstlerisch zu arbeiten.

Verzweiflungsgefühle und Stimmungsschwankungen, die untergründig seit seiner Kindheit im Sinne einer Dysthymie bestanden, verstärkten sich periodisch so stark, dass sie durch künstlerische Arbeit nicht ausreichend transformiert werden konnten und zu emotionalem und kognitivem Kohärenzverlust, zu »Einbrüchen« führten. Diese Einbrüche, die zunehmend mit depressiven Verstimmungen, Antriebshemmung, Hoffnungslosigkeit und Selbstwertproblemen einhergingen, so dass man von depressiven Episoden und melancholischen Phasen sprechen kann, waren so unerträglich, dass Jim Morrison sie mit immer höheren Mengen von Alkohol und Drogen behandelte. Dies verstärkte in einem Teufelskreis seine Verstimmungen, lähmte seine Kreativität und führte zum frühen Tod eines – mit allen Licht- und Schattenseiten – wunderbaren Menschen.

Teil III: Praktische Anwendungen

Erziehung

Im Folgenden sollen praktische Konsequenzen aus den in Teil I und Teil II dargestellten Überlegungen zur Kreativität zwischen Schöpfung und Zerstörung dargestellt werden. Ich hoffe, zu den komplexen pädagogischen und bildungspolitischen Fragen auf dem Hintergrund der dialektischen Kreativitätstheorie einige wesentliche Ideen beitragen zu können.

Im Hinblick auf die ersten Lebensmonate und Jahre hat die neurobiologische und psychologische Forschung in den letzten Jahren große Fortschritte erreicht und es existieren erstaunliche Übereinstimmungen mit kulturwissenschaftlich gewonnen Erkenntnissen. So kann es als gesichert angesehen werden, dass Kinder von Anfang an eine sichere Umgebung benötigen, um sich optimal entwickeln zu können. Wahrscheinlich spielt schon intrauterin ein protomentales Gefühl von Aufgehobensein eine bedeutende Rolle. Nachgewiesen ist, dass der Säugling sichere Bindungen und die Spiegelung durch zugewandte Betreuungspersonen benötigt, um seine Umwelt neugierig erkunden zu können. Die emotionale Fähigkeit zu Empathie und die kognitive Fähigkeit zur Perspektivenübernahme werden schon in den ersten Lebensmonaten gelernt und stellen wichtige Grundlagen für die spätere kreative Entwicklung dar. Am kindlichen Spiel kann man ablesen, wie wichtig einerseits ein sicherer Rahmen ist und andererseits die Fähigkeit, allein, ohne äußere Reize und Ablenkungen, sich einer Sache hingeben zu können. Aus der individuellen und sozialen Störanfälligkeit des freien Spielens folgt, dass man Kindern je nach Lebensalter geschützte Räume gewähren muss, in denen sie sich ungestört ihren Tätigkeiten widmen können. Dabei ist das Maß zwischen vorgegebener Ordnung und Freiheit immer wieder neu zu reflektieren und auszuhandeln. Die jahrtausendealte Pädagogik schwankt zwischen der Betonung der äußeren Strukturen und der Einräumung von Freiräumen. Das Gleichgewicht zwischen Führen und Wachsen-Lassen wird immer wieder neu bewertet. Sicher ist jedoch, dass jedes Kind beides in einem individuell sensibel abgestimmten Maß benötigt.

Ein gutes Gleichgewicht von Ordnung und Freiraum, Bindung und Unabhängigkeit, Gewohnheit und Spontaneität ist wichtig, damit sich die kindlichen Emotionen und Kognitionen in engem Austausch mit der Umgebung entwickeln können. Neurobiologisch und psychologisch ist es gesichert, dass vom Säuglingsalter an Reize aus der Innen- und Außenwelt nicht nur gespeichert werden, sondern in beständigem Austausch mit der Umwelt aktiv verarbeitet werden. Es ist nicht übertrieben zu sagen, dass jedes Kind mit dem Material seiner Welt ein eigenes Innenleben komponiert. Während durch diese kreative Tätigkeit Hirnzellen zur Entstehung und Reifung stimuliert werden, bildet sich ein psychologisches Selbst und es entsteht eine kulturelle Welt. In der pädagogischen Begleitung von Kindern ist es wichtig zu berücksichtigen, dass diese Prozesse krisenhaft verlaufen und immer wieder neu gestaltet werden müssen.

Die psychische Entwicklung ist bei jedem Kind mit Unbehagen und Ängsten verbunden, die jeder spürt, der dem Schreien eines Kindes einmal Beachtung geschenkt hat. Besonders aus Kinderpsychoanalysen, die mitunter über viele Jahre versuchen, das kindliche Seelenleben zu verstehen, wissen wir, dass Kinder von Geburt an, möglicherweise schon früher, unter archaischen Ängsten leiden. Dies kann man derzeit nur als Vermutung formulieren, es existieren jedoch intensive Forschungsbemühungen, die psychoanalytischen und entwicklungspsychologischen Einsichten auch empirisch zu validieren. Das entscheidende Forschungsproblem besteht darin, dass frühe Ängste nicht sprachlich, sondern in anderen neuronalen und repräsentationalen Systemen gespeichert werden. Sie hinterlassen Erinnerungsspuren in Form von Körpergefühlen, Affekten und Stimmungen, aber nicht in sprachlich kodierten Reminiszenzen. Während ihrer Entwicklung sind alle Menschen diesen Ängsten ausgesetzt, ihre Intensität ist jedoch sehr unterschiedlich und hängt von komplexen angeborenen und Umgebungsbedingungen ab. Soweit sich ihre Inhalte psychoanalytisch rekonstruieren lassen, geht es besonders um Vernichtungsängste. In der Entwicklung eines kohärenten Selbst kommt es immer wieder zu Brüchen und Strukturverlust, die zu heftigen Angstreaktionen führen. Diese werden, oft nach langer Analyse, als Ängste und Traumbilder, sich aufzulösen, zerstückelt zu werden, in unermessliche Abgründe zu stürzen etc., bewusst. Wenn man sich näher damit beschäftigt, ähneln diese Ängste mythischen Vorstellungen, zum Beispiel dem Chaos als »gähnender Leere« oder »Tohuwabohu« ausgeliefert zu sein. Die Feststellung, dass individuelle Ängste den in Mythen und Märchen erzählten ähneln, bedeutet nicht, dass die einen aus den anderen ableitbar wären. Allerdings ist es auch nicht verwunderlich, dass die kulturellen Erzählungen der Völker in individuelles Erleben eingehen und in diesem immer wieder neu gestaltet werden.

Das Chaos unstrukturierter Erfahrungen und diffuser Erregungen wird für Kinder zunehmend erträglich, wenn es ihnen mit Unterstützung ihrer Betreuungspersonen gelingt, kohärente mentale Repräsentationen zu entwickeln. Diese werden durch kulturelle Erzählungen unterstützt, angefangen mit der Benennung von Gegenständen und der Versprachlichung alltäglicher Erfahrungen bis hin zu Märchen und anderen Geschichten. Bilder und Töne sind weitere wichtige mentale Repräsentationen, die Kindern ein Gefühl von Kohärenz verleihen. Deswegen ist so wichtig, dass Kinder Bezeichnungen, Geschichten, Bilder und Tonfolgen erinnern: Sie schaffen Konsistenz und Kohärenz angesichts ubiquitärer Ängste vor Zerstörung und Vernichtung.

Dabei spielt natürlich die Mutter eine besondere Rolle, mit deren Affekten, Körpergefühlen und Stimmungen das Kind schon intrauterin verbunden ist. Nach der Geburt sind es Geruch, Berührung, Blick und Stimme, die dem Kind eine sinnlich geordnete Welt vermitteln, in der es heimisch werden kann. In der kindlichen Entwicklung findet zunehmend eine Verinnerlichung der tragenden Beziehung zur Mutter und anderen Betreuungspersonen statt und das Kind lernt, allein eine kohärente Innenwelt aus bildhaften Körpergefühlen, Empfindungen und Erinnerungen zu erschaffen. Neurobiologisch und psychologisch lässt sich jetzt nachweisen, dass das Abklingen archaischer Ängste mit zunehmender Kohärenz von mentalen Repräsentationen einhergeht. Kulturwissenschaftlich kann man am Beispiel Goethes zeigen, wie sich im Spannungsfeld von mentaler Ordnung und affektivem Chaos individuelle Kreativität entwickelt. Frühkindliche Ängste und immer wieder auftretende Zustände von Kohärenzverlust stellten Anlässe und Materialien für seine außergewöhnliche Denk-, Phantasie- und Gestaltungstätigkeit dar.

Bei Jim Morrison wurde deutlich, dass die psychische Labilisierung einerseits kreative Prozesse begünstigen kann, anderseits zum Scheitern führt, wenn der Kohärenzverlust nicht mehr künstlerisch bewältigt wird und die desintegrativen Ängste nur für kurze Zeit durch Alkohol und Drogen behoben werden können. Es ist zu vermuten, dass die Selbstzerstörung Jim Morrisons aufzuhalten gewesen wäre, wenn er ausreichend Unterstützung gefunden hätte, um dem – manchmal kreativen – Chaos seiner Gefühle und Gedanken Struktur und Kohärenz zu verleihen.

Wir kennen aus unzähligen Biographien bedeutender Persönlichkeiten, wie wichtig die innerpsychische und praktische Arbeit zur Bewältigung von desintegrativen Erregungen und Ereignissen ist. Andererseits wissen wir auch, dass emotionale und kognitive Labilisierung die kreative Entwicklung begünstigen kann. Daraus können wir für Erziehung und Bildung den Schluss ziehen, dass das Gleichgewicht zwischen strukturierter Arbeit und unstrukturierten Freiräumen eine besondere Beachtung verdient. Dieses Gleichgewicht stellt sich in jedem Lebensalter neu her, allerdings nicht von selbst. Ein Kleinkind würde keinen Tag überleben, wenn es nicht beschützt und geführt würde, der Schüler würde seine Potentiale nicht entfalten, wenn er niemals eine persönliche Zustimmung und Anleitung erhielte, und ein Adoleszent würde in dieser für die Kreativität so wichtigen Phase scheitern, wenn er angesichts der kreativen Entordnung und Neuordnung keine Strukturen fände, die ihm eine kreative Vergegenständlichung ermöglichen würden.

Bildung

Aus den neurobiologischen, psychologischen und kulturwissenschaftlichen Erkenntnissen lassen sich auch Grundlagen für eine sinnvolle Bildungspolitik ableiten. Am Wichtigsten ist, sich zu vergegenwärtigen, dass Bildung und kulturelle Entwicklung kein Luxus, sondern für Individuen und Gemeinschaften lebenswichtig sind. Neurobiologisch ist es gesichert, dass intellektuelle und schöpferische Tätigkeit für die Hirnentwicklung lebenslang notwendig ist. Psychologisch ist es unzweifelhaft, dass psychische Gesundheit nur möglich ist, wenn Wahrnehmungen, mentale Repräsentationen und Emotionen immer wieder kohärent strukturiert werden. Außergewöhnliche Leistungen werden dann möglich, wenn man sich dem divergenten Denken öffnet, Ordnungsstrukturen labilisiert und auflöst, um zu einer neuen Form von Kohärenz zu gelangen. Kulturwissenschaftlich ist die Dekonstruktion gewohnter Narrative und ihre Neuformierung in neuen Erzählungen ein Elixier individueller und gesellschaftlicher Entwicklung. Allerdings bedürfen diese Entwicklungen geeigneter Umgebungsbedingungen. Angesichts der Strukturierung von Lehrplänen und Arbeitsabläufen muss immer wieder darauf geachtet werden, genügend Freiräume für *Random Episodic Silent Thinking* (REST) im oben beschriebenen Sinne des assoziativen, beweglichen, stillen Denkens zu lassen. Aber auch diese Freiräume bedürfen von früher Kindheit an der Gestaltung durch geeignetes Spielzeug, Schulung des Köpergefühls durch Tanz und Sport sowie die Entwicklung eines kulturellen Selbst durch Musik, bildende Kunst und emotionale Beziehungen. All dies kommt nicht von selbst und ist auch immer wieder bedroht durch regressive Prozesse, die durch Mangel an Anerkennung, Medienverwahrlosung, Alkohol- und Drogenmissbrauch ausgelöst und verstärkt werden können. Aus bildungspolitischer Sicht folgt aus diesen Überlegungen, dass die Organisation von Schulen und Hochschulen sich am Gleichgewicht zwischen Struktur und Freiheit, Ordnung und Chaos orientieren sollte. Wie in einer Pendelbewegung scheinen immer wieder auf Zeiten von Überstrukturierung Zeiten von Strukturlosigkeit zu folgen, die wiederum in Überorganisation münden. Die unterschiedlichen Konzepte könnten sich daran orientieren, dass klare Strukturen ebenso notwendig sind wie Freiräume zur ganz individuellen Entwicklung. Wenn man zum Beispiel Studierenden vierzig Stunden Pflichtveranstaltungen in der Woche aufnötigt, ist dies neurobiologisch, psychologisch und kulturwissenschaftlich absurd, weil es die Fähigkeit zu selbständigem Arbeiten, Denken und Handeln schwer behindert. Andererseits sollten diejenigen Studierenden, die ihre Freiräume nicht zum selbständigen Arbeiten, Denken, Lesen, kreativen Kommunizieren etc. nutzen können, strukturierter geführt werden.

Nicht nur Kulturwissenschaftler und Psychologen, sondern auch Biologen stellen fest, dass man Begabungen nicht züchten, sondern nur entdecken kann. Dies setzt voraus, dass Spielräume vorhanden sind, wo sich Talente auch zeigen können. Deswegen ist es wichtig, die Bildungsangebote stark zu diversifizieren, allerdings aber auch so weit zu strukturieren, dass Kindergarten, Schule und Hochschule echte Chancen enthalten, Talente zu erproben und zu realisieren. Das gelingt nur, wenn die Lernenden interessiert, kompetent, flexibel und strukturiert begleitet werden. Jede Begabung benötigt Wissen und Können, um sich entwickeln zu können. Kulturwissenschaftlich ist unübersehbar, dass selbst die größten Originalgenies – und gerade sie – auf einen reichen Fundus von Wissen und Können zurückgreifen: Mozart musste sich seit früher Kindheit Spieltechniken und ein musikalisches Wissen aneignen, das er später zu originellen Kompositionen neu kombinieren konnte. Goethe erwarb sich in Kindheit und Jugend einen unglaublichen Wortschatz und ein Wissen über literarische Formen, die ihm ermöglichten, nie Dagewesenes zu dichten. Picasso übte akribisch seit früher Kindheit das Zeichnen, erwarb auf der Akademie und im Selbststudium eine Vielfalt klassischer Formen, Ausdrucksmittel und Themen, die er, ausgelöst durch persönliche Erschütterungen, zu nie gesehenen Darstellungen ausarbeitete.

Psychologisch können neue Formen nur durch die Weiterentwicklung des Erlebten entstehen und neurobiologisch sind Neukombinationen nur mit schon neuronal gespeicherten und erinnerten Informationen möglich: Qualitativ hochwertige Zutaten müssen vorhanden sein, um ein gutes und originelles Mahl komponieren zu können.

Auch die Motivation zu schulischer, beruflicher und persönlicher Entwicklung ist nicht einfach gegeben, sondern entfaltet sich im Wechselspiel zwischen Struktur und Freiheit. Es existiert ein Ergänzungsverhältnis von intrinsischer und extrinsischer Motivation, innerem Antrieb und äußerer Belohnung. Die intrinsische Motivation kann durch qualifizierte Feiräume, die extrinsische durch kompetente und kontinuierliche Anerkennung gefördert werden.

Wie die intrinsische und extrinsische Motivation sind auch die Phasen des kreativen Prozesses in individuell sehr unterschiedlicher Weise störanfällig. Die Vorbereitungsphase, in der Themen gesichtet und das notwendige Wissen und Können für kreative Aktualisierungen erworben werden, ist für manche leicht und selbstverständlich. Sie lernen seit der frühen Kindheit gerne, haben keine Probleme mit Disziplin und wiederholtem Üben. Anderen ist es eine Qual, wenn sie in einem festen Rahmen immer wieder das Gleiche üben müssen und in ihrer Spontaneität beschnitten werden. Das immer wieder neu zu findende Gleichgewicht setzt sich bis in die Arbeit der Erwachsenen fort. Auch diese steht in einem beständigen Spannungsfeld zwischen routinierter Tätigkeit, die Klarheit und Sicherheit, aber auch Entwicklungsstillstand und Langeweile bescheren kann, und der Suche nach dem Neuen, die faszinieren und beleben, aber auch verwirren und unsicher machen kann.

In der Inkubationsphase, in der ein Thema der unbewussten Bearbeitung überlassen wird, stellen sich oft Spannungszustände und Verstimmungen ein. Das Gefühl, etwas noch nicht greifen zu können, was als Vorgestalt jedoch schon spürbar ist, kann erheblich beunruhigen und mitunter zur Verzweiflung treiben. Die Inkubation wird nicht oder nicht immer als wohlige Gewissheit erlebt, dass etwas Sinnvolles zustande kommen wird, sondern als bedrängender Zweifel angesichts des noch Ungeordneten und Formlosen. Vielen Kreativen, besonders Dichtern, ist dieser Zustand so unerträglich, dass sie zu Alkohol und Drogen greifen, um ihre Spannung zu bekämpfen. Sie finden dadurch in der Regel allerdings keine Inspiration und nur kurzfristige Befreiung von Angst- und Spannungszuständen. Hier ergeben sich Ansatzpunkte für eine Kreativität fördernde Führung, Beratung und Psychotherapie. Diese Formen der Unterstützung können helfen, die mit jedem kreativen Prozess einhergehenden Spannungen zu akzeptieren und zu nutzen. Allein das Wissen um die Schmerzen und die Ungewissheiten der Inkubationsphase kann schon helfen, diese anzunehmen. Man mag sich in der kreativen Spannung an die noch nicht geformten Vorgestalten im dunklen Urschlamm der altägyptischen Schöpfungsvorstellungen erinnern, in dem die Samen für neue Früchte enthalten sind, oder an den griechischen Eros, der sich noch nicht materialisiert hat. Divergente Einfälle, die noch keinen Anschluss an konvergente Ordnungsstrukturen gefunden haben, sind oft schwer zu ertragen und können zu einer emotionalen Labilisierung führen, die häufig mit der Entdeckung des Neuen verbunden ist. Diesen kreativen Spannungszuständen scheinen noch nicht ausreichend synchronisierte neuronale Erregungen zu entsprechen. Naturgemäß haben Dichter und Schriftsteller die Gefährdungen der Inkubationsphase besonders eindrücklich beschrieben. Goethe sprach von Geburtsschmerzen und Vernichtungsängsten angesichts der Unordnung des noch nicht Gestalteten, die in ein gehobenes Gefühl von Neugeburt münden, wenn chaotische Empfindungen und Vorstellungen in der Illuminationsphase eine geordnete Form gefunden haben. Vorher scheint eine Art Unbehagen unerlässlich zu sein und Freud sprach von einem »gewissen Mittelelend«, das er zum Schreiben benötige. Dieses Mittelelend kann allerdings durch verschiedene Techniken, besonders durch geschickte Arbeitsrituale, gemildert werden.

Die Illuminationsphase, in der das in der Inkubationsphase – oft unbewusst – Projektierte in Erscheinung tritt, wird gerne als Kuss der Musen, schöpferischer Funken, Heureka- und Erleuchtungserlebnis mythisiert. Psychologisch nüchterner formuliert, erscheint in dieser Phase aus den Vorgestalten und dem Wechselspiel von konvergentem und divergentem Denken, Tightening und Loosening eine greifbare Form, die eine neue Ordnung von Wissens- und Erfahrungsbeständen ermöglicht. Neurobiologisch geht dies mit Hypersynchronisierung neuronaler Erregungsmuster einher. Diese Aspekte sind für die Kreativität fördernde Begleitung von Kindern, Schülern, Studenten und allen Lernenden deswegen so wichtig, weil auch sie störanfällig sind. Es fällt vielen schwer, das neu Gesehene auch festzuhalten. Dazu ist Achtsamkeit (awareness) und Geistesgegenwart (mindfulness) notwendig, die man gezielt trainieren kann. Auch hier sind Rituale hilfreich, um das neu Gesehene wahrnehmen und festhalten zu können.

In der Realisierungsphase ist disziplinierte Arbeit unvermeidlich. Wie viele Menschen haben ständig neue und wunderbar erscheinende Einfälle, können diese aber nicht festhalten und ihnen in geduldiger Arbeit eine Form geben. Auch die Fähigkeit, Ideen beharrlich auszuarbeiten, muss man von frühester Kindheit an lernen. Hierbei helfen Betreuungspersonen, wenn sie ein Kleinkind zum ruhigen Ausmalen eines Bildes und ein Schulkind zum Lesen, Erinnern und Reproduzieren des Gelesenen anhalten. Diese meist früh erworbenen Fähigkeiten können gestört oder gar zerstört werden. Eine fördernde und fordernde Begleitung bleibt bis in das Erwachsenalter bedeutsam, zum Beispiel bei Studierenden an Hochschulen, wenn sie lernen, sich selbständig ein neues Thema zu erschließen, die relevanten Vorstudien zu sichten, zu verstehen und in einen neuen und eigenen Zusammenhang zu stellen. Dabei muss man lange, oft zermürbende Zeiten des Reproduzierens ertragen können, um das Eigene und Neue auch mit dem bekannten Wissen verknüpfen zu können. Wie in den anderen Phasen des kreativen Prozesses helfen auch hier die Kenntnis der Schwierigkeiten der Realisierungsphase sowie eine individuelle Ritualbildung, die ein optimales Gleichgewicht zwischen disziplinierter Arbeit und unstrukturierten Freiräumen ermöglichen. Letztlich muss jeder produktive und kreative Mensch das für ihn geeignete Maß von Ordnung und Chaos herstellen und die Umgebungsbedingungen so flexibel gestalten, dass die Realisierungsphase unter optimalen Bedingungen ablaufen kann.

Die Verifikationsphase, in der kreative Produkte bewertet werden, ist wie die vorstehenden störanfällig. Da stellen sich zunächst Selbstkritik und vielfältige andere Hemmungen ein, sein Produkt und damit sich selbst zu zeigen. Viele werden in narzisstische Konflikte, aber auch Schuldgefühle vestrickt, wenn sie den Eindruck gewinnen, etwas Besonderes geleistet zu haben. Überraschenderweise haben viele produktive Menschen Angst, ihre Leistungen zu zeigen, nicht, weil sie meinen, sie seien nicht genügend, sondern weil sie Angst haben, etwas Außergewöhnliches zustande zu bringen. Etwas Besonderes vollbracht zu haben bedeutet nämlich, aus der gewohnten Ordnung herauszufallen und allein zu sein. Zudem muss jeder, der etwas Außergewöhnliches leistet, den zerstörerischen Neid der Anderen fürchten. Wie wir gesehen haben, ist Neid eine der am weitesten verbreiteten Formen der Destruktivität. Mit ihm muss man besonders in der Verifikationsphase rechnen. Das beginnt in der frühen Kindheit, wenn Mädchen und Jungen besondere Fähigkeiten zeigen und deswegen gehänselt werden. Der Neid auf das Außergewöhnliche kann sich zu pädagogischen Strömungen systematisieren, die das Besondere abschaffen wollen. In einer egalitären Ideologie führt die Leugnung individueller Unterschiede von Begabung, Wissen, Motivation und Persönlichkeitseigenschaften zur Vernachlässigung und Behinderung sowohl unterdurchschnittlich als auch überdurchschnittlich leistungsfähiger Menschen.

Lebenskunst

Ausgehend von Schöpfungsmythen haben wir das Wechselspiel zwischen Kosmos und Chaos im Hinblick auf die Dialektik konstruktiver und destruktiver Prozesse beschrieben. Ähnliche Denkbilder fanden wir in Psychologie, Psychoanalyse und Neurobiologie. Auch wenn wir die menschliche Alltagsgestaltung betrachten, finden wir das Spannungsverhältnis zwischen Konstruktion und Dekonstruktion wieder: Die alltägliche Lebenswelt ist gekennzeichnet von wechselhaften Stimmungen und einer beständigen Auseinandersetzung mit einer nicht immer freundlichen Umgebung. Jeder Mensch lernt seit früher Kindheit, seiner Befindlichkeit im Austausch mit seiner Lebenswelt durch Mentalisierungen und Verhaltensweisen eine Form zu geben und zu regulieren. Er lernt damit, seiner Umwelt verstehend zu begegnen und seine eigenen Gefühle und Gedanken zu gestalten. Der Philosoph Martin Heidegger hat dies dahingehend zusammengefasst, dass »Befindlichkeit« und »Verstehen« existentielle Grundbedingungen des In-der-Welt-Seins sind. Auch der Glückliche unterliegt Schwankungen in seiner Befindlichkeit und Spannungen in seinen verstehenden Begegnungen, die er durch kreative Tätigkeit bewältigen muss. Das bedeutet, dass die wechselhaften Zustände von Glücklichsein und Eudaimonie, das Von-einem-guten-Geist-beseelt-Sein, dem Selbst und seiner Umwelt immer wieder abgerungen werden müssen. Seneca fasste dieses Wissen der Kulturvölker in seiner Schrift »Über die Kürze des Lebens« zusammen, indem er schrieb, dass das Glück des Lebens nicht gegeben, sondern aufgegeben ist.

Die Aufgabe, das Leben angesichts wechselnder Befindlichkeiten und Ereignisse zu gestalten und zu führen, erhält eine neue Facette durch die moderne Neurobiologie. Wir können Hirnareale identifizieren, bei deren Stimulation Glücksgefühle auftreten, und Hormone charakterisieren, die mit Glückserleben einhergehen. Antidepressiva können krankhafte Verstimmungen beseitigen und *cognitive-enhancing drugs*, umgangssprachlich »Gehirndoping« genannt, versprechen, Konzentration, Erinnerungsvermögen und Befindlichkeit zu verbessern. Dabei wird häufig übersehen, dass Psychopharmaka nur bei krankhaften Störungen wirksam sind und die Leistungen eines nicht erkrankten Organismus nicht verbessern, sondern nur punktuell manipulieren. So lässt sich zum Beispiel mit Methylphenidat, einem Mittel, das bei nachgewiesener Aufmerksamkeitsdefizit-Hyperaktivitäts-Störung sehr hilfreich sein kann, auch bei Gesunden die Konzentration für eine gewisse Zeit steigern. Man kann mit solch einem Medikament eine Nacht durcharbeiten, muss dafür jedoch mit mehreren Tagen Abgeschlagenheit und Leistungsverlust bezahlen. So sind solche Substanzen und andere Amphetamine sowie Kokain, abgesehen von den gravierenden Nebenwirkungen und der Abhängigkeitsgefahr, zur emotionalen und intellektuellen Leistungssteigerung nicht geeignet. Am Rande sei bemerkt, dass es auch evolutionsbiologisch höchst unwahrscheinlich ist, dass das Gehirn, das sich über Hunderttausende von Jahren in einem engen Austausch mit der Umwelt entwickelt hat und ein ungeheuer komplexes autopoietisches System darstellt, durch primitive Substanzen in seiner Selbststeuerungsfähigkeit und seinem Glückserleben verbessert werden könnte, es sei denn, es besteht eine umschriebene Störung. Schwimmen, Laufen und Spazierengehen in ruhiger Atmosphäre sowie Musik, Lesen und andere kulturelle Aktivitäten sind dem chemischen Hirndoping weit überlegen. Dies lässt sich durch praktische Erfahrungen, theoretische Überlegungen und empirische Studien zum Beispiel zur Bedeutung des beschriebenen *Random Episodic Silent Thinking* (REST) begründen.

Es ist nicht immer so gewesen, dass Glück als höchster Wert menschlichen Strebens angesehen wurde. Nietzsche sprach von Glück als »garstiger Prätension« und die Etymologie des Wortes Glück, mittelhochdeutsch »gelücken«, weist darauf hin, dass das Glückserleben ein Geschehnis mit ungewissem Ausgang ist. So haben auch die griechische Göttin Tyche und die lateinische Göttin Fortuna ein Doppelgesicht: Sie wurden verehrt und gefürchtet und das englische *fortune* kann als *good fortune* Glück und als *ill for-*

tune Unglück bedeuten. Auch im modernen Leben lässt sich feststellen, dass Situationen gesucht werden, zum Beispiel in der kreativen Arbeit, die eine Spannung erzeugen und ein offenes Ergebnis voraussetzen. Das, was ohne Anstrengung und mit Sicherheit zu erreichen ist, vermittelt nicht das Hochgefühl und die Erfüllung, nach dem sich der Glückssucher sehnt. Dies lässt sich neurobiologisch insofern belegen, als man zeigen kann, dass »Glückshormone« ausgeschüttet werden und neuronale Netzwerke im Nucleus accumbens, die mit Glücksgefühlen assoziiert sind, aktiviert werden, wenn unsicher zugeordnete Reize neuronal synchronisiert werden und eine beunruhigende Aufgabe gelöst wird.

Die Suche nach dem Neuen und Schöpferischen hängt einerseits zusammen mit Streben nach Glückseligkeit und öffnet andererseits die Büchse der Pandora und konfrontiert mit Spannung und Versagensängsten. So stellte Blaise Pascal einmal lakonisch fest, dass alles Unglück der Welt daher rühre, dass die Menschen nicht in ihren Wohnungen blieben. John Locke hat 1690 die moderne Definition des menschlichen Strebens nach Glück, dem *pursuit of happiness*, verkündet. Er meint, dass den Menschen eine Abneigung gegen das Leid und ein Streben nach Lust eingeboren sei. Das Recht auf Streben nach Glück fand in die amerikanische Unabhängigkeitserklärung von 1776 Eingang. Häufig wird übersehen, dass dort von einem »Recht auf Streben« gesprochen wird und nicht von einem »Recht auf Glück«. Bentom hält im Jahr der Französischen Revolution 1789 fest, dass Glück eine Maximierung von Lust und eine Minimierung bzw. Eliminierung von Schmerz bedeutet. Diesen Glücksvorstellungen hält Wilhelm Schmid (1998) eine philosophische Lebenskunst entgegen, die Menschen davor bewahren kann, im irrtümlichen Glauben, das gesamte Leben durch ein Streben nach »Wohlfühlglück« zu verfehlen. Moderne Glücksvorstellungen würden Menschen systematisch ins Unglück treiben. Am deutlichsten werde dies in sozialen Beziehungen: Hier gehe es nicht nur darum, Mitmenschen zur Lusterfüllung zu gebrauchen, sondern es geht um Werte wie Bindung, Freundschaft, Liebe, die nicht nur unmittelbare Glücksgefühle bereiten, sondern auch Mühen und Anstrengungen erfordern.

In sozialen Beziehungen, aber auch in der Beziehung zu sich selbst, beispielsweise bei der Regulation persönlicher Stimmungen, erscheint das erfüllte Leben wie der Herzschlag: Es zieht sich zusammen, verdichtet sich, entwickelt Kraft und Energie wie in der Systole und entspannt sich und lässt Dinge geschehen wie in der Diastole. In einem ständigen Prozess zwischen Anspannung und Entspannung, Konzentration und Distraktion, Zielorientierung und Gelassenheit findet das individuelle und soziale Leben statt und natürlich gehören hierzu nicht nur Erfolg, sondern auch Misserfolg, nicht nur Lust, sondern auch Schmerz oder zumindest Zustände des Nicht-erfüllt-Seins. So gehört es auch zur Lebenskunst, schmerzliche Erfahrungen zu bejahen und sich von beständiger Glückssuche zu befreien. Das scheinen die antiken stoischen Philosophen mit dem »guten Fluss des Lebens« zu meinen, der eben nicht darin besteht, dass man beständig einen erfüllten »Flow« erlebt, sondern sich in einem Prozess des episodischen Verdichtens und Verdünnens von Wohlbefinden befindet. Ähnliche Vorstellungen finden sich im Buddhismus und Taoismus. Wenn man sich in diesen Hinsichten von einem »guten Geist« oder »erleuchteter Präsenz« erfüllt fühlt, kann sich gelassene Heiterkeit einstellen. Allerdings wird diese heitere Gelassenheit auch immer wieder labilisiert, und zwar nicht nur durch die Anforderungen der Umwelt, sondern auch durch das intrinsische Streben nach Kreativität.

An der Dysthymie und Melancholie bedeutender Künstler sieht man, dass die intrinsische Suche nach dem Schöpferischen spannungsgeladen ist und oft mit Unglücklichsein einhergeht. Auch in der Verliebtheit entsteht eine Spannung, die nicht nur die Erfüllung voraussahnt, sondern auch schmerzliche Unsicherheit beinhaltet. Mit Gefühlen von Unsicherheit und Schmerz muss man sich abfinden, ja sogar anfreunden, wenn man kreative Leistungen und erfüllte Liebe erreichen möchte. Achtsamkeit für die Rhythmizität von Versagung und Erfüllung ist ein Weg, um auch in der melancholischen Spannung des Unerfülltseins Gelassenheit und produktive Kreativität zu bewahren. Selbst- und Weltverstehen, das heißt Weisheit als lebenspraktische Haltung, die einen größeren Sinnzusammenhang stiftet, kann dazu führen, konstruktive und destruktive Regungen, die kreative Tätigkeiten begleiten, erträglich zu gestalten. Dieses Verstehen ist nie beendet, es öffnet sich ständig dem Neuen und nach jeder Lichtung tritt der kreative Suchende wieder in die Dunkelheit ein, um sich aus dieser erneut zur hellen Einsicht zu bewegen.

Glücklich sind Menschen für mehr oder weniger lange Zeit, wenn sie sich Aufgaben stellen, die sie erreichen können, und dafür Anerkennung finden. Dabei wachsen sie über sich hinaus und transzendieren die unmittelbare Sphäre des Ich. Das Gefühl des Gelingens ist häufig mit dem Erlebnis von Schönheit verbunden. Wertsysteme und Narrative wie Kunst, Religion aber auch ökonomische und politische Konzepte können das Wechselspiel von Anspannung und Entspannung, Frustration und Erfüllung in übergeordneten und sinnvollen Erzählungen aufbewahren und Menschen damit von der hektischen Suche nach unmittelbarer Glückserfüllung entlasten.

Wir haben gesehen, dass biologische Systeme einerseits stabile Strukturen aufbauen und andererseits in einem beständigen Anpassungsprozess an ihre Umwelt kontinuierlich bestehende Strukturen abbauen und neue Strukturen aufbauen. Auf der psychologischen Ebene stellte sich dieser Strukturaufbau und Strukturabbau als Wechselspiel von Konvergenz und Divergenz, Bindung und Unabhängigkeit, Dauer und Wechsel dar. Lust stellt sich ein, wenn etwas Ersehntes neu erfahren wird, um dann wieder abzuflauen und eine neue Bewegung in Gang zu setzen. So ist der schöpferische Mensch immer ein Suchender, der sich an neue Bedingungen anpasst und neue Aufgaben sucht und dabei in einer Spannung lebt, die eigentlich keinen Spaß bereitet, sondern – für mehr oder weniger kurze Zeit – eine tiefere Befriedigung erleben lässt. Zufriedene Behaglichkeit erscheint häufig als Gegenteil von kreativer Anspannung, die sich einer Bereitschaft zum »Stirb und Werde« verdankt, einer oft quälerischen Suche, die nur manchmal Erfüllung findet, um sich bald mit dem Medusenhaupt neuer Herausforderungen konfrontiert zu sehen.

Auch der alltäglich schöpferische Mensch steht in einem Spannungsverhältnis zwischen konstruktiven und destruktiven Kräften. Deren Bewältigung ist kein philosophisches Problem, sondern eine praktische Anforderung. Jede Person steht vor der Aufgabe, ihr Leben zu führen, und in dieser Hinsicht ist Kreativität Bestandteil der allgemeinen Lebenskunst. Diese Lebenskunst beruht auf einer aktiven Gestaltung der inneren und äußeren Welt. Sie geschieht in einem kontinuierlichen inneren Dialog mit den eigenen Emotionen und Phantasien und den Antworten der anderen auf diese Gefühle, Gedanken und Handlungen. Dies geschieht jedoch nicht von selbst, sondern muss der alltäglichen Trägheit als einer Spielart von Destruktivität beständig abgerungen werden. Gutes Befinden, wirkliches Verstehen und gelungene Kommunikation sind als kreative Selbstaktualisierungen zentrale Bestandteile der Lebenskunst.

Kreativitätshemmnisse

Die kreativen Selbstaktualisierungen werden oft von destruktiven Kräften gestört, allen voran Hass und Neid. Diese werden seit dem biblischen Kain zumeist durch vorausgegangene Kränkungen und Verletzungen gerechtfertigt. Aus unerfindlichen Gründen findet sein Opfer bei Gott keine Anerkennung, er beneidet den ihm vorgezogenen Bruder Abel und tötet ihn deswegen. Franz Moor fühlt sich in Schillers »Die Räuber« zu Hass und Gewalt berechtigt, weil die Natur ihn gegenüber seinem Bruder Karl benachteiligt hat. Durch diese Zurücksetzung fühlt er sich legitimiert zu neiden, zu hassen und gewalttätig zu sein: »Frisch also! Mutig ans Werk! – Ich will alles um mich her ausrotten, was mich einschränkt, dass ich nicht *Herr* bin. *Herr* muß ich sein, dass ich das mit Gewalt ertrotze, wozu mir die Liebenswürdigkeit gebricht« (Akt I, Szene 1). Ähnlich leitet Shakespeares Richard III sein Recht auf Neid, Hass und Gewalt aus seiner Missgestalt ab: »Entstellt, verwahrlost, vor der Zeit gesandt [...] Und darum, weil ich nicht als ein Verliebter/ Kann kürzen diese fein beredten Tage,/ Bin ich gewillt, ein Bösewicht zu werden/ Und feind den eitlen Freuden dieser Tage!« (Akt I, Szene I).

Ein gewisses Maß von Frustrationshass existiert in jedem Leben. Schon das Geburtserlebnis, das während des gesamten Lebens in immer neuen Herausforderungen Resonanz findet, ist traumatisierend und weckt elementaren Schmerz und eine quasibiologische Wut. Weitere Frustrationen begleiten das gesamte Leben und letztlich droht uns unvermeidlich das größte Leid, das Sterben, das nur von wenigen Gesegneten als Erfüllung ihrer Existenz angesehen werden kann. Aber schon vorher sind wir in unserer persönlichen Entwicklung mit Abschied und Tod konfrontiert, was Shakespeare in »Wie es euch gefällt« folgendermaßen verdichtet: »Und so reifen und reifen wir von Stunde zu Stunde/ Und so verrotten und verrotten wir von Stunde zu Stunde« (Akt I, Szene 7). Diese Einsicht erzeugt vielfältige Gegenbewegungen, die schöpferisch, aber auch destruktiv sein können und sich als Hass und Neid äußern.

Neid, der in der gesamten Kulturgeschichte eine beträchtliche Wirkung entfaltet hat, kann man als eine Intimform des Hasses ansehen. Auch in der Psychologie ist Neid ein zentrales Phänomen, das menschliche Beziehungen vergiftet. Er wendet sich aber auch gegen die eigene Person, die von »Neid zerfressen« wird. Demgegenüber ist der Hass nach außen gerichtet und das hasserfüllte Individuum fühlt sich »vom Hass getrieben«. Der Hassende hat meist das Gefühl, dass ihm Unrecht geschehen ist, während sich der Neid auch ohne Unrechtsgefühl entwickelt, wenn eine Person entdeckt, dass jemand etwas Besseres ist, kann oder besitzt. Neid richtet sich auf das Gute, weswegen es auch im Gegensatz zum »heiligen Zorn« keinen »heiligen Neid« zu geben scheint. Es ist ein Bestandteil der alltäglichen Lebenskunst, Hass- und Neidgefühle zu bewältigen und sie in kreative Tätigkeiten zu transformieren. Deswegen ist Apologeten des Hasses zu widersprechen, die ihm als Ausdruck zerstörerischer Kräfte eine kulturbildende Bedeutung zumessen. So stellte Peter Sloterdijk 2006, von Nietzsche tiefreichend beeinflusst, die These auf, dass Zorn und Hass kulturstiftend sind. Den ersten Worten von Homers »Ilias« folgend – »Den Zorn singe, Göttin« – sieht er im Zorn, der sich zum Hass organisiert, einen Ursprungsaffekt der westlichen Kultur: Im Zorn drücke sich Selbstachtung aus und bilde sich Handlungsmotivation. Sloterdijk hätte sich auf die Entmannung von Uranos durch seinen Sohn Kronos als kulturelle Ursprungstat berufen können.

Den Eingangsvers von Homers »Ilias« könnte man aber auch anders verstehen. »Den Zorn singe« scheint auch zu bedeuten, dass dieser Affekt nicht wütend ausgelebt, sondern durch kulturelle und künstlerische Gestaltung bewältigt werde. Die ersten Verse der »Ilias« lauten folgendermaßen: »Den Zorn singe Göttin, des Peleussohns Achilles,/ den unheilbringenden Zorn, der tausend Leid den/ Achäern/ Schuf und viele stattliche Seelen zum Hades/ Hinabstieß« (Ilias 1–3). Sloterdijk meint, dass dem Zorn und Hass des Mustervolks der okzidentalen Zivilisation mit Anerkennung zu begegnen sei. Er übersieht dabei, dass schon im zweiten

Vers vom »unheilbringenden Zorn« gesprochen wird, der destruktiv wirkt und »viele stattliche Seelen zum Hades hinabstieß«. So gleitet die Stimme nicht mit »euphorischem Gleichmaß« über Hass und Gewalt, sondern mahnt und bittet, die Unheilsspirale von Zorn, Hass und Gewalt zu besingen und damit zu bewältigen. Diese Interpretation steht der Apologie der Gewalt Sloterdijks diametral entgegen: »Wenn das Wort ›Gewaltverherrlichung‹ je einen Sinn hatte – für diesen Introitus zur ältesten Urkunde der europäischen Kultur wäre es am Platz« (Sloterdijk, 2006, S. 11). Sloterdijk liegt mit seiner Auffassung allerdings ganz auf der Linie medialer Gewalt- und Racheverherrlichung, wie sie uns in den Filmen Hollywoods von »Terminator« bis »Sparta« entgegenkommt.

Vielleicht kann man einen »gerechten Zorn« legitimieren, doch bedeutet schöpferische Kulturentwicklung, die zerstörerischen Kräfte von Zorn, Hass und Gewalt zu bekämpfen. Der »gerechte Zorn«, von dem auch die Schöpfungsmythen durchzogen sind, ist eine gefährliche Angelegenheit. Er ist die erste Stufe zu Hass, Rache und Gewalt: »Der Gerechte wird sich freuen, wenn er Rache sieht, seine Füße im Blute des Frevlers baden kann« (Psalm 58, 11). Psychologisch ist der Zornige voll Seinsgewissheit. Sein Zorn ist ganz authentisch und muss Mäßigung als Ausdruck blasser Vernünftigkeit erleben. Das Ideal der »Selbstbeherrschung« wird emotional und intellektuell diskreditiert zugunsten der »Heiligkeit« von Zorn, Hass und Gewalt. Dem stellt sich die Bergpredigt entgegen, indem sie empfiehlt, den Hass durch Liebe zu überwinden: »Ihr habt gehört, dass gesagt wurde: ›Aug um Aug, Zahn um Zahn.‹ Ich aber sage euch: Streitet nicht mit dem Bösen, sondern wer dich auf deine rechte Wange schlägt, dem halte auch die andere hin! [...] Ihr habt gehört, dass gesagt wurde: ›Du sollst deinen Nächsten lieben‹ und deinen Feind hassen. Ich aber sage euch: Liebet eure Feinde, tut Gutes denen, die euch hassen, und betet für sie, die euch verfolgen und verleumden« (Matthäus 5, 38, 39, 43, 44). Dies ist die Vorlage der christlichen Vorstellung, wie Hass und Gewalt bewältigt werden können. Sie kann ergänzt werden durch Senecas Brevier der stoischen Affektkontrolle »De ira«, die zu einer der Grundlagen der humanistischen Ethik wurde. Seneca hält Zorn, Hass und Rache dem kultivierten Menschen nicht für angemessen. Dieser Ethik stellen sich immer wieder Strömungen entgegen, die im Hass einen Ausdruck der Selbstbehauptung sehen.

Die Apologeten des »gerechten Zorns« und der schöpferischen Zerstörung führen oft ins Feld, dass man nur auf den Stolz verzichte, wenn man über keine Machtmittel verfüge und einer Ethik der Würdelosigkeit verfalle. Stolz, Ehrgeiz, Geltungswille seien wichtige Ressourcen der menschlichen Selbstbestimmung. Das Streben nach Anerkennung – auch im Hegel'schen Sinne – ist sicherlich eine wesentliche Triebkraft der kulturellen Entwicklung. Es ist jedoch bemerkenswert, wie leichtfertig angenommen wird, dass das Streben nach Anerkennung mit Zorn, Hass und Destruktivität einhergehen soll, wie Sloterdijk dies zu meinen scheint: »Auf dem Feld des Kampfes um Anerkennung wird der Mensch zu dem surrealen Tier, das für einen bunten Fetzen, eine Fahne, einen Kelch sein Leben riskiert« (Sloterdijk, 2006, S. 40). Der Verfasser dieser Zeilen scheint gegen eine Reflexionskultur aufzubegehren, zu deren Träger er selbst qua Amt bestimmt ist. Er protestiert gegen die Domestizierung von Zorn und Hass und spricht von der »tapferen Gesinnung« des Zornigen in seinem Kampf um Anerkennung. Andererseits sieht auch Sloterdijk, dass der Hass die aktivsten Ressentimentbewegungen des 19. und 20. Jahrhunderts getragen hat und auch die erste Hälfte des 21. Jahrhundert von »Konflikten geprägt sein wird, die ausnahmslos von Zornkollektiven und gekränkten ›Zivilisationen‹ angezettelt werden« (Sloterdijk, 2006, S. 49).

In Sloterdijks Argumentation ist eine nietzscheanische Verherrlichung des Zerstörerischen enthalten, die aufgrund der entwickelten kulturwissenschaftlichen und psychologischen Perspektiven problematisch ist. Wirkliche Kreativität und humaner Fortschritt entstehen nicht durch Zorn und Zerstörung, sondern durch deren Transformation in konstruktive kulturelle Aktivität. Schon bei Kleinkindern sehen wir, dass sie sichere Bindungen und

Vertrauen benötigen, um sich entfalten können. Aus der direkten Beobachtung von Säuglingen und Kleinkindern weiß man, dass Kinder ihre Affekte nur sozial angepasst und kreativ bewältigen können, wenn sie hinreichend sicher gebunden sind. Neid und Hass werden in einer fördernden Umgebung aufgehoben und spielerisch gestaltet, sodass im Idealfall eine Ich-kongruente Integration dieser Regungen stattfinden kann. Aus dem Ausagieren von Zorn und Hass entstehen keine kreative Leistungen, sondern nur Spiralen von Destruktion und Gewalt.

Die kreativen Transformationsprozesse destruktiver psychischer Regungen werden durch erregende Gewaltdarstellungen in Fernsehen, Internet und Film erheblich erschwert, weil die Reizüberflutung die Entwicklung eines psychischen Binnenraums stört, in welchem mit Vorstellungen und Phantasien, das heißt Vorformen einer gemeinsamen Kultur, gespielt werden kann. Das Seelenleben wird destruktiv überrollt und es lässt sich neurobiologisch zeigen, dass bei massiver Reizüberflutung diejenigen Hirnareale, die mit moralischem Handeln korreliert sind, zugunsten primitiver affektiver Erregungen ausgeschaltet werden. So lässt sich auch ein neurobiologisches Korrelat für die Alltagserfahrung finden, dass permanente und massive Gewaltdarstellungen nicht verarbeitet werden können und zu Abstumpfung, Dummheit und (Selbst-)Zerstörung führen. Dabei ist der Unterhaltungswert von Inszenierungen destruktiver Gewalt das größte Problem. Individuelle und gesellschaftliche Kulturentwicklung, die entscheidenden Mittel gegen Zerstörung und Gewalt, sind nicht unterhaltsam, sondern anstrengend und zwingen jedes Individuum zu einem lebenslangen Entwicklungsprozess.

Unterschiedliche Kreativität in Politik, Ökonomie, Wissenschaft und Kunst

Schöpferische Ideen, Gestaltungen und Handlungen unterscheiden sich in den verschiedenen Feldern ihres Auftretens erheblich. Auch die Grundbedingungen – Begabung, Wissen und Können, Motivation und Umgebungsbedingungen – spielen unterschiedliche Rollen. Im Horizont der Kreativitätsförderung sollen die vier Domänen Politik, Ökonomie, Wissenschaft und Kunst gesondert betrachtet werden.

Politik

Aufgrund der verheerenden Wirkung, die sich als genial einschätzende Despoten wie Hitler und Stalin im 20. Jahrhundert entfaltet haben, ist der Begriff der »Genialität« obsolet geworden und wurde durch den Begriff »Kreativität« ersetzt. Darin scheint sich der Respekt widerzuspiegeln, den man in modernen Gesellschaften demokratischen und gemeinschaftlichen Entscheidungs- und Produktionsprozessen entgegenbringt. Aber auch in Demokratien gibt es mehr oder weniger produktive und kreative Führungspersönlichkeiten. Im Unterschied zu anderen Domänen zeichnen sich diese Personen durch ein Streben nach Macht aus, für die sie persönliche Kränkungen und andere Nachteile im Leben in Kauf nehmen. Ihre schöpferische Tätigkeit befindet sich in ständiger Auseinandersetzung mit Gegenkräften und die Dialektik der Macht führt dazu, dass sie nicht nur Herren, sondern auch Knechte im Sinne Hegels (1807) sind. Dabei sind sie nicht nur berechtigter Kritik und produktiven Gegenkräften ausgesetzt, sondern müssen sich auch gegen destruktive und chaotische Tendenzen behaupten, die die Psychologie und das Handeln von Individuen und Massen prägen. Man könnte sagen, dass in der Politik die kontinuierliche Auseinandersetzung mit anderen nach

Einfluss strebenden Menschen, Meinungen, Handlungsweisen und Lebensformen das wesentliche kreative Prinzip ist. Dementsprechend sind das Vermitteln von Gegensätzen und die Suche nach originellen Lösungen von Konflikten zu den wichtigsten politischen Instrumenten demokratischer Kultur geworden (Pfetsch, 2000).

Streit, Kampf und Krieg entstehen, wenn sich gegensätzliche Interessen in Bezug auf ein bestimmtes Gut überschneiden und die Parteien bereit sind, ihre Interessen mit allen zur Verfügung stehenden Mitteln durchzusetzen. Verhandeln ist eine Form des nicht gewalttätigen Ausgleichs von Interessen und zielt auf Ergebnisse, die von allen Seiten mitgetragen werden können: Demokratie und Verhandlungskultur gehen Hand in Hand. Dies verlangt von den Handelnden allerdings eine besondere Mischung von Flexibilität und Stabilität sowie Bescheidenheit und Durchsetzungswillen. Diese gegensätzlichen Haltungen lassen sich oft nur schwer ausbalancieren und so erscheint vielen Zeitgenossen ein Politikerleben wenig erstrebenswert.

Politische Kreativität scheint auch deswegen wenig attraktiv zu sein, weil gute Politiker gar nicht die Verpflichtung haben, selbst kreativ zu sein, sondern die Kreativität anderer zu ermöglichen und zu organisieren. Das ist eine ihrer vorzüglichsten Aufgaben, die sie aber vor das Problem stellt, anderen Menschen Anerkennung zu zollen, die ihnen selbst vorenthalten bleibt. Weil es ihre Aufgabe ist, die kreative Entwicklung anderer zu fördern, zeichnen sich Politiker durch ein Bündel von Eigenschaften aus, die primär nicht als kreativ gelten: Anpassungsbereitschaft, Geduld, Organisationsfreude und Kommunikationsstärke.

Wissenschaftlich lässt sich eine eigenständige politische Begabung im Gegensatz zur künstlerischen, wissenschaftlichen oder sportlichen bislang nicht abgrenzen. Wenn bei Politikern eine der verschiedenen Intelligenzformen hervorsticht, dann ist es die interpersonale. Sicherlich ist eine gute allgemeine Intelligenz eine Voraussetzung für erfolgreiche Politiker, aber Motivation, Persönlichkeit und günstige Rahmenbedingungen sind für den Erfolg entscheidender als eine spezifische Begabung. Politiker verfügen meist über ein ausgeprägtes Geltungsstreben. Sie vertiefen sich nicht selbstvergessen in eine wissenschaftliche Fragestellung oder tüfteln an einer Erfindung, sondern beteiligen sich oft schon in ihrer Kindheit an gemeinschaftlichen Aktivitäten, in denen sie Selbstbestätigung finden können (s. Holm-Hadulla, 2010). Sie wirken oft übertrieben ehrgeizig und zuwendungsbedürftig. Dabei ist zu bedenken, dass hinter dem Phänomen Ehrgeiz eine Vielzahl komplexer Motivationen steht. Politiker streben nach Anerkennung und Wertschätzung, fühlen sich in Großgruppen wohl und im Gemeinschaftsleben aufgehoben.

Natürlich dient die politische wie alle anderen Formen der Kreativität auch der Kompensation von Enttäuschungen und Mängeln. An Persönlichkeitseigenschaften von Politikern ragt eine Kränkungs- und Rivalitätstoleranz heraus. Zugunsten von Interesse, Ehrgeiz und Machtstreben nehmen sie Beleidigungen und persönliche Auseinandersetzungen in Kauf, die andere resignieren ließen. Weitere Charakteristika von Politikern in demokratischen Gesellschaften sind Kooperationsfähigkeit und Anpassungsbereitschaft.

Verallgemeinernd kann man zusammenfassen, dass sich Neugier, Interesse und Ehrgeiz in politischen Karrieren mit sozialer Angstfreiheit und kommunikativer Flexibilität paaren. Die Neigung zur Selbstdarstellung und das Streben nach Macht kommen als weitere Elemente des politischen Erfolgs hinzu. Alle diese Motivationen und Persönlichkeitseigenschaften können sich auch negativ ausprägen. Angstfreiheit kann zu Rücksichtslosigkeit und Flexibilität zu Unehrlichkeit werden. Die Neigung zur Selbstdarstellung kann zur Missachtung der anderen führen und das Streben nach Macht zu autoritärer Unterdrückung. Wenn diese negativen Aspekte in Persönlichkeiten und politischen Systemen auftreten, die nicht am Wachsen und Gedeihen der Gemeinschaft interessiert sind, entstehen Tyrannei und Gewaltherrschaft.

Für den individuellen Politiker bedeutet dies im Horizont unserer dialektischen Kreativitätstheorie, dass er eine Kultur der Achtsamkeit für das Wechselspiel konstruktiver und destruktiver

Kräfte entwickeln muss. Dies gilt für seine persönliche Lebenskunst wie für sein politisches Handeln. Mahatma Gandhi sagte einmal: »Wo Liebe ist, da ist das Leben. Hass führt zur Zerstörung.« Allerdings stehen dieser Maxime vielfältige Verkleidungen der alten Auffassung, dass der »Krieg der Vater aller Dinge« sei, gegenüber. Schöpfungsmythen, Psychologie und Neurobiologie legen nahe, dass harmonische Kohärenz sich immer wieder auflöst und immer wieder neu erarbeitet werden muss, um nicht der Gravitation zum Chaos zu verfallen.

Ökonomie

Die nordamerikanischen Kreativitätsforscher Sternberg und Lubart (1996) haben die Logik des Kapitalmarkts in ihrer »Investment Theory« auf den Kreativitätsbereich übertragen. Entscheidend sei, dass man sich erfolgversprechende Ideen zu eigen mache, wenn noch wenig Interesse daran bestehe, und sie wieder abgebe, wenn sie breite Zustimmung fänden: »Buy low and sell high.« In diesem Konzept werden ökonomische Denkbilder auf den Bereich kreativer Problemlösungen übertragen. Die kreative Person muss über domänenspezifische Kenntnisse verfügen und Widerstände überwinden können, um das Ungewöhnliche zu sehen und zu realisieren. Sechs Faktoren seien von besonderer Bedeutung: Intelligenz, Wissen, Denkstile, Motivation, Persönlichkeit und Umgebungsbedingungen. Diese Faktoren decken sich im Wesentlichen mit denjenigen, die im ersten Teil dieses Buchs dargestellt sind. Sternberg (2007) beschreibt eine Kombination von Fähigkeiten, die er im Konstrukt der »Erfolgsintelligenz« zusammenfasst. Diese setzt sich aus vier Elementen zusammen: Intelligenz, Nutzung von Stärken und Kompensation von Schwächen, Ausgewogenheit von analytischen, kreativen und praktischen Kompetenzen sowie Anpassung bzw. Veränderung der Umwelt.

Das Konzept der Erfolgsintelligenz hat besonders in Wirtschaftsorganisationen und bei der Schulung von Führungspersönlichkeiten Verbreitung gefunden. Darin wird versucht, allgemeine Lebensweisheit, Intelligenz und Kreativität so zu synthetisieren, dass sie zu angemessenen Entscheidungen führen. Allerdings stellen sich auch den rational bestens begründeten Entscheidungen immer wieder Gegenkräfte entgegen. Der österreichisch-amerikanische Nationalökonom Joseph A. Schumpeter (1942) erschuf deswegen die Formel vom Unternehmer als Erneuerer, der sich gegen die Kräfte der Beharrung wendet. Er prägte den Begriff der »schöpferischen Zerstörung«, die notwendig sei, um Fortschritt zu erreichen. Allerdings sehen wir zu allen Zeiten, dass der kreative Fortschritt, der sein eigenes Zerstörungspotential nicht erkennt und bewältigt, zu ökologischen, ökonomischen und politischen Katastrophen führt.

Möglicherweise ist die kulturelle Reflexion der ökonomischen Entwicklung ein Schutz gegen Irrwege. So spricht Richard Florida (2002) von einem »rise of the creative class« und erklärt, dass wirtschaftliche Entwicklung nicht länger durch starke Unternehmen und dominante Führungspersönlichkeiten bewirkt werde, sondern durch eine Ansammlung von kulturell aktiven und diversifizierten Mitarbeitern. Der Zugang zu kultivierten und kreativen Menschen sei für moderne Unternehmen von gleicher Bedeutung wie früher der Zugang zu Kohle und Eisen für die Stahlproduktion. Florida vermutet, dass nicht die technologische Entwicklung die treibende ökonomische Kraft sei, sondern die Flexibilität, Motivation und Lernbereitschaft der Mitarbeiter. Kreativität, als »the ability to create meaningful new forms« verstanden, sei die fundamentale Quelle ökonomischen Wachstums. Die technologische und ökonomische Kreativität interagiere zunehmend mit der kulturellen. In unserer Zeit werde die gemeinsame Verpflichtung auf einen »creative spirit« zum Ethos, das unsere wirtschaftlichen Bedingungen verbessere. Wirtschaftsunternehmen und Einzelpersonen können nur noch erfolgreich sein, wenn sie die beständigen Lern- und Veränderungsprozesse als Herausforderungen annehmen.

Es schmeichelt zwar Unternehmern und Ökonomen, wenn man sie als Künstler bezeichnet, doch erheben sie selbst gegen den ökonomischen Kreativitätsoptimismus ernsthafte Einwände (s. z. B. Lautenschläger, 2000). Aus dem Blickwinkel unserer Kreativitätstheorie ist festzuhalten, dass auch ökonomische Kreativität nicht dem Kuss der Musen zu verdanken ist, sondern aus spannungsreicher Arbeit, die sich den Anforderungen des jeweiligen Bereichs unterwirft. So wird die kreative Arbeit im Wirtschaftsleben von klaren Analysen und Prognosen bestimmt, die durch fundiertes Wissen und disziplinierte Applikation dieses Wissens ermöglicht werden. Der Intuition und Phantasie sind enge Grenzen gesetzt und es geht im Wirtschaftsleben vorwiegend um die rationale Bewältigung ökonomischer Notwendigkeiten und den vernünftigen Ausgleich von Interessen.

Natürlich stellt Kreativität einen wichtigen Produktivitätsfaktor dar. Schon Adam Smith sah im Streben nach besseren Lebensbedingungen, das unserem wirtschaftlichen Handeln zugrunde liegt, ein Moment, das der Wirtschaft zu einer dynamischen Entwicklung und zu einem »ständigen Fortschritt zum Besseren« verhilft (s. Petersen, 2000). Der Fortschritt zum Besseren ist aber auch destruktiven Kräften ausgeliefert. So wird zum Beispiel mit der Flexibilisierung und Globalisierung der letzten Dekaden eine wirtschaftliche, soziale und persönliche Instabilität erzeugt, die zum Verlust verlässlicher Strukturen und sicherer Bindungen führen kann. Kreativität, Innovation und Wandel setzen einerseits Sicherheit und Angstfreiheit voraus und bedürfen andererseits Flexibilität und Spannung. Das beschriebene Wechselspiel von Kohärenz und Inkohärenz, Ordnung und Chaos, Schöpfung und Zerstörung spielt auch im Wirtschaftsleben eine bedeutende Rolle. Das Wissen um die Grenzen ungezügelten Erneuerungsdrangs und Achtsamkeit für das Zerstörungspotential, das in Innovationen oft enthalten ist, scheint wichtig zu sein, um die ökologischen und persönlichen Grenzen nicht aus den Augen zu verlieren.

Die Vernachlässigung von Grenzen und die Missachtung innovatorischen Zerstörungspotentials spiegeln sich auch im Umgang mancher Wirtschaftseliten mit sich selbst wider. Körperliche Rhythmen, emotionale Bedürfnisse und soziale Aktivitäten werden oft so weit beschnitten, dass der lebensweltliche Respekt für Natur, Mensch und Kultur verlorengeht. Es resultiert eine hektische Betriebsamkeit, in der Zusammenhänge nicht mehr überblickt werden können und deswegen falsche Entscheidungen getroffen werden. Auch hier wäre etwas mehr *Random Episodic Silent Thinking* (REST) und Akzeptanz der Dialektik von (Wert-)Schöpfung und Zerstörung angebracht.

Aus dem Gesagten lassen sich praktische Ratschläge zur Kreativitätsförderung in Unternehmen und Organisationen ableiten. Der Einsicht, dass auch in diesen Bereichen immer wieder neue Wissensordnungen entwickelt werden, die das Hergebrachte labilisieren, folgt eine Unternehmensstrategie, die sich durch Achtsamkeit für das Gleichgewicht von stabilen Strukturen und Offenheit für neue Erfahrungen auszeichnet. Dies gilt sowohl für das gesamte Unternehmen oder die betreffende Organisation als auch die Haltung der einzelnen Mitarbeiter. Bei der »Neukombination von Informationen« muss sowohl auf der Organisations- als auch der individuellen Ebene das Gleichgewicht zwischen klaren Ordnungen und unkontrollierten Freiräumen beachtet werden. Das aktive Gestalten und das assoziative Geschehen-Lassen – *creare* und *crescere* – sind wesentliche Elemente der Kunst von Führungspersönlichkeiten. Sie müssen das Gleichgewicht von Kohärenz und Inkohärenz, konvergentem und divergentem Denken, emotionaler Stabilität und sensibler Offenheit immer wieder herstellen. Diese kreative Haltung führt im Idealfall zu klaren Leitbildern, die sie explizit vorgeben und durch ihr eigenes Verhalten beispielhaft vorführen. Das Lernen am Modell ist nicht nur entscheidend in der Kindheit, sondern bleibt während des gesamten Lebens die wesentlichste Lernform. Deswegen ist es auch so katastrophal, wenn Wirtschaftseliten ihre Verantwortung für Gesellschaft, Kultur und Natur nicht wahrnehmen.

Der *Sense of Coherence* ist nicht nur individuell gesundheitsfördernd, sondern verbindet auch Mitarbeiter von Unternehmen und Organisationen. Weil Kreativität jedoch im Wechselspiel von Kohärenzgefühl und Inkohärenzerleben stattfindet, ist ein ausgewogenes Verhältnis von verlässlichen Strukturen und autopoietischen Freiräumen eine kontinuierliche unternehmerische und organisatorische Aufgabe. Klare Leitbilder, Anerkennung und Respekt sind für eine nachhaltige Corporate Identity und einen kreativen Teamgeist unerlässlich. Sie sollten jedoch auch genügend anerkennende Freiräume für Vereinzelung und *Random Episodic Silent Thinking* lassen, um das ungewöhnlich Produktive zu ermöglichen.

Wissenschaft

Wenn wir uns der wissenschaftlichen Kreativität zuwenden, so müssen wir zunächst feststellen, dass der explosionsartige Wissenszuwachs in den Naturwissenschaften alle Bereiche des modernen Lebens verändert hat. Auch die Rahmenbedingungen für wissenschaftliche Entdeckungen haben sich in den letzten Jahrzehnten radikal gewandelt. Im Rahmen der »Big Science« werden Entdeckungen zunehmend von Großgruppen und mittlerweile auch internationalen Forscherkonsortien gemacht. Diese Rahmenbedingungen verändern jedoch nur bedingt die persönlichen Grundlagen für wissenschaftliche Kreativität. Von Galileo Galilei bis Craig Venter finden wir geduldige Neugier und hartnäckiges Interesse als hervorstechende Motivationen und die Kreativität fördernden Persönlichkeitseigenschaften wie Hingabefähigkeit, Selbstvertrauen und Frustrationstoleranz scheinen sich kaum geändert zu haben.

Auch in den Wissenschaften ist ein Wechselspiel von konvergierender Konzentration und divergierender Distraktion von Bedeutung. Im Vergleich mit der künstlerischen Arbeit ist der kreative Prozess aber sachlich konzentrierter und persönliche Empfindungen und Emotionen werden während der Arbeit gewöhnlich desaktualisiert. Die Vorbereitungsphase ist in der Regel wesentlich länger, kreative Illumination ist wesentlich seltener, dafür dauert die Ausarbeitungsphase umso länger. Nehmen wir als Beispiel den Heidelberger Medizin-Nobelpreisträger Harald zur

Hausen. Nach Jahrzehnten der Vorbereitung in Schule, Medizinstudium und wissenschaftlicher Ausbildung entwickelte er die damals strikt abgelehnte Idee von der viralen Genese des Gebärmutterhals-Karzinoms. Die Ausarbeitung dieser Idee und ihre Bestätigung dauerten wiederum Jahrzehnte bis sie wissenschaftlich anerkannt wurde. Subjektive Befindlichkeiten spielten als Themen seiner Entdeckung keine Rolle. Dies ist bei Dichtungen ganz anders, wo sich der Autor in der Regel in einer ständigen Auseinandersetzung mit sich selbst und seinen Empfindungen befindet und fortwährend Informationen neu kombiniert. Der Naturwissenschaftler kombiniert Informationen zwar auch neu, wenn er Bestehendes herausfordert, neue verblüffende Hypothesen formuliert und sie experimentell beweist. Aber dies geschieht wesentlich seltener als in der Kunst. Dies ist nicht nur ein Nachteil für Wissenschaftler, sondern korreliert mit einer höheren psychischen Stabilität als zum Beispiel bei den Dichtern.

Auch in den Wissenschaften benötigen die individuelle Kreativität und Produktivität ein förderliches Arbeitsklima, um sich der Sache selbst konzentriert und motiviert widmen zu können. Sorgenfreiheit, flache Hierarchien, spontane Kommunikation und sozial verantwortliches Elitebewusstsein sind wichtige Rahmenbedingungen. Deswegen ist zum Beispiel die Gängelung junger Wissenschaftler mit hohem Potential durch sehr kurze Arbeitsverträge, ständige Evaluationen und sonstige entwertende Rahmenbedingungen eine Motivationsbremse, die zu einem massiven Verlust vielversprechender Talente führt. Wissenschaftliche Kreativität kann gefördert werden, wenn man das Wechselspiel von disziplinierter Arbeit und REST, Struktur und Freiheit respektiert, genügend klare Anforderungen formuliert, aber auch Freiräume zu echter Forschung lässt. So ist die Ausbildung durch einerseits strukturierte und andererseits freie Forschung eines der vordringlichsten Ziele einer zukunftsweisenden Universitätspolitik.

Auf der Suche nach tieferen Wurzeln naturwissenschaftlicher Kreativität geht der durch die Erforschung des programmierten Zelltods berühmt gewordene Grundlagenforscher Peter Krammer

(2000) von der Vorstellung aus, dass auch Naturwissenschaftler von dem Drang beseelt seien, »den Schleier des Verborgenen der Natur zu lüften«. Trotz dieser Intention bleibt dem Wissenschaftler immer der letzte Blick verwehrt und dies ist der Blick über den Tod hinaus. Krammer vermutet, dass die verzweifelte Abwehr des Unabänderlichen, des Todes, Kreativität mobilisieren kann. Hiermit nähert er sich den psychoanalytischen und existenzphilosophischen Konzeptionen der Kreativität. In dieser Hinsicht unterscheiden sich die tieferen Wurzeln der Kreativität der Naturwissenschaftler nicht von denjenigen anderer Menschen. Kreative Forscher drücken ihre Todesabwehr dadurch aus, dass sie Forscher geworden sind. Krammer sieht auch in den rational strukturierten Naturwissenschaften das Spannungsfeld zwischen Schöpfung und Zerstörung, Kosmos und Chaos, Eros und Thanatos als unterschwellig wirksam an.

Kunst

Die Kunst ist diejenige Domäne, die man spontan am ehesten mit Kreativität assoziiert. Um in diesem Bereich das Zusammenspiel von Begabung, Wissen und Können, Motivation, Persönlichkeitseigenschaften und Rahmenbedingungen zu verstehen, ist es am besten, die Künstler selbst zu befragen. Der Schriftsteller und Professor für kreatives Schreiben Hanns-Josef Ortheil (2000) beschäftigte sich eingehend mit den Entstehungsbedingungen künstlerischer Kreativität und beschrieb, wie kreative Phantasiebildung zustande kommt. Er geht von der Originalität kindlicher Sprachbildung aus und zeigt, wie originelle Begriffe und Vorstellungen entstehen. Dabei kommt dem Spiel mit dem »autobiographischen Selbst« und seinen Erfahrungen im Gegensatz zu Wissenschaft, Wirtschaft und Politik eine vorherrschende Rolle zu. Das »poetische Selbst«, in dem oben beschriebenen Sinn, setzt sich dabei oft existentiellen Grenzerfahrungen aus, die bedrohlich und selbstzerstörerisch sein können. Dies wurde am Beispiel von Goethe und Jim Morrison näher dargestellt. Auch in Politik, Ökonomie und Wissenschaft spielen die Protagonisten mit ihrem autobiographischen Selbst, doch muss dies wesentlich kontrollierter und sachbezogener geschehen. Künstler haben demgegenüber den Vor- und Nachteil, dass sie sich ganz ihren individuellen Eingebungen öffnen. Sie sind dabei aber auch nicht grenzenlos frei, sondern eingebunden in eine Tradition, die sie durch ihr Werk transzendieren, gleichzeitig aber auch bestätigen. So nannte sich einer der größten Neuerer in der Musik, Arnold Schönberg, einen revolutionären Konservativen und Picasso, der das 20. Jahrhundert mit verblüffenden Neuerungen bereichert hat, spielt in jedem Werk mit einem reichen Schatz tradierter Formen und Vorstellungen.

Die Aufhebung traditioneller Kohärenz führt nur zu einem bedeutenden Werk, wenn es die gegebenen Sichtweisen und Wissensbestände nicht nur labilisiert oder gar zerstört, das heißt ein mehr oder weniger großes Maß an Inkohärenz erzeugt, sondern auch zu neuen kohärenten Formen weiterentwickelt. Auch auf Seiten der Rezipienten finden wir ein Wechselspiel von Kohärenz und Inkohärenz. Starre Kohärenz wird oft als langweilig, überstarke Inkohärenz als unverständlich und mitunter ärgerlich erlebt. Ein Mangel an kohärenter Gestaltung und die Fetischisierung des Inkohärenten kann auch Ausdruck von schlichter Inkompetenz sein.

Lebensberatung und Psychotherapie

Wir haben gesehen, dass menschliche Entwicklung in einem Spannungsfeld von konstruktiven und destruktiven Kräften stattfindet. Individuen und Gemeinschaften gestalten ihre Welt in diesem Spannungsfeld und in ihren Mythen, Religionen, Philosophien, wissenschaftlichen und lebensweltlichen Konzepten verständigen sie sich über sich selbst und ihre Stellung in der Welt. Diese Erzählungen und Vorstellungen zeigen in verschiedensten Weisen, dass Menschen ihre Natur und Kultur als von antagonistischen Kräften regiert erleben. So findet sich in den ägyptischen Schöpfungsvorstellungen ein kontinuierliches Werden und Vergehen und die Menschen halten diesen natürlichen Prozess durch ihre Tätigkeit in Gang. In den griechischen Schöpfungsmythen zeigen die Urgötter menschliche Gefühle von Liebe und Hass, Zuneigung und Eifersucht und ringen mit konstruktiven und destruktiven Regungen. In der Bibel tritt mit der Schöpfung sogleich das Böse und Zerstörerische auf und auch in den indischen und chinesischen Mythen finden wir ein Wechselspiel zwischen konstruktiven und destruktiven Mächten.

Im Spannungsfeld von Schöpfung und Zerstörung suchten Menschen von Anbeginn ihrer dokumentierten Geschichte nach Hilfe. Diese Unterstützung erwarteten sie von Naturgeistern, die von Schamanen beschworen wurden, und von Göttern, deren Botschaften Priester auslegten. Sie dienten ihnen als Richtlinien für ihre Lebensgestaltung. Später kamen Weisheitslehren hinzu, die von Philosophen ausformuliert wurden und dazu dienten, Orientierung in einer chaotischen Welt zu vermitteln. In allen Kulturen findet sich die Funktion des Priesters, Weisheitslehrers und Arztes in einer Person vereinigt. Als Beispiel sei der altägyptische Lehrer, Berater und Arzt Imhotep genannt, der 2700 vor unserer Zeitrechnung lebte. Er wurde als eine Person verehrt, die sowohl die göttliche als auch die natürliche Ordnung verstand und deswegen andere in geistigen und körperlichen Angelegenheiten anleiten konnte. Imhotep wird deswegen nicht nur als ein Arzt des Körpers, sondern auch der Seele angesehen und man kann ihn als ersten Berater und Psychotherapeuten, von dem wir Kunde haben, ansehen. Selbstverständlich haben schon vorher Schamanen, Priester und Heiler beraterische und psychotherapeutische Funktionen erfüllt, doch in Imhotep scheint die Profession eines Beraters und Psychotherapeuten erstmals personifiziert worden zu sein. Wie auch immer, es scheint sich in Individuen und Gemeinschaften früh in der Menschheitsgeschichte das Bedürfnis geregt zu haben, Personen zu bestimmen, die helfen, körperliche und geistige Prozesse zu ordnen und sie vor destruktiven Einflüssen zu schützen.

Dass Menschen bei Priestern, Philosophen, Ärzten und Psychotherapeuten Rat suchen, ist aufgrund ihres Verlorenseins in einem mitunter chaotischen Kosmos nicht verwunderlich. Sie kommen vollkommen hilflos auf die Welt und lernen nur langsam, ihre körperliche und geistige Welt zu ordnen und gegen destruktive Kräfte zu schützen. Die ersten Betreuungspersonen legen nicht nur fest, was richtig und falsch, gut und böse ist, sondern unterstützen die menschliche Fähigkeit, Affekte zu kontrollieren, Gedanken zu ordnen und Handlungen zu steuern. Im Individuum entsteht nach vielen Turbulenzen der kindlichen und pubertären Entwicklung etwas, das wir menschliche Freiheit nennen. Aber auch diese ist nicht, etwa mit dem Ende der Adoleszenz, ein für alle Mal errungen, sondern einer beständigen Gravitation zur Abstumpfung und Trägheit, einer Kohärenz auf niedrigem Niveau, ausgesetzt. Deswegen ist das »lebenslange Lernen« kein modisches Schlagwort, sondern eine anthropologische Herausforderung und ein gewisses Maß an Inkohärenz und Veränderung ist ein Lebenselixier. Um diese Herausforderung zu bestehen, benötigen Menschen persönliche Begleiter. Mitunter sind diese in der individuellen Lebenswelt nicht ausreichend verfügbar und deswegen haben sich entsprechende Berufe herausgebildet.

Beratung, das mit sich selbst und anderen zu Rate gehen, ist im engeren Sinne ein Prozess, in dem Bedingungen hergestellt werden, um die persönliche Entwicklung zu fördern und gegebene Probleme besser zu bewältigen. Sie greift, oft unbewusst, auf jahrtausendealte Kulturtechniken zurück. In ähnlicher Weise ist auch Psychotherapie eine Anwendung von wissenschaftlich reflektierten Kulturtechniken. Im Unterschied zur Lebensberatung wird jedoch Psychotherapie als Methode aufgefasst, die zur Behandlung von Störungen dient, die man als krankhaft erlebt.

Wie bereits ausgeführt, erfüllen aus psychologischer Sicht schon die mythischen Vorstellungen und Erzählungen, in denen sich Menschen über sich selbst und ihre Stellung in Natur und Gesellschaft verständigen, beraterische und psychotherapeutische Funktionen. Sie vermitteln ein Kohärenzgefühl angesichts einer chaotischen Wahrnehmungs- und Lebenswelt. Wissenschaftliche Begründungen von Beratung und Psychotherapie finden sich spätestens seit der griechischen Antike, wo zum Beispiel die sokratische Gesprächsführung nicht nur zur Entdeckung des Guten, Wahren und Schönen, sondern auch zur Veränderung dysfunktionalen Verhaltens sowie der Behebung von seelischen Verstimmungen und psychischen Konflikten diente. Offensichtlich wurde es für notwenig erachtet, Einzelne und Gruppen anzuleiten, ihrem Leben eine emotionale und kognitive Ordnung zu geben, um sie gegen destruktive und krank machende Einflüsse zu schützen. Die Schriften Platons dienen nicht nur einer »guten Ordnung« in der Philosophie, sondern auch in der Lebenswelt. Diese Ordnung müsse der Mensch erkennen, um gesund leben und sozial handeln zu können, sie dient dazu, dem Chaos des Denkens und der Affekte eine kohärente Struktur zu verleihen. In dieser Hinsicht beschreibt die »Politeia« Ordnungsprinzipien des Denkens und Handelns, sowohl im Hinblick auf die individuelle Lebens- als auch auf die politische Staatsführung. Die Wahrnehmung und Bewältigung von Konflikten bewegen sich in einem Feld von Struktur und Chaos, das in einem unendlichen Erkenntnis- und Bildungsprozess geordnet – und wieder entordnet – wird. Das Konstruktive muss sich in einem beständigen Kampf destruktiver Kräfte immer wieder herausbilden. Diese Vorstellung war höchst wirkmächtig. In der Renaissance finden wir bei Marsilio Ficino in der Folge Platons eine ausgefeilte Beratungspraxis und Psychotherapie, die modernen biologischen, psychologischen und sozialen Beratungs- und Behandlungsprinzipien schon sehr nahe kommt. Auch in der deutschen Klassik, besonders bei Goethe, werden eine Vielfalt von Beratungsstrategien und psychotherapeutische Techniken beschrieben. Die Befolgung biologischer Rhythmen, die Schulung gesundheitsfördernden Verhaltens und die psychische Bearbeitung lebensgeschichtlicher Konflikte waren zu jener Zeit in gebildeten Kreisen anerkannte Gesundheitsstrategien.

Gegen Ende des 19. Jahrhunderts, als die naturwissenschaftliche Medizin ihre ersten großen Erfolge feierte, gelang einem der Pioniere der modernen Psychotherapie, Sigmund Freud, durch die Einführung des in Mythen gespeicherten kulturellen Wissens in die sich naturwissenschaftlich definierende Heilkunst ein wissenschaftlicher Paradigmenwechsel. Vieles, wie die Bedeutung von Lebensereignissen und unbewussten Konflikten für die psychische Gesundheit, ist heute Allgemeinbildung geworden, manches, wie die Rolle menschlicher Kreativität, wurde weiterentwickelt, und anderes, wie die zeitgebundene Fehleinschätzung der Homosexualität, hat sich als Irrtum herausgestellt. Ähnlich ist es anderen Beratungs- und Psychotherapietechniken gegangen, die wesentliche Beiträge geliefert haben und in methodischer Vereinseitigung zu gravierenden Irrtümern geführt haben. Auch die derzeit populären lernpsychologisch fundierten Beratungs- und Therapieformen zeigen Verengungen und es ist an der Zeit, Beratungs- und Psychotherapieformen zu entwickeln, die sowohl kultur- und sozialwissenschaftliche als auch naturwissenschaftliche Aspekte integrieren.

Das nachfolgende Modell fasst allgemeine Grundlagen von Beratung und Psychotherapie zusammen. Es ist ein Versuch, kultur- und sozialwissenschaftliche Perspektiven mit psychologischen, psychoanalytischen und neurobiologischen Erkenntnissen zu verbinden. Dabei dienen die bekannten Beratungs- und Behandlungstheorien sowie die im ersten Teil dieses Buchs dargestellte

Dialektik von konstruktiven und destruktiven Regungen, die immer wieder neu und kohärent gestaltet werden muss, als Leitfaden. An Beratung und Psychotherapie Interessierten soll ein Modell zur Verfügung gestellt werden, das in unterschiedlichen Feldern zur Anwendung kommen kann. Auf diesem allgemeinen Modell aufbauend, können je nach Problemlage oder psychischer Störung spezifische Beratungs- bzw. Behandlungsmodule aufbauen.

Der Versuch der Integration neurobiologischer, psychologischer und kulturwissenschaftlicher Aspekte von Beratung und Psychotherapie könnte den Eindruck von kaum zu bewältigender Komplexität erwecken. Doch setzen Menschen in ihrem Alltag sowie Berater und Therapeuten bei ihrer professionellen Tätigkeit naturwüchsig verschiedene Gesprächstechniken aufgrund ihrer lebensweltlichen und fachlichen Erfahrungen ganzheitlich ein. Sobald ein wirkliches Gespräch über den engsten Bereich umschriebener und technischer Informationsvermittlung hinausgeht, kommen eine Vielzahl von Dimensionen ins Spiel, die zumeist unbewusst bleiben. Professionelle Berater und Psychotherapeuten können diesen unbewussten Dimensionen aber nicht einfach freien Lauf lassen, denn diese können auch in die Irre führen. Deswegen müssen sie die vielfältigen Dimensionen kennen und adäquat handhaben.

Berater und Psychotherapeuten haben ihre Fähigkeit zu Empathie und Perspektivenübername wie alle anderen Menschen früh in ihrer Kindheit erworben. Ihre eigenen Lebenserfahrungen führen zu komplexen Meinungen und Einstellungen, die in üblichen Manualen zur Beratung und Psychotherapie nicht reflektiert werden können. Insofern dient das vorgeschlagene Modell einer gewissen Ordnung von gängigen Vorgehensweisen, die quasi spontan gewählt und angewandt werden. Um eine Orientierung über diese Prozesse zu gewinnen, scheinen die geschilderten philosophischen Erkenntnisse zum Kohärenzerleben und die ihnen entsprechenden psychologischen und neurobiologischen Befunde als Leitfaden geeignet, die Komplexität lebensweltlicher Erfahrungen und wissenschaftlicher Erkenntnisse in einem überschaubaren Konzept zu integrieren.

Allgemeine Grundlagen

Bei der Entwicklung eines allgemeinen Beratungs- und Therapiekonzepts stütze ich mich auf die hier dargelegte dialektische Kreativitätstheorie sowie auf gut begründete, empirisch evaluierte und praktisch bewährte Beratungs- und Psychotherapieformen. Beratung und Psychotherapie sind selten nur auf spezifische Probleme und Störungen zentriert, sondern zumeist Eingriffe in komplexe Systeme, die auf verschiedenen Ebenen wirken. Deswegen extrahieren meine Mitarbeiter und ich aus Forschungen zum Beziehungs- und Bindungserleben sowie kognitiv-verhaltensorientierten, psychoanalytischen, systemischen und existentiellen Beratungs- und Therapieformen relevante theoretische Modelle und praktische Verfahrensstrategien. Das so gewonnene Konzept lässt sich in einem »ABCDE-Modell« zusammenfassen (s. Holm-Hadulla, Hofmann und Sperth, 2009). Darin bezeichnet »**A**lliance« die tragfähige und hilfreiche Beziehung zwischen Ratsuchendem und Berater sowie Patient und Therapeut. Sie ist der Schlüsselfaktor für gelungene Beratungen und Therapien. »**B**ehavior« bezieht sich auf verhaltensorientierte Strategien und verhaltensmodifizierende Interventionen. »**C**ognitions« berührt die Ebene dysfunktionaler Einstellungs-, Wahrnehmungs- und Denkmuster sowie deren Überprüfung und Veränderung. Die »Psycho-**D**ynamik« reflektiert das Beziehungsverhalten auf dem Hintergrund unbewusster innerpsychischer und systemischer Konflikte. »**E**xistentielle« Elemente umfassen grundlegende Themen des Menschseins wie die individuelle, soziale und kreative Entwicklung.

Die einzelnen Bestandteile werden nachfolgend dargestellt und ihr jeweiliger Beitrag zum Konzept einer Allgemeinen Beratung und Psychotherapie ausgeführt.

Alliance: Die hilfreiche Beziehung

Unterstützende Beziehungen begleiten das gesamte Leben des Menschen. Dies beginnt mit den Eltern und setzt sich in Schule, Ausbildung und Berufsleben sowie in Erotik, Partnerschaft und kreativer

Selbstverwirklichung fort. Aus der lebensweltlichen Erfahrung wissen wir, wie wichtig diese Beziehungen sind, und die Kreativitätsforschung zeigt, dass unterstützende Begleiter für den Schaffenden von elementarer Bedeutung sind. Wir wissen aber auch, wie störanfällig die soziale Selbstverwirklichung ist und dass auch liebevolle Beziehungen von destruktiven Kräften bedroht werden. Die Beispiele sind unzählbar, in denen sich Liebe und Hass, Anerkennung und Verachtung, Unterstützung und Entwertung mischen. Nicht immer gelingt es, spontan eine gute Balance zwischen diesen antagonistischen Beziehungselementen zu finden, weswegen manche Personen professionellen Rat einholen müssen. Auch hier entsteht eine Beziehung, die allerdings so weit kontrolliert sein sollte, dass sie die Beziehungsfallen, in die sich Ratsuchende oder Patienten verstrickt haben, vermeidet und neue Erfahrungen ermöglicht.

Die kulturgeschichtlichen Wurzeln der hilfreichen Beziehung wurden bereits erwähnt. Wissenschaftlich hatte Mitte des letzten Jahrhunderts besonders Carl Rogers (1957) die unterstützende persönliche Beziehung in das Zentrum von Beratung und Psychotherapie gestellt. Er beschrieb die Trias von Echtheit, Empathie und Wertschätzung und erkor sie zur Grundlage der wissenschaftlichen Gesprächspsychotherapie. Auf dem Boden einer von Vertrauen und gegenseitigem Respekt geprägten Beziehung können neue Problemlösungen entdeckt und psychische Störungen beseitigt werden. Heute spielt in den meisten professionellen Konzepten die Gestaltung einer hilfreichen Beziehung explizit oder implizit eine bedeutende Rolle. Es ist allgemein anerkannt, dass sich Berater und Therapeuten während der unterschiedlichen Phasen des Beratungs- bzw. Behandlungsprozesses um eine Haltung bemühen sollten, die durch respektvolle Akzeptanz, empathisches Verstehen und positive Verstärkung gekennzeichnet ist.

Die moderne Bindungsforschung hat die kindlichen Wurzeln der hilfreichen Beziehungen erforscht (s. z. B. Fonagy und Target, 2003). Sie prägen das gesamte Leben und bestimmen auch die Beziehungen von Beratern zu Klienten und von Therapeuten zu Patienten. Deswegen gehört es zur professionellen Kompetenz von

Beratern und Therapeuten, die Chancen und Risiken der hilfreichen Beziehung zu kennen und mit ihnen zu arbeiten. Auch hier finden wir nicht nur Empathie, Echtheit und positive Unterstützung, sondern Gefährdungen in Form emotionaler Ablehnung, Unverständnis und negativer Beeinflussung. Im Unterschied zur alltäglichen Beziehung, wo zum Beispiel Zuneigung und Ablehnung ausgelebt werden, sind diese Emotionen in professionellen Beziehungen bewusst zu beachten und im Hinblick auf einen gelungenen Beratungs- bzw. Therapieprozess reflektiert zu handhaben.

Wenn Klienten und Patienten in Beratern und Therapeuten verständnisvolle, unterstützende und zuverlässige Begleiter finden, so kann ihnen dies Perspektiven, Halt und Sicherheit in schwierigen Problemsituationen und Lebenslagen vermitteln. Ausgehend von dieser sicheren Basis im Sinne des Begründers der Bindungstheorie, John Bowlby (1988), können sie ihre Schwierigkeiten und Chancen mutiger erkunden und sich auf zuvor Ängstigendes und Neues einlassen. Mit den Ergebnissen der modernen Bindungsforschung lässt sich der empirische Befund begründen, dass die Qualität der Beziehung einen Schlüsselfaktor für den Verlauf und das Ergebnis von Beratung und Psychotherapie darstellt (vgl. Holm-Hadulla, 2004). Aus Sicht der Bindungstheorie können durch eine hilfreiche Beziehung persönliche Entwicklung begünstigt, Ressourcen verstärkt und zerstörerische Emotionen und Kognitionen aufgefangen werden. Diese Ergebnisse moderner Forschung verweisen auf ein breiteres kulturwissenschaftliches Verständnis der entwicklungsfördernden Elemente menschlicher Kommunikation, das Bestandteil der existentiellen Dimension unseres Modells ist, auf die ich weiter unten zurückkommen werde.

Behavior: Verhaltensorientierte Techniken

Mythen, Religionen, Weisheitslehren und Kulturtechniken haben seit alters her auch dazu gedient, das Verhalten der Menschen zu regulieren. Offensichtlich benötigen Individuen und Gemeinschaften Anleitungen, um ihr Verhalten zu gestalten. Die moderne

Verhaltensforschung geht von der Beobachtung aus, dass der größte Teil menschlichen Verhaltens erlernt wird und dass dysfunktionale Verhaltensweisen durch Anwendung von Lernprinzipien verändert werden können. Die Methoden und Techniken, die innerhalb von Beratung und Psychotherapie zur Veränderung dysfunktionalen Verhaltens eingesetzt werden, können sich an die Lernparadigmen des klassischen (Pawlow, 1927) und operanten (Skinner, 1953) Konditionierens sowie an das Lernen durch Beobachtung (Bandura, 1997) anlehnen. In der systematischen Desensibilisierung (Wolpe, 1954) begegnet man beispielsweise angsterzeugenden Vorstellungen dadurch, dass man sie durch mit der Angstreaktion unvereinbare Aktivitäten – zum Beispiel Entspannung und ruhiges Nachdenken – begleitet. Solche Techniken, die kulturell in verschiedenen Schattierungen immer Anwendung gefunden haben, können durch problemzentrierte und störungsspezifische Modifikationen besondere Wirkungen entfalten.

Operante Methoden finden in jeder beraterischen und therapeutischen Beziehung automatisch statt, zum Beispiel durch die Aufmerksamkeit und Anerkennung seitens des Beraters oder Therapeuten, die eine wesentliche soziale Verstärkung darstellen. Dadurch werden förderliche Verhaltensweisen, wie positive Selbstäußerungen, vermehrte Selbstexploration oder eigenständige Änderungsvorschläge, sozial verstärkt und die Motivation für Veränderungsprozesse erhöht sich. Diese Möglichkeiten operanten Lernens können durch Wissensvermittlung und Verhaltensratschläge unterstützt und ergänzt werden.

Jenseits umschriebener Verhaltenstechniken berücksichtigt jede gute Beratung und Psychotherapie die anthropologischen Grundlagen des Da-Seins, zum Beispiel die Bedeutung vertrauensvoller Beziehungen und den Rhythmus der Lebensabläufe. Dazu gehören auch Sensibilität und Achtsamkeit für den Wechsel guter und schlechter Stimmungen, für Gefühle und Erlebnisse von Kohärenz und Inkohärenz, für kreative und destruktive Regungen.

Beratung und Psychotherapie können die Produktivität und Kreativität der Lebens- und Arbeitsgestaltung erheblich verbessern. Praktisch haben sich die nachfolgenden Regeln bewährt, um eine gelungene Balance zwischen Leben und Arbeiten herzustellen und kreative Tätigkeiten gegen die ihnen inhärenten destruktiven Tendenzen zu schützen.

Sieben Regeln zu produktiver und kreativer Arbeits- und Lebensgestaltung

Auch wenn das Auftreten von Arbeitsproblemen und dysfunktionaler Lebensgestaltung individuell sehr unterschiedliche Ursachen haben kann, so gibt es doch einige allgemeine Regeln, deren Kenntnis es erleichtert, schwierige Arbeiten produktiv zu bewältigen und die alltägliche Lebensgestaltung gegen Störungen zu schützen.

1. Probleme und Störungen akzeptieren
Wir haben gesehen, dass produktive und kreative Arbeits- und Lebensgestaltung in einem Wechselspiel von Konstruktion und Destruktion stattfindet. Die empirische Kreativitätsforschung belegt, dass selbst die interessanteste Arbeit über weite Strecken keine Freude bereitet, sondern von ernsthafter Mühe begleitet wird, die bis zum Missmut reichen kann. Erst nach mehr oder weniger langer Zeit stellt sich bei produktiver und kreativer Arbeit eine tiefe Befriedigung ein, die oft nicht sehr lange anhält. Deswegen ist es wichtig, Probleme und Störungen zu akzeptieren. Scheinbar paradoxerweise kann man dann Hürden, Durststrecken und Enttäuschungen gelassener und erfolgreicher bewältigen, als wenn man sich Anstrengungen schönredet und meint, Kreativität müsse Spaß machen. Durch die Akzeptanz von Hindernissen und Problemen werden Prüfungssituationen und störende Lebensereignisse des Alltags entdramatisiert und können als lösbare Aufgaben angesehen werden.

2. Rituale entwickeln
Über die kulturelle Bedeutung von Ritualen haben wir im ersten Teil dieses Buchs ausführlich berichtet. Aber auch im individuellen Leben haben Rituale eine große Wichtigkeit, um sich gegen die

Gravitation zu unproduktiver Geschäftigkeit oder chaotischer Unordnung zu schützen. Häufig hilft eine deutliche Trennung von Arbeits-, Alltags- und Freizeit. Gerade Genies wie Goethe, Picasso und García Marquez, die anscheinend aus dem Vollen schöpften, haben ihre Arbeit sehr bewusst organisiert. Durchdachte Alltagsrituale wie definierter Arbeitsbeginn, geplante Pausen, festgelegtes Arbeitsende entlasten von ständigen Überlegungen und unproduktiven Entscheidungen. Gerade in Stresszeiten ist es wichtig, nicht auf gewohnte Dinge wie Bewegung, gutes Essen und Trinken, kulturelle Veranstaltungen und den Austausch mit Freunden zu verzichten.

Auch in unangenehmen Prüfungssituationen können durchdachte Rituale sehr hilfreich sein. Prüfungen und Präsentationen gehen oft mit einer Mischung von Akzeptanz und Widerstand, Glänzen- oder nur Durchkommen-Wollen, Wertschätzung und Selbstablehnung einher. Gegen diese oft undurchschauten Wechselbäder helfen ritualisierte Phantasiereisen, in denen man anstehende Prüfungssituationen in allen Details durchspielen und mental trainieren kann. Dadurch ist es möglich, Prüfungen und Präsentationen als Höhepunkt und Abschluss einer Arbeitsphase zu feiern und sie gegen destruktive Emotionen und Kognitionen zu schützen.

3. Spannung nutzen
Die Anpassung an das biologische und psychologische Wechselspiel von Anspannung und Entspannung kann hilfreich sein, Stress positiv zu nutzen. Es existieren einige Techniken, um dysfunktionalen Stress in positive Anspannung zu verwandeln. Dazu gehören im besonderen Kommunikation, Achtsamkeitsübungen und Phantasiereisen. Gute Anspannung, auch Eustress genannt, führt meist zur Aktivierung energetischer Potentiale und Leistungsfähigkeit.

Angemessene körperliche und geistige Anspannung wirkt positiv auf Aufmerksamkeit und zu geringe Anspannung sowie Desinteresse führen zu schlechteren kognitiven Leistungen und emotionaler Präsenz. Dabei geht es um ein dynamisches Gleichgewicht von Anspannung und Entspannung, das immer wieder neu hergestellt werden muss.

4. Arbeits- und Kreativitätsrituale erproben und üben
Achtsamkeit für den Wechsel von Anspannung und Entspannung, Konzentration und Distraktion, konvergentem und divergentem Denken, Inspiration und Leere, Struktur und Chaos kann hilfreich sein, die persönlich optimale Arbeits- und Freizeitkultur zu finden. Dazu gehört, dass Arbeits- und Kreativitätsrituale immer wieder überprüft und eingeübt werden. Diese können gegen Ablenkung, Langeweile und Missmut schützen. Es dauert häufig sehr lange, bis man herausgefunden hat zu welchen Zeiten bestimmte Arbeiten am besten zu erledigen sind. Häufiges Üben von Prüfungssituationen erleichtert es, sie als alltägliche Aufgaben zu betrachten und sie besser zu bewältigen. Sie können als Gelegenheiten aufgefasst werden, das eigene Wissen und Können darzustellen.

5. Störungen aushalten und vermeiden
Jede produktive und kreative Arbeit ist von inneren und äußeren Störungen bedroht. Im Wechselspiel von Konzentration und Distraktion ist es eine Kunst, das richtige Gleichgewicht zu finden. Die so bedeutsame Dialektik von fokussierter Aufmerksamkeit und *Random Episodic Silent Thinking*, die wir in Kapitel I beschrieben haben, ist nicht immer leicht auszuhalten, weswegen man gerne zu Ablenkungen greift, die die Produktivität und Kreativität beeinträchtigen. Deswegen ist es wichtig, die Spannung zwischen Konzentration und Distraktion auszuhalten und sich nicht ablenken zu lassen. Damit sich die Kraftreserven wieder füllen, müssen die Ruhepausen nicht unbedingt lang sein. Machen Sie mit sich selbst einen Test: Schauen Sie für 30 Sekunden aus dem Fenster und betrachten Sie die Wolken am Himmel. Sie werden sehen, dass die damit verbundene Ruhe entspannend, aber auch anregend ist. Und Sie werden spüren, wie lang 30 Sekunden Nichtstun sein können. Produktive Entspannung kann gezielt ge-

lernt und in der Tagesplanung berücksichtigt werden, beispielsweise durch Einrichtung von Zeit und Raum für ungestörtes Nachdenken, Spazierengehen und Ähnliches. Sich zum »Abschalten« vor den Fernseher zu setzen oder am Computer zu spielen, schadet dagegen der geistigen und körperlichen Erholung. Man sollte die Medien bewusst und gezielt nutzen. Beliebige »Unterhaltung« verhindert durch den beständig ablenkenden Informationsfluss, dass sich zwischen den gespeicherten Informationen neue und gegebenenfalls originelle Verknüpfungen bilden.

Auch Alkohol und jede der bekannten Drogen beeinträchtigen Konzentrationsfähigkeit, Gedächtnis, Kombinationsfähigkeit und Kreativität. Sie mildern allerdings häufig die kreative Spannung und werden deswegen als entlastend erlebt. Einer meiner künstlerisch erfolgreichen Patienten fasste dies einmal so zusammen: »Wenn ich Marihuana konsumiere, bin ich entspannt und vollkommen unkreativ. Das Schöne – und Gefährliche – daran ist, dass ich dann nicht merke, wie unproduktiv ich in diesen Zeiten bin.«

6. Freiräume gestalten

Aus kulturwissenschaftlicher, psychologischer und neurobiologischer Sicht sind kreative Freiräume unerlässlich, um produktiv tätig zu sein. Wir haben jedoch auch gesehen, dass solche Spielräume störanfällig sind. So ist das *Random Episodic Silent Thinking* nicht nur angenehm, sondern konfrontiert mit divergenten Ideen, die das Kohärenzgefühl labilisieren können. Deswegen ist es wichtig, gegebene Freiräume auch bewusst zu gestalten. Anderenfalls greift man zu jeder Ablenkung und wird stumpf und leer. Scheinbar überraschenderweise sind Zustände von Abstumpfung und Entleerung oft leichter zu ertragen als produktive und kreative Anspannung. Dies ist einer der vielen Gründe, warum anspruchslose Unterhaltung, bei der durch grelle sexuelle und aggressive Reize unter Umgehung der Großhirnrinde das Zwischenhirn aktiviert wird, als unterhaltsam erlebt wird. Es entsteht dadurch allerdings eine Teufelskreis von Abstumpfung und Leere, Erregung und Gewalt, die zu größerer Abstumpfung und verstärkter Gewalt führt. Das wahrhaft Teuflische daran ist, dass durch sexualisierte Gewalt und gewalttätige Sexualität das Schönheitserleben und die erotische Lust zerstört werden. Insofern kommen wir gar nicht umhin, kreative Gegenentwürfe zu zerstörerischen individuellen und gesellschaftlichen Tendenzen zu erschaffen. Anspruchsvolle kulturelle Aktivitäten sind kein Zeitvertreib für Gebildete, sondern notwendige individuelle und soziale Überlebensstrategien.

7. Produktive und kreative Work-Life-Balance
Aus dem Gesagten folgt zusammenfassend eine Kultur der individuellen und gesellschaftlichen Achtsamkeit. Im Alltag bedeutet das, dass wir den Tag als Aufgabe im Sinne des alten »carpe diem« annehmen. Das »Stirb und Werde« Goethes ist nicht nur ein Element außergewöhnlicher Kreativität, sondern begleitet unser alltägliches Dasein. Wenn es uns gelingt, das Wechselspiel von Anspannung und Entspannung, Kohärenz und Inkohärenz, Ordnung und Chaos anzunehmen und zu gestalten, sind wir wahrscheinlich keine »trüben Gäste auf der dunklen Erde«. Solche Einsichten haben sehr praktische Konsequenzen und jeder kann erfahren, wie wichtig es ist, sich um ein produktives und kreatives Alltagsverhalten zu bemühen. Dass es sich dabei nicht nur um die Befolgung einiger Verhaltensregeln, sondern um die Entwicklung einer Einstellung zu sich selbst und zur Welt handelt, scheint offensichtlich zu sein. Berater und Therapeuten können helfen die genannten Verhaltensmaximen umzusetzen und eine schöpferische Haltung zu entwickeln.

Die beschriebenen Regeln sind keine Patentrezepte, aber doch häufig auch bei komplexen Problemen wirksam nach dem Motto: »Es gibt einfache Lösungen für schwierige Probleme.« Es ist auch unmittelbar einsichtig, dass sie nicht strikt verhaltenswissenschaftlich begründet sind, sondern in ihnen vielgestaltige Erfahrungen enthalten sind, die sich zu impliziten und expliziten Konzepten organisiert haben. Sie müssen selbstverständlich auch oft ergänzt werden durch die Analyse der individuellen Faktoren, die ein Problem aufrechterhalten. Dabei ist es immer ein Ziel, dass

Ratsuchende lernen, ihr Verhalten und Erleben durch Selbstbeobachtung und Selbstverstärkung eigenständig im Sinne des Selbstmanagements zu steuern (Kanfer et al., 2006). Aufgaben seitens der Berater oder Therapeuten in Form von Verhaltensexperimenten und Selbstbeobachtungsaufgaben stellen eine gute Möglichkeit dar, im Beratungs- oder Therapiegespräch erarbeitete Inhalte in den Alltag zu übertragen und die Selbstkontrolle und Selbstwirksamkeit des Klienten zu fördern.

Das Modelllernen kommt in jeder Beratung oder Therapie implizit zum Tragen, es kann jedoch auch explizit in Form von Verhaltensübungen und Rollenspielen, zum Beispiel zur Verbesserung der sozialen Kompetenz oder zur Simulation von Prüfungen, eingesetzt werden. Bereits die Verbalisierungen erwünschter Verhaltensweisen wirken als mentale Repräsentationen und symbolische Modelle, die zur Erlernung des Zielverhaltens führen können. Schließlich werden Berater und Therapeuten als Modelle wahrgenommen, ob sie wollen oder nicht. So übernehmen Klienten neben konkreten Verhaltensweisen, die explizit Gegenstand der Beratung waren, beispielsweise im Rahmen von sozialen Kompetenztrainings, implizit Einstellungen, Normen und Werte von Beratern und Therapeuten.

Verhaltenstherapeutische Techniken wie systematische Desensibilisierung und Selbstverstärkung beziehen sich zwar explizit auf Lernparadigmen der klassischen und operanten Konditionierung, letztlich umfassen sie jedoch immer auch kognitive Prozesse. Die Auseinandersetzung mit diesen oft dysfunktionalen Kognitionen findet auf der nächsten Ebene statt.

Kognitive Grundlagen von Beratung und Psychotherapie

Individuelle Erfahrungen, Mythen, Religionen, Weisheitslehren und wissenschaftliche Erkenntnisse begründen das Verhalten der Menschen und geben ihnen Orientierung in einer verwirrend und mitunter chaotisch erscheinenden Welt. Aus diesen Interpretationshilfen von Geschehnissen und Anleitungen zur Lebensführung sind kognitive Beratungs- und Therapieverfahren entstanden. Sie legen den Schwerpunkt auf die systematische Veränderung dysfunktionaler Wahrnehmungs-, Denk- und Einstellungsmuster. Am einflussreichsten sind derzeit zwei Verfahren, die in dysfunktionalen Kognitionen die entscheidenden Faktoren für emotionale und Verhaltensstörungen sehen: die Rational-Emotive Verhaltenstherapie nach Ellis (1962, 1993) und die Kognitive Psychotherapie nach Beck (1976). Beide Ansätze sind auch für den Beratungsbereich bedeutsam und stimmen in der Annahme überein, dass Menschen nicht direkt auf Situationen oder Ereignisse reagieren, sondern dass die bewussten oder unbewussten Bewertungen dieser Ereignisse entscheidend für die emotionalen und Verhaltensreaktionen sind. Verzerrte Bewertungen und maladaptive Schemata können mittels kognitiver und erlebensbasierter Strategien innerhalb einer förderlichen Beziehung modifiziert werden.

Den genannten Ansätzen ist gemeinsam, dass sie dysfunktional geordnete Emotionen und Kognitionen wahrnehmen, reflektieren und in besser adaptierte und erfolgreichere Kohärenzmodelle integrieren. Im Folgenden will ich mich auf die Darstellung der Rational-Emotiven Verhaltenstherapie (RET) nach Ellis beschränken, da sie den nachfolgenden Ansätzen den Weg bahnte und auch heute noch als paradigmatisch für kognitive Konzepte angesehen wird. Im Mittelpunkt der RET, die auch für kognitive Beratungskonzepte exemplarisch ist, steht die Auseinandersetzung mit dysfunktionalen Bewertungsmustern. Diese stellen nach Ellis die häufigsten Gründe für Verhaltens- und emotionale Probleme dar und bieten die wichtigsten Ansatzpunkte für Veränderungen in Beratung und Psychotherapie. Das praktische Vorgehen umfasst fünf Stufen. Im ersten Schritt wird das kognitive Modell theoretisch vermittelt und anhand von Beispielen verdeutlicht, dass menschliches Fühlen, Denken und Handeln überwiegend von Bewertungen bestimmter Situationen und Ereignisse abhängen. In einem zweiten Schritt werden dann anhand konkreter Problemsituationen die dysfunktionalen Überzeugungen und Bewertungen herausgearbeitet, die gegenwärtigen Störungen zugrunde liegen. Das Ziel dieser Reflexionen besteht darin, die dysfunktionalen Kognitionen durch angemessene und funktionale Bewertungen zu ersetzen, die ein mit der Umwelt besser zusammenstimmendes Leben ermöglichen und zur Erreichung persönlicher Ziele befähigen. Die wichtigste und bekannteste Methode zur Überprüfung und Umstrukturierung dysfunktionaler Bewertungsmuster ist im dritten Schritt der *Sokratische Dialog*. Dabei werden Ratsuchende angeregt, ihre dysfunktionalen Überzeugungen zu begründen. Gewohnte Überzeugungen werden in einem vierten Schritt in Frage gestellt und die Ratsuchenden werden inspiriert, neue, funktionale und realitätsadäquatere Perspektiven zu entwickeln. Diese neuen Überzeugungen werden vom Berater oder Therapeuten ebenfalls in Frage gestellt, so dass Klienten oder Patienten sie verteidigen müssen. Dadurch soll im fünften Schritt erreicht werden, dass sich die neuen, funktionalen Überzeugungen festigen. Auf diese Weise vollzieht sich in Ratsuchenden und Patienten allmählich ein »philosophischer Wandel«, der ihnen eine gelassene und angemessene Umgangsweise mit Problemen erlaubt und ermöglicht, zukünftig dysfunktionale Meinungen leichter durch funktionale Überzeugungen zu ersetzen.

Je nach Verfestigung und Komplexität der dysfunktionalen Meinungen und Überzeugungen bedarf es sehr unterschiedlicher Zeitbudgets für eine kognitive Umstrukturierung. Sie kann in einer Sitzung erreicht werden oder Monate bis Jahre dauern, mitunter auch vollkommen unmöglich sein. In der Regel erwartet man nur eine punktuelle Umstrukturierung durch kognitive Strategien, die sich insgesamt durch Kürze und Direktheit auszeichnen. Mitunter ist es ausreichend, Klienten und Patienten nach wenigen Sitzungen, in denen sie gesehen haben, wie hilfreich alternative Anschauungen sein können, zu einer eigenen Suche nach funktionalen Sichtweisen anzuregen, die ihre Perspektiven verändern. Man nennt dies auch Reframing. Letztlich geht es darum, angesichts chaotischer und destruktiver Emotionen und Kognitionen, die durch dysfunktionale Kognitionen strukturiert wurden, neue Kohärenzmodelle zu erarbeiten, die die individuelle und soziale

Situation besser interpretieren und gestalten. Dies ist jedoch meistens nicht ohne die Würdigung unbewusster Prozesse möglich, weswegen die nachfolgend geschilderte Dynamik unbewusster Konflikte in Beratung und Psychotherapie von großer Bedeutung ist.

Dynamics: *Psychodynamische und psychoanalytische Aspekte*

Der Begründer der Psychoanalyse, Sigmund Freud, hat bereits um 1900 die Bedeutung unbewusster Konflikte für das persönliche und gesellschaftliche Leben aufgezeigt. Er griff dabei auf eine lange Kulturgeschichte zurück, die zum Beispiel schon im Alten Ägypten in Gestalt von Imhotep, dem bereits erwähnten ersten bekannten Universalgenie der Geschichte, einen Berater und Therapeuten kennt, der Träume als Botschaften aus dem Unbewussten zu deuten verstand. Der durch Freud vollzogene wissenschaftliche Paradigmenwechsel bestand darin, dass er die rein auf bewusste Prozesse zentrierte naturwissenschaftliche Medizin seiner Zeit durch die Anerkennung unbewusster Affekte und Konflikte erheblich erweiterte. Das Wissen um unbewusste psychische Prozesse, das auch durch die neurobiologische Forschung befördert wurde, ist mittlerweile Allgemeinbildung geworden. Man kann es als bestätigt ansehen, dass der größte Teil menschlichen Verhaltens durch unbewusste Emotionen, Informationsverarbeitungen und Handlungsimpulse bestimmt wird (Kandel, 1999; Singer, 2002).

Alle psychodynamischen und psychoanalytischen Ansätze gehen von der zentralen Bedeutung des Unbewussten für das Erleben und Verhalten gesunder Persönlichkeiten sowie für die Entwicklung psychischer Probleme und Störungen aus. Diesbezügliche Forschungen zeigen, wie unbewusste Konflikte in negativen vergangenen oder gegenwärtigen Erfahrungen mit wichtigen Bezugspersonen begründet sind. Diese negativen Beziehungserfahrungen in Form von Kränkungen, Enttäuschungen, Traumatisierungen erzeugen bewusste und unbewusste innere Spannungen, Verstimmungen, Ängste, beeinträchtigte Körpergefühle und führen zu dysfunktionalen Kognitionen und Verhaltensweisen. Die affektgesteuerten unbewussten Konzepte können die Realität beträchtlich verzerren, insbesondere weil ihnen eine Tendenz innewohnt, sich immer wieder selbst zu bestätigen. Dies führt nicht nur zu Fehlinterpretationen der eigenen Bedürfnisse und Handlungen, sondern auch zu einer selbst und mitunter andere schädigenden Gestaltung der Lebenswelt. Weil unbewusste Kohärenzmodelle aber notwendig sind, um chaotische Affekte, Wahrnehmungen und Kognitionen zu ordnen, sind sie meist sehr beständig, auch wenn sie zu Unzufriedenheit und Verzweiflung führen. Sie lassen sich nur in längerer Arbeit durch alternative und befriedigendere Konzepte von Selbst und Welt ersetzen. Dabei spielt die kreative Wiederbelebung der Vergangenheit eine besondere Rolle.

Internalisierte Konflikterfahrungen prägen insbesondere Beziehungserwartungen an andere Menschen. Es wird zum Beispiel unbewusst angenommen, dass diese sich genauso versagend, enttäuschend, ängstigend und traumatisierend verhalten werden wie die frühen Bezugspersonen. Gleichzeitig besteht unbewusst oft die Hoffnung, dass sie sich gerade entgegen der negativen Vorerfahrungen verhalten mögen und auch dies kann zu realitätsverzerrenden Einstellungen und Verhaltensweisen führen. Innerhalb der integrativen Beratung oder Psychotherapie können Klienten oder Patienten bewussten Kontakt mit inneren Konflikten und ihren dysfunktionalen affektgesteuerten und kognitiv verzerrten Erklärungsmodellen aufnehmen. Sie können sich im Schutz einer vertrauensvollen und unterstützenden Beziehung mit ihrem Selbst und ihrer Lebenswelt, mit Hoffnungen und Ängsten, Fähigkeiten und Grenzen im Spiegel der (Übertragungs-)Beziehung zum Berater oder Therapeuten auseinandersetzen. In besonderen Momenten der Begegnung« (Stern, 1985) kommt es zu einer verdichteten Wahrnehmung üblicherweise nicht zugänglicher Gefühle und unbewusster Erlebensweisen. Es wird ein Raum eröffnet, in dem Ratsuchende und Patienten mit Erinnerungen, Vorstellungen und Affekten »spielen« können. Wenn dieses durchaus im Schiller'schen Sinne verstandene Spiel, gelingt, können vormals nicht ausreichend mental geordnete Erfahrungen bewusst und kohärent gestaltet werden. Das psychodynamische Erinnern, Wiederholen und Durcharbeiten (Freud, 1914) dient letztlich dazu, der Gravitation zu Chaos und Destruktion durch konstruktive individuelle und soziale psychische Arbeit entgegenzuwirken. Auf dieses kreative Moment von Beratung und Psychotherapie werde ich nach Schilderung der existentiellen Dimensionen von Beratung und Psychotherapie zurückkommen.

Existentielle Dimensionen von integrativer Beratung und Psychotherapie

Existentielle Beratungs- und Psychotherapieansätze gründen auf philosophischen Konzepten, in deren Zentrum die Situation des Menschen in seiner Welt steht. Neben Existenzphilosophen wie Søren Kierkegaard, Martin Heidegger und Jean-Paul Sartre leisteten auch Religionsphilosophen wie Martin Buber und Paul Tillich wesentliche Beiträge zu existentiellen Ansätzen in Beratung und Psychotherapie. So vielfältig wie die philosophischen Vorläufer sind auch die Richtungen existentieller Beratung und Psychotherapie. Die beiden Existentialien Befindlichkeit und Verstehen im Sinne Heideggers (1927), die jede Begegnung mit sich Selbst und dem Anderen prägen, sind jedoch etwas Gemeinsames. Klassische existentielle Beratungs- und Psychotherapieansätze wie die *Daseinsanalyse* (Binswanger, 1953) und die *Logotherapie und Existenzanalyse* (Frankl, 1972) stimmen mit neueren Beiträgen zur *existentiellen Psychotherapie* von May (1989) und Yalom (2000) darin überein, dass sie sich mit den unvermeidbaren und nicht auflösbaren Gegebenheiten des menschlichen Daseins auseinandersetzen. Dazu gehört die Geworfenheit des Menschen in eine Welt, die im Wechselspiel konstruktiver und destruktiver Tendenzen beständig gestaltet werden muss. Weitere zentrale Themen sind Liebe und Hass, Hoffnung und Resignation, Ordnung und Chaos, gelebte Präsenz und Sein zum Tode.

Existentielle Themen spielen implizit in jeder Beratung und Therapie eine Rolle. Sie tauchen jedoch auch oft ganz explizit auf, zum Beispiel als Konflikt zwischen Abhängigkeit und Autonomie, Bindung und Freiheit, individuellem Hedonismus und sozialem Engagement, familiärer oder beruflicher Erfüllung. Die Auseinandersetzung mit diesen existentiellen Themen in Beratung und Psychotherapie ist weniger durch spezifische Techniken charakterisiert als vielmehr durch eine öffnende Grundhaltung gegenüber den universell wichtigen Themen des Lebens. Berater und Therapeuten versuchen, sich unvoreingenommen und authentisch auf ihre Klienten und Patienten einzulassen und ihnen Raum zur Auseinandersetzung mit den existentiellen Grundgegebenheiten menschlichen Seins anzubieten. Letztlich geht es auch hier um die Ordnung von chaotischen Wahrnehmungen und Erfahrungen zu gestalteten Vorstellungen und Erlebnissen, die sich destruktiven Kräften entgegenstellen.

Die existentiellen Ansätze stellen die authentische Beziehung von Ratsuchenden und Beratern, Patienten und Therapeuten in den Vordergrund und weisen damit auf die erste Ebene des ABCDE-Beratungs- und Psychotherapiemodells zurück. Sie sind wie alle Dimensionen rekursiv auf die A-Dimension bezogen und berücksichtigen auch dysfunktionale Verhaltensweisen (B) und Kognitionen (C) sowie psychodynamische Konflikte (D). Insofern sind die beschriebenen Dimensionen Akzente, die klienten- und patientenorientiert je nach Situation unterschiedlich gewichtet werden. Darüber hinaus finden sich in den beschriebenen Interventionsstrategien zentrale Prinzipien systemischer Beratungs- und Therapieansätze verwirklicht (vgl. Schweitzer, 2007).

Damit die gemeinsame Suche nach vernachlässigten oder unentdeckten Ressourcen von Klienten und Patienten gelingen kann, ist es hilfreich, den aus den klassischen Beratungs- und Psychotherapiekonzepten entlehnten Techniken einen lösungs- und ressourcenorientierten Zuschnitt zu geben. Darauf wurde vorangehend insbesondere hinsichtlich eines modifizierten Umgangs mit kognitiver Umstrukturierung, aber auch mit Übertragungs- und Ge-

genübertragungsphänomenen eingegangen. Selbstverständlich erscheint, dass immer von den jeweiligen Ordnungs- und Bezugssystemen der Klienten und Patienten auszugehen ist. Dies kann zum Beispiel durch die Technik des zirkulären Fragens geschehen, wodurch wichtige Bezugspersonen präziser wahrgenommen und verstanden werden können. Das übergeordnete Ziel besteht darin, Ratsuchenden und Patienten eine besser gestaltete Wahrnehmung und Vorstellung ihrer selbst und ihrer Bezugspersonen zu ermöglichen und ihre Handlungsspielräume zu erweitern.

Hermeneutik als kulturwissenschaftliche Grundlage von Beratung und Psychotherapie

Die beschriebenen Techniken und Haltungen sind eingebettet in hermeneutisches Verstehen, das als fundamentaler Prozess aufgefasst werden kann, durch den Menschen ihrer inneren und äußeren Welt Kohärenz und Struktur verleihen. Dies beginnt in der frühesten Kindheit und setzt sich bis ins höchste Alter fort. Mittlerweile ist von den Neurowissenschaften bestätigt worden, dass sich schon der Säugling aktiv seine Welt aneignet und die emotional-kognitive Ordnung von Erfahrungen für seine Entwicklung von entscheidender Bedeutung ist. So wird die Überzeugung des Protagonisten der philosophischen Hermeneutik, Hans-Georg Gadamer (1960, 1986), dass Verstehen eine natürliche Fähigkeit des Menschen ist, auch neurobiologisch plausibel. Da Verstehen eine natürliche Fähigkeit und eine existentielle Grundbestimmung des Menschen darstellt, ist es auch möglich, hinreichend einfühlsame und intelligente Personen in den verschiedenen methodischen Ansätzen in überschaubarer Zeit auszubilden. Richtig ausgewählte Ausbildungskandidaten verfügen schon vor ihrer fachlichen Unterweisung über die Fähigkeit zu Empathie und Perspektivenübernahme sowie emotional-kognitiver und sprachlicher Strukturierung von Erfahrungen. Die Ausbildung zum Berater besteht in der problemorientierten Vermittlung der genannten

Techniken und entwickelt die natürlichen Fähigkeiten des Beraters weiter. Konkrete Beratungstechniken greifen aus den komplexen Kulturtechniken einzelne Aspekte heraus und fokussieren sie auf die präsentierten Probleme. Bei der Behandlung von psychischen Störungen geschieht Ähnliches, nur ist hier eine breitere Kenntnis psychischer Störungen und psychotherapeutischer Handlungsmöglichkeiten vonnöten. Dennoch bleiben Beratung und Psychotherapie immer einem umfassenden Kommunikationsgeschehen verpflichtet, das mit hermeneutischen Begriffen, die die einzelnen Beratungs- und Behandlungselemente in einer allgemeinen Kommunikationstheorie verbinden, beschrieben werden kann.

Die hermeneutischen Dimensionen von Beratung und Psychotherapie lassen sich anhand der Leitbegriffe *Erinnerung*, *Repräsentierende Gestaltung* und *Interaktionelles Erleben* zusammenfassen (Holm-Hadulla, 1997).

Erinnerung: Die Auseinandersetzung mit der eigenen Lebensgeschichte sowie die Achtsamkeit für das aktuelle Erleben innerhalb einer vertrauensvollen Beratungs- oder Behandlungsbeziehung können zu einem kohärenteren Selbsterleben und einer verbesserten Selbstwirksamkeit führen. Erinnerung als erstes hermeneutisches Wirkprinzip ist dabei mehr als das Auffinden biographischer Fakten, sie kann die Voraussetzungen zur Überwindung der Fremdheit gegenüber sich selbst und dem aktuellen Erleben schaffen. Wenn es Ratsuchenden und Patienten gelingt, in einem geschützten Rahmen ihre Geschichte und aktuelle Lebenswelt mit allen Licht- und Schattenseiten realistisch wahrzunehmen und zu verstehen, verbessern sich in aller Regel ihr Kohärenzgefühl und ihr Erleben von Authentizität.

Repräsentierende Gestaltung: Die Gestaltung von Erfahrungen erfolgt sowohl über sprachliche Repräsentationen als auch über Vorstellungsbilder, in denen die unbewussten und zunächst nicht greifbaren Wahrnehmungen und Erinnerungen zur Anschauung gelangen. Die repräsentierende Gestaltung als zweites hermeneutisches Wirkprinzip bedeutet, dass vormals unstrukturierte mentale Fragmente in eine kohärente Form, zum Beispiel in ein Narrativ, gebracht werden. In psychoanalytischer Hinsicht führt dies zu einer zunehmenden Integration vormals verdrängter oder abgespaltener Erfahrungen. Dies ist ein Prozess, der durch Beratungs- und Behandlungsgespräche angeregt werden kann. Klienten oder Patienten fühlen sich oft durch die gemeinsame Gestaltungsarbeit mit dem Berater oder Therapeuten dazu ermutigt, den zuvor eingeschränkten Dialog mit sich selbst und den relevanten Bezugspersonen wieder aufzunehmen. Wie die Erinnerungsarbeit, mit der die repräsentierende Gestaltung eng zusammenhängt, verbessert Letztere das Erleben von Authentizität, das wiederum mit der Übernahme von Autorschaft für das eigene Leben verbunden ist.

Interaktionelles Erleben: Indem Berater und Therapeuten interessiert an der inneren und äußeren Welt ihrer Klienten und Patienten teilnehmen, ihre Erlebnisse emotional und kognitiv mitvollziehen, sie in ihrer eigenen Phantasie aktualisieren und repräsentierend gestalten, entsteht ein gemeinsamer Erlebensraum. Berater und Therapeuten können Klienten und Patienten ihr szenisch gestaltetes Erleben mitteilen und zur Anschauung bringen. Dies führt häufig zu einer beträchtlichen Perspektivenerweiterung auf Seiten der Ratsuchenden und Patienten. Da das Verständnis von Beratern und Therapeuten trotz persönlicher Lebenserfahrung und fundierten fachlichen Wissens zwangsläufig ein subjektives und vorläufiges ist, steht es Klienten und Patienten selbstverständlich immer frei, ob sie die Anschauungen ihres Gegenübers teilen und zur Gestaltung ihres eigenen Erlebens und Handelns nutzen möchten.

Letztlich zeigen auch die hermeneutischen Überlegungen, dass Kohärenz ein übergreifendes Prinzip von Beratung und Psychotherapie darstellt und geeignet ist, kulturwissenschaftliche mit biologischen und psychologischen Erkenntnissen zu verbinden. Für die Beratungs- und Behandlungspraxis können folgende Empfehlungen aus den biologischen, psychologischen und kulturwissenschaftlichen Aspekten kreativer Kohärenzbildung abgeleitet werden:

- In einem verlässlichen Rahmen, unterstützt von einer supportiven und kreativen Grundhaltung von Beratern oder Therapeuten, wird eine vertrauensvolle Atmosphäre geschaffen, die Klienten und Patienten eine aktiv gestaltende Anschauung ihrer aktuellen Probleme ermöglicht. Dies allein führt häufig schon zur emotionalen Entlastung und kognitiven Kohärenzbildung. Durch die persönliche Unterstützung und die positive Verstärkung der individuellen Ressourcen durch den Berater oder Therapeuten können die hermeneutischen Prinzipien Erinnerung, repräsentierende Gestaltung und interaktionelles Erleben unterstützt werden. Es entwickelt sich eine tragfähige und hilfreiche Beratungsbeziehung, eine sichere Basis im Sinne der Bindungsforschung (Bowlby, 1988), von der aus Klienten und Patienten sich mutiger mit schwierigen Problemen und psychischen Störungen auseinandersetzen können. Die Beschäftigung mit diesen Inhalten erfolgt dabei in einem gemeinsamen Erlebens- und »Übergangsraum« (Winnicott, 1971), in dem eine Auseinandersetzung mit Problemen jenseits unmittelbarer Konsequenzen in der privaten oder beruflichen Lebenswelt möglich ist.
- Je nachdem, welche Hemmnisse und Störungen sich in der Lebensgestaltung abzeichnen, gelangen unterschiedliche verhaltensorientierte Techniken und Interventionen des integrativen Beratungs- und Behandlungskonzepts zum Einsatz. Ist zum Beispiel die Ausschöpfung des individuellen Potentials durch dysfunktionales Arbeitsverhalten erschwert, so kann der Berater dem Klienten durch Vermittlung besser geeigneter Lern- und Arbeitstechniken zu einer vorteilhafteren Nutzung seiner intellektuellen Ressourcen verhelfen. Hierbei erweisen die geschilderten Ratschläge etwa in Bezug auf eine räumliche Trennung von Arbeitsplatz und Wohnbereich, eine klare zeitliche Strukturierung der Arbeit mit regelmäßigen und ausreichenden Pausen und die (Wieder-)Herstellung der Work-Life-Balance als erstaunlich wirksam. Gerade bei sehr motivierten Persönlichkeiten geht das Gleichgewicht zwischen Arbeit und

Geselligkeit, Anspannung und Entspannung aufgrund – häufig unbewusst – verzerrter Ansprüche oft verloren. Sie reduzieren ihre sportlichen, kreativen und sozialen Aktivitäten oder verzichten ganz darauf. Damit vernachlässigen sie jedoch einen wesentlichen Bereich, der für ein erfülltes und gesundes Leben und für ein längerfristiges erfolgreiches Arbeiten die Grundvoraussetzung darstellt.
– Kognitive Ratschläge zur produktiven und kreativen Lebensgestaltung werden zwar vom Klienten aufgrund des Expertenstatus der Berater oder Therapeuten eher angenommen als von Freunden aus der Umgebung. Längerfristig wirksam werden sie jedoch erst dann, wenn die dysfunktionalen Überzeugungen und Bewertungen, die den bisherigen problematischen emotionalen und Verhaltensreaktionen zugrunde liegen, herausgearbeitet und innerhalb des Sokratischen Dialogs in Richtung auf Bewertungen, die angemessener und funktionaler sind, verändert werden. Diese erlauben dem Klienten eine gelassenere Umgangsweise mit seinen Problemen und befähigen ihn zur Erreichung seiner persönlichen Lebensziele.
– In der Auseinandersetzung mit dysfunktionalen Kognitionen und deren Veränderung, tauchen häufig lebensgeschichtlich bedingte Konflikte auf, die der Realisierung des individuellen Potentials entgegenstehen. Oft behindern unbewusste Neid- und Rivalitätsprobleme die Ausschöpfung der eigenen Fähigkeiten. Aus Angst, sich durch Engagement und gute Leistungen zu sehr aus dem Freundes- oder Kollegenkreis herauszuheben und die Unterstützung des Umfeldes zu verlieren, bleiben leistungsfähige Persönlichkeiten dann oft hinter ihren Möglichkeiten zurück. Autoritätskonflikte und -ängste können dazu führen, dass angebotene Hilfestellungen nicht im erforderlichen Maß angenommen werden oder sich in Stresssituationen dysfunktionale Ängste entwickeln. Innerhalb der integrativen Beratung oder Psychotherapie können Klienten und Patienten eigene Affekte und konflikthafte Situationen bewusster wahrnehmen lernen. Unangenehme, bedrängende, ängstigende und

deprimierende Erfahrungen können im gemeinsamen Erlebensraum sprachlich und durch Vorstellungsbilder repräsentierend gestaltet werden. Indem der Berater dem Klienten sein szenisch gestaltetes Erleben zur Anschauung bringt, kann sich der Wahrnehmungshorizont des Klienten um diese Perspektiven erweitern.
- Letztlich werden in gelungenen Beratungen und Psychotherapien kreative Prozesse angeregt, die dem Selbst zu mehr Kohärenz und Freiheit im Umgang mit sich selbst und anderen verhelfen. Dies schließt die Wahrnehmung und Gestaltung abgelehnter eigener Gefühle und Phantasien und widriger Lebenserfahrungen mit ein, in denen so häufig ein kreatives Potential verborgen liegt. Insofern ist die Furcht, wie sie zum Beispiel Rilke äußerte, dass eine professionelle Beratung oder Psychotherapie mit der Ordnung, die sie bewirke, zwar die Dämonen von Angst und Depression, aber auch die Engel der Schöpferkraft vertreibe, nicht berechtigt (s. Dörr, 2011). Es existieren mittlerweile unzählige Berichte von Persönlichkeiten, die durch eine psychologische Beratung oder Psychotherapie in ihrer kreativen Entwicklung entscheidend gefördert wurden. Ähnlich ist es mit der Befürchtung, dass zum Künstlertum das Chaos gehöre: Im Spannungsfeld von Schöpfung und Zerstörung, Ordnung und Chaos ist die Auflösung von Kohärenz nur ein kreatives Prinzip, wenn immer wieder eine kohärente Form, zum Beispiel ein Gedicht, daraus entsteht.

Zum Abschluss möchte ich zur »Kreativität des Verstehens« erwähnen, dass Hans-Georg Gadamer mit seinem Entwurf einer philosophischen Anthropologie Synthesemöglichkeiten von lebensweltlichen Erfahrungen mit natur- und kulturwissenschaftlichen Erkenntnissen dargestellt hat. Er unterstreicht die auch in diesem Buch leitende Vorstellung, dass Menschen kohärente Konzepte benötigen, um sich in der Welt orientieren zu können. Diese Gestaltungen des menschlichen Geistes werden von destruktiven Einflüssen bedroht und müssen immer wieder neu errungen werden: »Wenn man es hat, den Ausdruck gefunden hat ..., dann ist etwas ›zustande‹ gekommen, dann haben wir wieder einen Halt inmitten der Flut des fremden Sprachgeschehens, dessen unendliche Variation die Orientierung verlieren lässt« (1986, S. 229 f.). Verstehen ist nach Gadamer ein schöpferischer Akt, der sich auf den »Text der Welt« bezieht, den wir auf unsere individuelle Weise auslegen und ausleben. Dabei wechselt gestaltetes Erleben mit diffusen Stimmungen ab und wir werden uns und anderen immer wieder rätselhaft. Aus dem kontinuierlich neu zu erschaffenden Selbst- und Weltverständnis leitet Gadamer die Notwendigkeit von Beratung ab: »So bedarf es der Beratung, die eine ganz andere Gemeinsamkeit einschließt als die des Allgemeingültigen. Sie lässt den anderen zu Worte kommen und sich gegenüber dem anderen. Sie kann daher nicht im Stile der Wissenschaft bis zu Ende versachlicht werden, denn es handelt sich nicht nur um das Finden des richtigen Mittels zu einem feststehenden Zweck, sondern vor allem um die Vorstellung von dem, was sein soll und was nicht – was recht und was nicht recht ist. Das ist es, was sich im Sich-Beraten über das Tunliche auf unausdrückliche Weise als ein wahrhaft Gemeinsames herausbildet. Am Ende solcher Beratung steht nicht die Ausführung eines Werks oder die Herbeiführung eines erstrebten Zustandes allein, sondern eine Solidarität, die alle eint« (Gadamer, 1986, S. 168 f.).

Zusammenfassend bleibt festzuhalten, dass die Erschaffung individueller und gesellschaftlicher Wissensordnungen ein dynamischer Prozess ist, der zwischen Schöpfung und Zerstörung stattfindet. Goethe beendet sein Gedicht »Selige Sehnsucht« mit den folgenden Versen: »Und solang du das nicht hast,/ Dieses Stirb und Werde!/ Bist du nur ein trüber Gast/ Auf der dunklen Erde« (HA 2, S. 19). Dieses existentielle »Stirb und Werde« materialisiert sich immer wieder im kreativen Ausdruck, und sei es auch nur im Lächeln eines Augen-Blicks, und wir hoffen, dass die schöpferischen Kräfte die zerstörerischen überwiegen.

Danksagung

Das vorliegende Buch wurde durch einen Forschungsaufenthalt im Internationalen Kolleg »Morphomata«, einem Center for Advanced Studies an der Universität Köln, ermöglicht. Den Direktoren des Kollegs, Günter Blamberger und Dietrich Boschung, bin ich für die vielfältigen kulturwissenschaftlichen Anregungen und die freundschaftliche Begleitung sehr dankbar. Auch von meinen Mit-Fellows Maria Moog-Grünewald, Corinna Wessels-Mevissen, Jürgen Hammerstaedt, Andreas Kablitz, Alan Shapiro und den wissenschaftlichen Mitarbeitern des Kollegs, Christina Borkenhagen, Thierry Greub, Jan Wilms, Frank Waschek und besonders Martin Roussel, habe ich wertvolle Hinweise erhalten.

Dankbar bin ich des Weiteren meinen Freunden und Kollegen an der Heidelberger Universität und seinem Marsilius-Kolleg, besonders dem Professor für Allgemeine Psychologie, Joachim Funke, dem Krebsforscher Peter Krammer, dem Physiologen Andreas Draguhn, dem Klinischen Psychologen Sven Barnow, dem Sozialpsychologen Klaus Fiedler, dem Psychiater Werner Janzarik und dem Literaturwissenschaftler Gerhard Poppenberg.

Weitere wichtige Anregungen habe ich von den Psychoanalytikern Barbara und Rolf Vogt sowie von der Autorin Silke Heimes und meinen Doktoranden Michael Sperth und Frank-Hagen Hofmann erhalten. Seit mittlerweile drei Jahrzehnten ist mein Lehrer und Freund Otto Dörr eine reiche Quelle der Inspiration. Meinem Bruder Michael Hadulla danke ich für seine klugen Ratschläge.

Alles wäre blass ohne Christel, Moritz, Fédéric, Zeynep, Enes, Ela-Sophie und alle, die im Anflug auf diese Welt sind.

Literatur

Adorno, Th. W. (1970). Ästhetische Theorie. Frankfurt a. M., Suhrkamp.
Akiskal, H. S., Akiskal, K. (2007). In search of Aristotle: temperament, human nature, melancholia, creativity and eminence. J. Affect Disord. 100, 1–6.
Andreasen, N. (1987). Creativity and mental illness: Prevalence rates in writers and their first degree relatives. Am. J. Psychiat. 144: 1288–1292.
Andreasen, N. (2005). The creating brain. New York u. Washington D.C., Dana Press.
Antonovsky, A. (1997). Salutogenese. Tübingen, Dgvt.
Aristoteles (1984). Meteorologie. Übers. v. H. Sturm. Deutsche Akademie der Wissenschaften zu Berlin.
Assmann, J. (1997). Das kulturelle Gedächtnis. München, C.H. Beck.
Assmann, J. (2000). Schöpfungsmythen und Kreativitätskonzepte im Alten Ägypten. In R. M. Holm-Hadulla (Hrsg.), Kreativität (S. 157–188). Berlin u. a., Springer.
Assmann, J. (2006). Monotheismus und die Sprache der Gewalt. Wien, Picus Verlag.
Bandura, A. (1997). Self-efficacy: The exercise of control. New York, Freeman.
Barasch, M. (2003). The renaissance artist. In O. Krüger, R. Sariönder, A. Deschner (Hrsg.), Mythen der Kreativität (S. 105–122). Frankfurt a. M., Lembeck.
Beck, A. T. (1976). Cognitive therapy and the emotional disorders. New York, International University Press.
Beghetto, R. A., Kaufmann, J. C. (2007). Toward a broader conception of creativity. Psychology of Aesthetics, Creativity, and the Arts 1 (2), 73–79.
Binswanger, L. (1953). Grundformen und Erkenntnis menschlichen Daseins. Zürich, Niehans.
Bion, W. R. (1962). A theory of thinking. Int. J. Psychoanal. 43: 306–310.
Bion, W. R. (1992). Lernen durch Erfahrung. Frankfurt a. M., Suhrkamp.
Blake, W. (1995). Selected poems. Dover, Dover Publications.
Blamberger, G. (1985). Versuch über den deutschen Gegenwartsroman. Krisenbewusstsein und Neubegründung im Zeichen der Melancholie. Metzler, Stuttgart.
Bollas, Ch. (1992). Being a character. London, Routledge.
Borchmeyer, D. (1988). Macht und Melancholie. Schillers Wallenstein. Frankfurt a. M., Mnemosyne.
Bowlby, J. (1988). A secure base. London, Routledge.
Brumlik, M. (2009). Die Aktualität des Todestriebs. In M. Dörr, J. C. Aigner (Hrsg.), Das neue Unbehagen in der Kultur und seine Folgen für die psychoanalytische Pädagogik. Göttingen, Vandenhoeck & Ruprecht.

Catell, R. B. (1971). Abilities: their structure, growth, and action. Oxford, Houghton Mifflin.
Cropley, A. J., Cropley, D. H. (2008). Elements of an universal aesthetics of creativity. Psychology of Aesthetics, Creativity, and the Arts, 2 (3), 155–161.
Csikszentmihalyi, M. (1996). Creativity. New York, Harper Collins Publishers.
Dalai Lama (2009). Der Sinn des Lebens. Freiburg, Herder.
Dawkins, R. (1978). Das egoistische Gen. Berlin, Spektrum.
DGPPN et al. (2009). Unipolare Depression. S3-Leitlinie. www.depression.versorgungsleitlinien.de
Dilling, H., Mombour, W., Schmidt, M. H. (2005). ICD-10. Internationale Klassifikation psychischer Strörungen (5. Aufl.). Bern, Huber.
Dörr, O. (2011). Die Sprache und die Musik. Freiburg, Könighausen und Neumann.
Eliade, M. (1980). Die Schöpfungsmythen. Ägypter, Sumerer, Hurriter, Hethiter, Kanaaniter und Israeliten. Darmstadt, Wissenschaftliche Buchgesellschaft.
Ellis, A. (1962). Reason and emotion in psychotherapy. New York, Lyle Stuart.
Ellis, A. (1993). Die rational-emotive Therapie: das innere Selbstgespräch bei seelischen Problemen und seine Veränderung (5. Neuausg.). München, Pfeiffer.
Farriss, N. F. (1987). Remembering the future, anticipating the past: History, time, and cosmology among the Maya of Yucatan. Comparative studies in society and history 29, 566–593, Cambridge University Press.
Fest, J. (1973). Hitler. Frankfurt a. M., Ullstein.
Fiedler, K. (2004). Tools, toys, truisms, and theories: some thoughts on the creative cycle of theory formation. Personality and Social Psychology Review 8 (2): 123–131.
Florida, R. (2002). The rise of the creative class. New York, Basic Books.
Fonagy, P., Target, M. (Hrsg.) (2003). Frühe Bindung und psychische Entwicklung. Gießen, Psychosozial-Verlag.
Fonagy, P., Gergely, G., Jurist, E., Target, M. (2005). Affect regulation, mentalization, and the development of self. New York, Other Press.
Frankl, V. E. (1972). Der Mensch auf der Suche nach Sinn. Stuttgart, Klett.
Freud, S. (1895). Entwurf einer Psychologie. Frankfurt a. M., Fischer.
Freud, S. (1900). Die Traumdeutung. Frankfurt a. M., Fischer.
Freud, S. (1908). Der Dichter und das Phantasieren. Frankfurt a. M., Fischer.
Freud, S. (1914). Erinnern, Wiederholen und Durcharbeiten. Frankfurt a. M., Fischer.
Freud, S. (1919). Das Unheimliche. Frankfurt a. M., Fischer.
Freud, S. (1920). Jenseits des Lustprinzips. Frankfurt a. M., Fischer.
Freud, S. (1923). Das Es und das Ich. Frankfurt a. M., Fischer.
Freud, S. (1930). Das Unbehagen in der Kultur. Frankfurt a. M., Fischer.

Freud, S. (1933). Warum Krieg? Frankfurt a. M., Fischer.
Freud, S. (1940). Abriß der Psychoanalyse. Frankfurt a. M., Fischer.
Fuchs, Th. (2007). Das Gehirn – Ein Beziehungsorgan. Stuttgart, Kohlhammer.
Funke, J. (2000). Psychologie der Kreativität. In R. M. Holm-Hadulla (Hrsg.), Kreativität (S. 283–300). Heidelberg u. a., Springer.
Gadamer, H. G. (1960). Wahrheit und Methode. Tübingen, Mohr.
Gadamer, H. G. (1986). Hermeneutik II. Tübingen, Mohr.
Gardner, H. (2002). Intelligenzen – Die Vielfalt des menschlichen Geistes. Stuttgart, Klett.
Gatz, B. (1967). Weltalter, goldene Zeit und sinnverwandte Vorstellungen. Hildesheim, Olms.
Goethe, J. W. v. (1981). HA: Goethes Werke. Hamburger Ausgabe. Hrsg. v. E. Trunz (10. neubearb. Auflage). München, C.H. Beck.
Goethe, J. W. v. (1985–1999). FA: Sämtliche Werke. Briefe. Tagebücher und Gespräche. Frankfurter Ausgabe. Hrsg. v. D. Borchmeyer u. a. Frankfurt a. M., Deutscher Klassiker Verlag.
Goethe, J. W. v. (1988). HA: Briefe. Briefe von und an Goethe. Hamburger Ausgabe. Hrsg. v. K. R. Mandelkow. München, C. H. Beck.
Goleman, D. (1997). Emotionale Intelligenz. München, dtv.
Goleman, D. (2005). Dialog mit dem Dalai Lama. Wie wir destruktive Emotionen überwinden können. München u. Wien, Hanser.
Goodwin, F. K., Jamison, K. R. (1990). Manic-depressive illness. Oxford University Press.
Guilford, J. P. (1950). Creativity. American Psychologist, 5 (9), 444–454.
Guilford, J. P. (1959). Three faces of intellect. American Psychologist 14 (8), 469–479.
Habermas, J. (1968). Erkenntnis und Interesse. Frankfurt a. M., Suhrkamp.
Halton, E. (2003). The cosmic phantasy of life. In O. Krüger, R. Sariönder, A. Deschner (Hrsg.), Mythen der Kreativität (S. 51–76). Frankfurt a. M., Lembeck.
Hegel, G. F. W. (1807/1952). Phänomenologie des Geistes. Meiner, Hamburg.
Hegel, G. F. W. (1812/1952). Ästhetische Thoerie. Meiner, Hamburg.
Hegel, G. F. W. (1817–1829/1970). Vorlesungen über die Ästhetik. Gesamtausgabe Bd. 13. Frankfurt a. M., Suhrkamp.
Heidegger, M. (1927/1986). Sein und Zeit. Tübingen, Niemeyer.
Hesiod (1996). Werke und Tage. Stuttgart, Reclam.
Hesiod (1999). Theogonie. Stuttgart, Reclam.
Hofmann, M. W. (Hrsg.) (2001). Der Koran. Kreuzlingen/München, Hugendubel.
Holm-Hadulla, R. M. (1997). Die psychotherapeutische Kunst. Hermeneutik als Basis therapeutischen Handelns. Göttingen, Vandenhoeck & Ruprecht.
Holm-Hadulla, R. M. (2003). Psychoanalysis as creative act of shaping. Int. J. Psychoanal. 84, 1203–1220.
Holm-Hadulla, R. M. (2004). The art of counselling and psychotherapy. London, New York, Karnac Books.

Holm-Hadulla, R. M. (2009). Leidenschaft: Goethes Weg zur Kreativität. Eine Psychobiographie (2. Auflage). Göttingen, Vandenhoeck & Ruprecht.
Holm-Hadulla, R. M. (2010). Kreativität – Konzept und Lebensstil (3. Auflage). Göttingen, Vandenhoeck & Ruprecht.
Holm-Hadulla, R. M., Hofmann, F. H., Sperth, M. (2009). Integrative Beratung. Psychotherapeut 54, 326–333.
Holm-Hadulla, R. M., Roussel, M., Hofmann, F. H. (2010). Depression and creativity – The case of the german poet, scientist and statesman J. W. v. Goethe. Journal of Affective Disorders, 127, 43–49.
Homer (2008). Ilias. Übers. v. R. Schrott. München, Hanser.
Hopkins, J., Sugerman, D. (1980). No one here gets out alive. Medford, NJ, Plexus Publishing.
Jamison, K. R. (1994). Touched with fire. New York, Free Press.
Janzarik, W. (1988). Strukturdynamische Grundlagen der Psychiatrie. Stuttgart, Enke.
Kandel, E. R. (1999). Biology and the future of psychoanalysis: a new intellectual framework for psychiatry revisited. Am. J. Psychiatry 156, 505–524.
Kanfer, F., Reinecker H., Schmelzer D. (2006). Selbstmanagement-Therapie. Berlin u. a., Springer.
Kant, I. (1788/1983). Kritik der praktischen Vernunft. Hamburg, Meiner.
Kant, I. (1790/1983). Kritik der Urteilskraft. Hamburg, Meiner.
Kantorowicz, E. (1961). Selected studies. New York, Locost Valley.
Kermani, N. (2007). Gott ist schön: Das ästhetische Erleben des Koran. München, C. H. Beck.
Klein, M. (1957). Neid und Dankbarkeit. Stuttgart, Klett-Cotta.
Klibansky, R., Panofsky, E., Saxl, F. (1964/1992). Saturn und Melancholie. Frankfurt a. M., Suhrkamp.
Kohut, H. (1976). Narzissmus. Frankfurt a. M., Suhrkamp.
Korte, M. (2010). Was soll nur aus unseren Gehirnen werden? Frankfurter Allgemeine Zeitung Nr. 100, S. 35.
Kraepelin, E. (1899). Compendium der Psychiatrie. Leipzig, Abel.
Krammer, P. (2000). Naturwissenschaft, Big Science und die Wurzeln der Kreativität. In R. M. Holm-Hadulla (Hrsg.), Kreativität (S. 21–26). Berlin u. a., Springer.
Lacan, J. (1973/1975): Schriften I und II. Olten, Walter.
Lautenschläger, M. (2000). Kreativität in Unternehmen. In R. M. Holm-Hadulla (Hrsg.), Kreativität (S. 59–76). Berlin u. a., Springer.
Ledderose, L. (2000). Kreativität und Schrift in China. In R. M. Holm-Hadulla (Hrsg.), Kreativität (S. 189–204). Heidelberg u. a., Springer.
Lepenies, W. (1998). Melancholie und Gesellschaft. Frankfurt a. M., Suhrkamp.
Leuzinger-Bohleber, M., Roth, G., Buchheim, A. (2007). Psychoanalyse – Neurobiologie – Trauma. Stuttgart, Schattauer.

Manuwald, H.-P. (2003). Goldene Zeit, Fortschrittsdenken und Grenzüberschreitung. In O. Krüger, R. Sariönder, A. Deschner (Hrsg.), Mythen der Kreativität (S. 123–141). Frankfurt a. M., Lembeck.
May, R. (1989). The art of counseling. New York, Gardner Press.
McCrae, R. R. (2007). Aesthetic chills as an universal marker of openness to experience. Motivation and Emotion 31 (1), 5–11.
Michaels, A. (1998). Der Hinduismus: Geschichte und Gegenwart. München, C. H. Beck
Moritz, K. P. (1788/1997). Über die bildende Nachahmung des Schönen. Werke, Bd. II. Berlin, Duncker u. Humblot.
Müller, H.-P. (2003). »Hybris« in der biblischen Urgeschichte Genesis 2–11 und der babylonische Mythos von Atramhasis. In O. Krüger, R. Sariönder, A. Deschner (Hrsg.), Mythen der Kreativität (S. 51–76). Frankfurt a. M., Lembeck.
Nietzsche, F. (1883–1885/1988). Also sprach Zarathustra. Stuttgart, Kröner.
Nietzsche, F. (1888–1889/1988). Sämtliche Werke, Bd. VI. Kritische Studienausgabe. Hrsg. v. G. Colli u. M. Montinari. München, dtv.
Ogden, Th. (2004). On holding and containing, being and dreaming. Int. J. Psychoanal. 85, 1349–1364.
Ortheil, H.-J. (2000). Selbstversuch am offenen Herzen. In R. M. Holm-Hadulla (Hrsg.), Kreativität (S. 227–244). Heidelberg u. a., Springer.
Pawlow, I. P. (1927). Conditioned reflexes: An investigation of the physiological activity of the cerebral cortex. Oxford, Oxford University Press.
Petersen, Th. (2000). Wirtschaft und Kreativität. In R. M. Holm-Hadulla (Hrsg.), Kreativität (S. 109–126). Heidelberg u. a., Springer.
Pfetsch, F. (2000). Kreatives Verhandeln in Politik und Wirtschaft. In R. M. Holm-Hadulla (Hrsg.), Kreativität (S. 127–156). Heidelberg u. a., Springer.
Pinker, S. (1999). How the mind works. London, Penguin Books.
Platon (1948–1965). Sämtliche Werke. Zürich, Artemis.
Ricard, M. (2009). Glück. München, Droemer/Knaur.
Rilke, R. M. (1987). Gedichte. Frankfurt a. M., Suhrkamp.
Riordan, J., Prochnicky, J. (1991). Break on through. The life and death of Jim Morrison. New York, William Morrow and Company.
Rogers, C. R. (1957). The necessary and sufficient conditions of therapeutic personality change. Journal of Consulting Psychology 21, 95–103.
Rorty, R. (2001). Universality and truth. In R. B. Brandom (Ed.), Rorty and his critics (pp. 1–30). Oxford, Blackwell.
Roth, G. (2010). Vernetzte Neuronen und neue Ideen. In R. Rosenzweig (Hrsg.), Geistesblitze und Neuronendonner. Paderborn, Mentis.
Runco, M., Richards, R. (1997). Eminent and everyday creativity. London, Ablex.
Saß, H., Wittchen, H.-U., Zaudig, M. (2003). Diagnostisches und statistisches Manual psychischer Störungen. Textrevision – DSM-IV-R. Stuttgart, Hogrefe.

Schelling, F. W. J. (1800/1992). System des transzendentalen Idealismus. Hrsg. v. H. D. Brandt u. P. Müller. Hamburg, Meiner.
Schiller, F. (1795/2000). Briefe über die ästhetische Erziehung des Menschen. Ditzingen, Reclam.
Schiller, F. (1781/1982). Die Räuber. Frankfurt a. M., Insel Verlag.
Schmid, W. (1998). Philosophie der Lebenskunst. Frankfurt a. M., Suhrkamp.
Schönberger, O. (1999). Nachwort zu Hesiods Theogonie. Stuttgart, Reclam.
Schumpeter, J. (1942). Capitalism, socialism and democracy. New York.
Schweitzer, J. (2007). Systemische Therapie. In W. Senf, M. Broda (Hrsg.), Praxis der Psychotherapie. Ein integratives Lehrbuch (4. Aufl.) (S. 308–318). Stuttgart u. New York, Georg Thieme.
Segal, H. (1991). Dream, phantasy, and art. London, Routledge.
Seligman, M. (2000). Erlernte Hilflosigkeit. Weinheim, Beltz.
Shakespeare, W. (1986). Ein Sommernachtstraum. Ditzingen, Reclam.
Shakespeare, W. (1986). Richard III. Ditzingen, Reclam.
Simonton, D. K. (2000). Creativity: Cognitive, personal, developmental, and social aspects. American Psychologist, 55 (1), 151–158.
Singer, W. (1990). Search for coherence: a basic principle of cortical self-organisation. Concepts in Neuroscience I, 1–26.
Singer, W. (2002). Der Beobachter im Gehirn. Essays zur Hirnforschung. Frankfurt a. M., Suhrkamp.
Singer, W., Ricard, M. (2009). Hirnforschung und Meditation. Frankfurt a. M., Suhrkamp.
Skinner, B. F. (1953). Science and human behavior. New York, Macmillan.
Sloterdijk, P. (2006). Zorn und Zeit. Frankfurt a. M., Suhrkamp.
Stern, D. N. (1985). The interpersonal world of the infant. New York, Basic Books.
Sternberg, R. J. (2006). Creating a vision of creativity. Psychology of Aesthetics, Creativity, and the Arts (1), 2–12.
Sternberg, R. J. (2007). A systems model of leadership. American Psychologist 62 (1), 34–42.
Sternberg, R. J., Lubart, T. I. (1996). Investing in creativity. American Psychologist, 51 (7), 677–688.
Stone, O. (1991). The Doors. DVD. Leipzig, Kinowelt Entertainment.
Sugerman, D. (1992). Jim Morrison and The Doors. München, Schirmer/Mosel.
Tellenbach, H. (1961). Melancholie. Heidelberg u. a., Springer.
Theophrast (1962). Problemata physica XXX, 1. Übers. v. H. Flashar. Berlin, Akademie-Verlag.
Vasari, G. (1568/2005). Lebensbeschreibungen der berühmten Maler, Bildhauer und Architekten. Zürich, Manesse.
Wagner, R. (1849/1983). Das Kunstwerk der Zukunft. In D. Borchmeyer (Hrsg.), Dichtungen und Schriften. Frankfurt a. M., Insel.
Watts, A. (1957). The way of Zen. New York, Vintage Books.

Weisberg, R. W. (2006). Creativity: Understanding innovation in problem solving, science, invention, and the arts. New Jersey, Wiley.
Wilamowitz-Moellendorf, U. von (1919). Der griechische und platonische Staatsgedanke. Berlin, Weidmann.
Winnicott, D. W. (1971). Vom Spiel zur Kreativität. Stuttgart, Klett-Cotta.
Winnicott, D. W. (1989). Psychoanalytic explorations. London, Karnac Books.
Wittgenstein, L. (1971). Philosophische Untersuchungen. Frankfurt a. M., Suhrkamp.
Wolpe, J. (1954). Reciprocal inhibition as the main basis of psychotherapeutic effects. Archives of Neurology and Psychiatry, 72, 204–226.
Yalom, I. D. (2000). Existentielle Psychotherapie. Köln, Edition Humanistische Psychologie.
Zheng, Ch. (1990). Die Mythen des alten China. München, Diederichs.